Edition préparée sous la direction
de Martina Wachendorff

LE CALME RETROUVÉ

DU MÊME AUTEUR

COMMENT PEUT-ON AIMER ROGER !, Actes Sud, 1990 ; Babel n° 645.
CARA MASSIMINA, Actes Sud, 1995 ; Babel n° 744.
EUROPA, Christian Bourgois, 1999.
DESTIN, Christian Bourgois, 2000.
ADULTÈRE ET AUTRES DIVERSIONS, Christian Bourgois, 2000.
UNE SAISON DE VÉRONE, Christian Bourgois, 2002.
DOUBLE VIE, Actes Sud, 2005 ; Babel n° 866.
RAPIDES, Actes Sud, 2006 ; Babel n° 983.
LE SILENCE DE CLEAVER, Actes Sud, 2007.
RÊVES DE FLEUVES ET D'OCÉANS, Actes Sud, 2009.

Titre original:
Teach Us to Sit Still
Editeur original:
Harvill Secker, Londres

ISBN 978-2-330-00232-9

Tim Parks

Le Calme retrouvé

témoignage traduit de l'anglais
par Isabelle Reinharez

ACTES SUD

A ceux qui m'ont sorti de ma prison :
David Wise et Rodney Anderson ;
Ruggero Scolari, Edoardo Parisi, John Coleman.

NOTE DE L'AUTEUR

Pendant toute la période où je ne me portais pas bien, puis de nouveau lorsque j'écrivais ce livre, je me suis surpris à passer de plus en plus de temps à regarder des images. Tout a commencé par un besoin de clarté, le désir de voir mon problème physique représenté, mais plus le temps passait, plus la contemplation d'images de toutes sortes – illustrations, photos, tableaux – semblait apporter un soulagement aux angoisses que les mots généraient dans ma tête. Au bout du compte, j'ai décidé d'inclure dans mon livre certaines de ces images ; toutes ne sont pas belles, toutes ne sont pas de la meilleure qualité ; elles avaient simplement fini par faire partie de l'histoire.

AVANT-PROPOS

Je n'ai jamais envisagé d'écrire un livre sur le corps. Encore moins sur *mon* corps. Quelle indélicatesse. Pas plus que je n'ai envisagé d'être malade de la façon mystérieuse et exaspérante dont je l'ai été. Par-dessus tout, il ne m'était jamais venu à l'idée qu'une maladie risquait de mettre au défi mes présomptions les plus enracinées, de m'obliger à repenser la primauté que j'ai toujours accordée au langage et à la vie de l'esprit. A force de textos, de mails, de chats et de blogs, nos cerveaux modernes dévorent notre chair. C'est la conclusion à laquelle une longue maladie m'a amené. Les vampires cérébraux que nous sommes devenus se nourrissent de leur propre sang. Même au club de gym, ou encore lorsque nous courons, notre vie est entièrement concentrée dans la tête, aux dépens de notre corps.

Je n'avais aucune envie de parler à qui que ce soit de ma maladie. Encore moins d'écrire sur le sujet. Il s'agissait précisément des douleurs et des humiliations que l'on apprend très tôt à passer sous silence. Il suffit de regarder les mots qu'emploie la médecine – intestins, fèces, urètre, vessie, sphincter, prostate – pour se rendre compte que ce vocabulaire n'a jamais été destiné à être utilisé en société. Nous nous y refusons. Mon intention, comme celle de tout un chacun, était de m'en ouvrir aux médecins et de feindre que tout allait bien.

Par ailleurs, c'est la *réalité*, et dans mon cas l'heureuse vérité, à savoir qu'au moment même où le corps médical avait fini par renoncer, et moi par ne plus rien attendre de lui, alors même que je semblais être condamné à vie à la douleur chronique, quelqu'un a proposé un recours insolite : Restez tranquille, et respirez. Je suis resté tranquille. J'ai respiré. Un exercice qui a commencé par me paraître assommant, passablement douloureux, sans efficacité immédiate. En fin de compte, il s'est avéré tellement enthousiasmant, tellement transformateur, sur un plan à la fois physique et mental, que j'ai commencé à penser que ma maladie avait été un coup de chance. Si je n'étais pas le plus grand des sceptiques, je dirais qu'elle m'avait été envoyée d'en haut pour m'inviter à changer mes habitudes. En tout cas, l'histoire était à présent devenue une énigme trop séduisante pour ne pas être mise par écrit.

Tout cela se résume, me semble-t-il, à une extraordinaire discordance entre les êtres que nous sommes et la façon dont nous vivons. J'ai grandi dans une famille anglicane évangéliste. Ses membres étaient aussi de bons bourgeois britanniques. Ce qu'ils nous ont inculqué par-dessus tout quand nous étions enfants, c'étaient la détermination, la notion de priorité. Tout ce qui concernait le monde avait été compris depuis fort longtemps, les bons choix étaient donc évidents. Nous devions sauver nos âmes, nous devions sauver d'autres âmes, nous devions réussir à l'école, nous devions aller à l'université et décrocher de bons boulots. Et nous devions nous marier et avoir des enfants qui partageraient nos objectifs et vivraient de la même façon que nous. Même chanter avait un but. Celui de glorifier le Seigneur. Quand nous jouions, nous étions des soldats résolus à nous entretuer, pour une bonne cause. Quand nous faisions du sport, il nous fallait évidemment gagner.

Pendant ce temps, nos corps étaient les "vaisseaux" qui nous permettaient de poursuivre toutes ces tâches urgentes. Chose troublante, un vaisseau était un bateau ou bien un pot dans lequel conserver des liquides. Dans un cas comme dans l'autre, il n'était *utile* que s'il contenait quelque chose d'autre : l'âme chrétienne, le moi bourgeois. En tout cas, le corps n'avait ni objet ni identité *en tant que tels.* Quand nous serions morts nous serions mieux sans lui, bien que pour des raisons inexpliquées Dieu voulût que nous nous cramponnions aux tracas physiques aussi longtemps qu'il nous était possible. Peut-être était-ce pour *purifier* l'âme, *élever* le moi, comme certaines personnes voient une sorte de vertu dans le fait de ne pas lâcher une vieille voiture. Le corps était un tourment nécessaire sur la voie de la réussite et du paradis.

On peut y voir une caricature. Pourtant cela correspondait tout à fait aux cours de biologie, qui se bornaient à nous apprendre combien ce vaisseau de chair était compliqué et étranger, un sujet qu'il valait mieux laisser aux spécialistes. Même aujourd'hui, je croise peu de gens prêts à reconnaître qu'il existe une profonde similitude entre le moi et la chair. Au mieux, ces personnes-là ont une vision plus séduisante des satisfactions et des plaisirs que procure la vie : sexe, bouffe, musique, alcool. Autrement, tous semblent de la même manière occupés à défendre leur point de vue, à faire avancer leur carrière, à économiser en prévision du jour où le vaisseau qui se délabre commencera à présenter des fuites. En général, *faire* supprime *être* tout comme le bruit engloutit le silence.

A ce jour, j'ai écrit vingt livres, avec celui-ci, vingt et un. Peut-être ai-je donc ébranlé la foi de mes parents, mais pas la détermination tenace qu'ils m'ont enseignée, ce grisant mélange de piété et d'ambition. Et, à l'instar de mon père, j'ai vécu sous le charme des mots. Il lisait la Bible et rédigeait ses sermons. Il vous disait ce qui était vrai et comment il fallait se conduire. D'un ton cadencé, persuasif, comme le font les hommes politiques et les journalistes d'opinion ; les gens qui savent tout et sont sûrs d'eux. Mes romans sont allés dans le sens inverse, ont laissé entendre combien tout est mystérieux, combien le point de vue de chacun est partial, combien nous sommes risiblement perdus. Mais c'est là aussi une forme de sermon. Le fait est que dès que l'on commence avec les mots – que l'on confirme ou réfute ce qui a été énoncé précédemment – on se trouve enfermé dans un débat, contraint de prendre position face aux autres. Rien de ce que l'on dit n'existe seul ni n'est achevé dans l'instant présent : notre raisonnement plonge ses racines dans le passé et projette ses tentacules dans l'avenir. Et au fur et à mesure que nous nous échauffons, marquant notre terrain, revendiquant nos droits, nous cessons de prendre garde au souffle sur nos lèvres, à la tension dans nos doigts, à la pression du sol sous nos orteils, au tic-tac du temps dans notre sang. Aucun des admirateurs de mon père ne se rendait compte à quel point ses mâchoires étaient contractées, à quel point sa main tremblait quand il saisissait un verre ou le micro, quel effort cela représentait pour lui d'affirmer affirmer affirmer, de garder la foi vieille de deux mille ans en dispensant ses encouragements aux incrédules, en trouvant d'ingénieux arguments pour confondre les défenseurs du démon. Quand je repense au cancer et à la mort de papa – il avait cinquante-neuf ans et moi vingt-cinq – j'y vois un caractère inéluctable. Toujours ignoré, le vaisseau de chair a cédé sous l'effort. Il m'arrive parfois de penser que c'est l'invention du langage qui a déclenché cette curieuse bataille entre l'esprit et la chair.

Peu après les obsèques de papa, j'ai quitté l'Angleterre pour l'Italie, où je vis depuis lors. L'impression de m'évader était rassurante. Une autre langue me plongeait dans d'autres débats. Je travaillais sans désemparer. J'écrivais, traduisais, enseignais. Mais après coup je vois que je ne me suis jamais réellement écarté du projet initial, que je n'ai jamais tourné la tête à droite ou à gauche, que je suis toujours resté fidèle à l'obsession de la vocation qui était celle de mes parents. “Ton écriture, m'avait dit mon frère dans les dernières années où l'on écrivait des lettres à la main, je m'en souviens encore, n'a jamais changé.” Il avait raison. Elle est toujours la même : violemment penchée vers quelque chose qui se trouve hors de la page, quelque but lointain.

of them are perfectly safe in the knowledge that the other can't be cheating on them, how you could you ever cheat on anyone at the Dasgupta institute, so all the ten days they feel pure because they've abstained from talking and touching but absolutely sure in the knowledge that the moment they get home, still feeling goody goody and chattering about all their weird meditation experiences, they are going to jump straight in the sack and have the most ~~alt~~ almighty shag. Christ. I shouldn't have started thinking about this. I shouldn't have started writing. One thing leads to another when you think when you write. These people know

Puis, à une date indéterminée entre mes quarante et mes cinquante ans, les symptômes sont apparus, les douleurs, les malaises, l'anxiété, la colère. Prenais-je la voie de mon père ? Mais je ne dois pas brûler les étapes de mon récit. Je me contenterai de dire qu'en choisissant d'écrire ce livre j'ai décidé de mettre par écrit, parfois de façon désagréablement détaillée, tout ce que j'ai consciencieusement évité de dire pendant des années. Si ce qui était arrivé n'avait été qu'une simple histoire de diagnostic, une bande de médecins faisant fausse route – dans leur hâte à me charcuter – et puis une autre tombant pile sur le médicament qui me guérirait en moins de deux, je ne me serais jamais donné la peine d'écrire là-dessus. *Idem* s'il s'était avéré que tout se passait dans mon crâne, un problème à régler avec un médicament psychotrope et quelques séances sur le divan d'un psychanalyste.

Non, c'était infiniment plus compliqué et plus intéressant ; pour moi, et je n'exagère pas, *effarant*. J'ai été effaré, quand quelqu'un m'a montré une voie pour recouvrer la santé, de m'apercevoir que je ne connaissais rien du tout de mon corps, rien de ses ressources, rien de son unité avec mon esprit, rien de moi-même. Et si le lecteur s'étonne de trouver, dans un livre qui pourrait avoir l'air d'un manuel d'hygiène ou d'un laïus sur le développement personnel, des réflexions sur D. H. Lawrence et Thomas Hardy, Vélasquez et Magritte, Gandhi et Mussolini, sur l'Italie par opposition à l'Angleterre, Jésus et le Bouddha, la guérison par la foi et le kayak en eau vive, c'est parce que la maladie n'est pas un phénomène séparé, circonscrit en symptômes, diagnostic et guérison, mais qu'elle fait partie d'un tout sans éléments distincts.

"Parfait, mais dans quel genre désirez-vous qu'on le range ? demande l'éditeur. Santé, Psychologie, New Age, Biographie, Essais critiques ?" Ma réaction immédiate est l'indignation : c'est *exactement* la question que j'ai traitée dans mon livre ! L'approche réductrice, les étiquettes. A la réflexion, pourtant, je dois admettre que si nous ne faisions pas entrer les choses dans des catégories, jamais nous ne trouverions ce que nous cherchons. Je ne sais pas trop. Je n'arrive pas à me décider. Jusqu'à ce qu'il me vienne à l'idée que, du moins avec les livres, les expériences les plus réussies ne sont pas celles où l'on trouve ce que l'on cherche, mais lorsque quelque chose de très différent vous trouve, vous prend par surprise, entraîne votre goût vers de nouveaux territoires. “Mettez-le donc avec les histoires vécues”, lui dis-je. Il n’y a que les histoires pour rassembler le monde de façon inattendue.

PREMIÈRE PARTIE

RTUP

Peu avant mon cinquante et unième anniversaire, en décembre 2005, mon ami Carlo a crayonné un enchevêtrement de tubes et de ballons sur le coin d'une page de journal.

Nous étions dans un bar de la banlieue sud de Milan.

“La prostate ressemble à une petite pomme, d'accord ? Là. Mais avec l'âge elle grossit et devient plus fibreuse, elle appuie sur ce tube qui passe à travers, l'urètre. Elle le comprime, tu vois ? Alors que faisons-nous ? Disons que nous *l'évidons*, par l'intérieur. Au laser. En remontant par ton pénis. Nous l'élargissons.”

Je me rendais compte que Carlo avait déjà fait ce croquis bon nombre de fois. Il mâchait un beignet, et sa voix avait l'enthousiasme de la foi.

“Ensuite nous brûlons juste un peu cette valve, ou sphincter, ici, pour garantir qu'elle s'ouvre comme il faut. C'est la base de la vessie.”

Ma vessie.

J'ai demandé :

“Pourquoi ?

— Pour qu'elle évacue mieux, et tu iras moins souvent.

— Et côté sexe ?”

Maintenant il lui fallait une vraie feuille de papier. Il a ouvert sa serviette. Il y avait une complication. De façon experte, son poignet de chirurgien a tracé le même schéma en deux fois plus grand.

“Quand tu urines, il y a deux sphincters qui doivent s'ouvrir, d'accord ? Celui que nous avons un peu brûlé à la base de la vessie et un autre plus bas. Bon, quand tu jouis, le sperme jaillit ici, *entre* le sphincter du haut et celui du bas. Pigé ? De la prostate dans l'urètre, c'est très clair. Le sphincter du bas s'ouvre et celui du haut se ferme hermétiquement. Mais, après l'opération, puisque nous aurons ouvert celui du haut de façon permanente, il peut survenir une complication, que le sperme reflue dans ta vessie au lieu de descendre par ton pénis. Et tu as un orgasme sec. Même sensation, mais pas de taches sur les draps. Un avantage, à vrai dire."

Il a souri et mordu dans son beignet.

J'ai observé l'enchevêtrement confus de tubes et de réservoirs. C'était une affaire de plomberie mal foutue. Mon lavabo était bouché. Il fallait jeter un coup d'œil au réservoir des toilettes.

"Et la douleur ?

— Pas énorme. Tu resteras alité quelques jours, et il faudra deux mois avant de reprendre les rapports sexuels.

— Je voulais dire, les douleurs que j'ai *maintenant*.

— Ah."

Carlo est un type baraqué au visage franc et ouvert.

"En fait, nous ne pouvons pas garantir qu'elles disparaîtront."

J'avais un sacré répertoire de douleurs à l'époque : une tension sourde à travers tout l'abdomen, un coup violent dans le périnée, un choc électrique qui fusait le long de la face interne des cuisses, une sensation douloureuse dans le bas du dos, un tiraillement tremblotant dans le pénis lui-même. Si cette opération ne résolvait pas ces problèmes, à quoi bon ?

"Ta vessie se videra mieux. Tu urineras moins souvent la nuit. Il est probable que les douleurs diminueront, c'est juste que je ne peux pas *garantir* qu'elles disparaîtront."

J'ai dit, bon, D'ACCORD.

En attendant, je devrais essayer divers comprimés.

"Ces ennuis-là, c'est un peu au petit bonheur la chance", a-t-il reconnu.

Il me mettrait en contact avec une consœur à la pointe dans le domaine des tout derniers médicaments ; pour l'instant, je pourrais commencer par des alphabloquants.

"Ils bloquent la réaction à l'adrénaline qui est associée à l'envie d'uriner."

Il pensait que j'avais des chances de me réveiller seulement une fois ou deux par nuit plutôt que cinq ou six.

J'ai essayé les alphabloquants. Au bout d'une quinzaine de jours, je continuais à me lever six fois par nuit et en plus maintenant j'étais constipé. J'ai arrêté de prendre les comprimés et au bout d'une autre semaine tout était revenu à la normale. Selles normales, douleurs normales. Ce qui paraissait être un progrès.

Et puis, peu avant Noël, la "consœur à la pointe" chez laquelle Carlo m'avait envoyé, une petite femme aux cheveux fauves avec un fort accent du Sud, m'a donné un échantillon d'un truc totalement nouveau.

"Cadeau de Noël, a-t-elle annoncé avec un sourire narquois. Une approche différente. Voyons voir ce qui se passe."

Pendant un moment, je n'ai pas remarqué le moindre changement. Et puis je me suis réjoui de découvrir que je ne pissais plus aussi souvent. Ensuite, j'ai été préoccupé de ne pas pisser suffisamment. Quand est arrivé le réveillon du Nouvel An, j'avais de graves ennuis. Je n'avais pas pissé depuis dix heures. J'avais envie. Je me plantais devant les toilettes. Rien d'autre que de la douleur. J'ai arrêté de prendre les comprimés. J'ai appelé Carlo, mais son portable ne répondait pas. Je n'avais pas le numéro de son domicile. Au fond, il n'était qu'un membre du cercle d'amis de l'université où j'enseigne à Milan, alors qu'en fait j'habite à Vérone, à deux heures de là.

Devrais-je aller à l'hôpital ? Il fallait aussi tenir compte que je connaissais des gens à l'hôpital local. Mon voisin d'à côté y travaillait. Si j'avais été voir quelqu'un à Milan, c'était précisément par un désir puéril de garder le secret près de chez moi. Qui veut admettre qu'il a des ennuis de prostate ?

J'ai quitté notre petite fête et suis monté me coucher bien avant minuit. J'étais allongé, raide comme un bout de bois et en colère. J'étais en colère contre le médecin qui m'avait donné ces comprimés. J'étais furieux contre la vie qui m'avait distribué cette carte. Mon corps me paraissait étranger et malveillant. Nous n'arrivions pas à être bien ensemble. Je suis peut-être un parasite dans ma propre chair, ai-je songé ; et maintenant le proprio en avait assez.

Par le passé, j'avais toujours imaginé que les lieux m'appartenaient.

En bas, j'entendais ma femme et la plus jeune de mes filles bavardant et riant avec les voisins et leurs gamins qui se préparaient à allumer un feu d'artifice dans le jardin. Leurs voix me paraissaient lointaines. J'étais enfermé dans ce stupide problème de santé. L'espace entre nous, entre moi et ma famille, s'est soudain présenté comme un épisode d'une histoire, une scène dans un film. C'était l'histoire de mon déclin et de ma transformation en vieillard pisseux et grognon.

Quand les feux d'artifice du Nouvel An ont démarré, je ne me suis pas levé et ne suis pas sorti sur le balcon pour les regarder. D'un bout à l'autre de la ville, les gens faisaient la fête. J'étais dans une cellule obscure, cherchant à imaginer comment en sortir, comment chasser cette histoire malheureuse qui avait commencé à se raconter dans ma tête. L'apitoiement sur soi est un grand conteur d'histoires ennuyeuses. J'étais à un tournant, sans avoir nulle part où tourner.

Vers trois heures du matin, j'ai réussi à pisser quelques gouttes. Il m'a fallu un bon moment, mais ensuite je me suis senti mieux. Pour fêter ça, j'ai trouvé un fond de champagne et je l'ai bu. Une bonne demi-bouteille. Et puis je suis descendu au sous-sol, j'ai allumé l'ordinateur, ouvert Google et tapé "RTUP".

> *La résection trans-urétrale de la prostate est l'étalon-or comparée à d'autres opérations de l'hyperplasie bénigne de la prostate. Cette intervention est pratiquée sous...*

Etalon-or semblait un terme étrange, dans ce cas. Et si mon hyper-je-ne-sais-quoi de la prostate n'était pas bénigne ?

> *Après l'opération, un cathéter est mis en place pour évacuer le sang ou les caillots de sang présents dans la vessie.*

J'ai parcouru la même information sur une douzaine de sites et puis, sans réfléchir, cliqué sur Images. La photo de l'ouverture grotesquement dilatée d'un pénis tétant, à la façon d'une bouche de poisson, un tube métallique, est aussitôt apparue. J'ai rapidement déplacé le curseur et cliqué sur un croquis au crayon plus rassurant. Un homme en blouse de médecin et couvre-chef curieusement démodé regardait dans un truc qui semblait tenir à la fois de la lunette astronomique, de la seringue et du fusil. D'une vingtaine de centimètres de long, l'instrument était doté de petites détentes de pistolet et de tubes flexibles entrant et sortant par en haut et par en bas. L'homme avait les doigts posés sur les détentes et un œil collé à un oculaire ; à l'autre extrémité du tube se trouvait le bout d'un pénis, placé dans une ouverture conique. Un tube rigide sortait de l'instrument, descendait le long du pénis, qui de fait était anormalement raide, et pénétrait dans une zone sombre, juste au-delà du scrotum, qui avait en gros la taille d'une balle de squash.

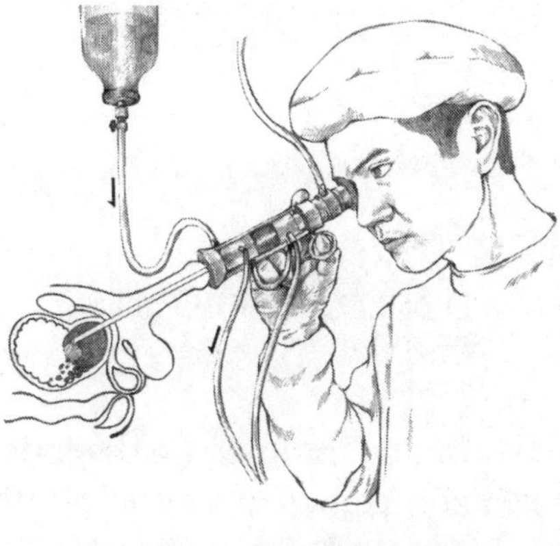

Sous l'image, une légende disait : *Au cours de la RTUP, on découpe des morceaux de la prostate à l'aide d'une boucle métallique.*

Je me souviens d'avoir regardé ce croquis pendant un certain temps. Ce qui me frappait, c'était l'orgueil démesuré de sa clarté. Ce beau et jeune médecin bien rasé avec son étrange chapeau était l'Homme de la Renaissance explorant les cieux à l'aide de ses lunettes astronomiques, l'Homme des Lumières découvrant le pouvoir des instruments chirurgicaux. Il voyait avec netteté jusque dans l'intérieur du corps, de *mon* corps, jusque dans le vif de la vie, et il y pratiquait des coupes nettes et cliniques avec le matériel le plus sophistiqué qui soit.

Je suis passé à la page football du *Guardian*, et j'ai lu un article sur un match qui s'était conclu par deux buts pendant les arrêts de jeu. Je n'avais pas besoin de prendre une décision sur-le-champ à propos de cette opération, ai-je songé.

DOULEURS IMBÉCILES

Après tout, rien n'avait été prouvé. Ce diagnostic de prostate hypertrophiée n'était qu'une simple conjecture de la part de Carlo. D'accord, il était urologue, mais nous n'avions discuté que sur un plan amical. Je devais faire une série d'analyses. Elles étaient compliquées et prendraient du temps. Dans un mois le problème aurait peut-être disparu, les douleurs s'en retourneraient d'où elles étaient venues. J'avais eu raison de lui parler, mais justement, dans la mesure où je lui avais parlé je pouvais à présent cesser d'y penser et reprendre le cours de ma vie. Je ferais les analyses sans penser ni aux analyses ni à ce à quoi elles servaient, comme si elles n'étaient qu'une infime contrariété.

C'est la résolution que j'ai prise le Premier de l'an, en 2006.

Les douleurs avaient d'autres projets. Les douleurs n'avaient nullement l'intention de s'en retourner d'où elles étaient venues, où que cela puisse bien être. Je n'avais encore jamais réfléchi à la question. Je n'étais même pas sûr de savoir *quand* elles étaient apparues pour la première fois. Pendant des mois je m'étais baladé en marmonnant des trucs du genre : "Bon sang, tu es en petite forme aujourd'hui, Tim", ou aux toilettes "Pfff, quelle barbe d'attendre que ça vienne !". Mais sans jamais m'avouer que ce que je constatais là était un ensemble de symptômes étroitement liés et qui allaient s'accentuant.

"Je suis en petite forme, disais-je à ma femme pour expliquer pourquoi je n'avais pas envie de bêcher le jardin.

— Bon, répondait Rita avec un sourire, la semaine prochaine, peut-être."

L'expression "petite forme", avais-je découvert, était sans risque, plutôt commode.

Etre en petite forme n'est pas souffrir.

“Bon, ça dure depuis combien de temps ? avait été la première question de Carlo quand je m'étais enfin retrouvé à lui parler.

— Eh bien, disons…”

J'avais froncé les sourcils. Maintenant que j'y réfléchissais, je me rendais compte que cette “petite forme” durait depuis longtemps. Peut-être même depuis des années. Cette petite forme était devenue une partie de mon être.

“Ça a empiré ces derniers mois”, ai-je répondu.

Il faudrait que je fasse des analyses de sang et d'urine régulières, m'a annoncé Carlo. Plus une analyse du débit urinaire, un scanner de toute cette région, une urographie, une analyse d'urine sur trois jours, et peut-être une cystoscopie. En supposant que les résultats soient ceux auxquels il s'attendait, je pouvais espérer une opération en avril ou mai. Il se faisait un point d'honneur de ne jamais opérer ses amis, a-t-il précisé, mais il m'adresserait à un confrère, ici, à Milan, un excellent chirurgien.

Espérer ? Bien au contraire. Dans quatre mois la douleur aurait disparu, me disais-je.

Les douleurs ont augmenté. Maintenant j'étais forcé de desserrer mon pantalon quand je m'asseyais. Tout était raide et douloureux. Quand je me réveillais à l'aube, à cinq heures, ou cinq heures et demie, je n'arrivais pas à me rendormir. Il y avait une masse de lave brûlante dans mon ventre. Je me levais, j'errais dans la maison, me préparais du thé et des céréales. Je savais que cela m'enverrait illico aux toilettes. Puis la douleur s'estomperait un moment et je pourrais me rendormir.

Etait-il possible, j'ai téléphoné à Carlo pour lui poser la question, que le véritable problème soit l'intestin ? J'avais un cancer de l'intestin.

Il a éclaté de rire.

“Non.”

Je me suis senti accablé. Je devenais un hypocondriaque qui passait tout son temps à penser à ses fonctions physiologiques. Quelle absurdité d'importuner les gens avec les détails de mes habitudes quotidiennes au petit coin ! Je ne devais pas lui reparler, ai-je décidé, tant que les analyses ne seraient pas terminées. Quel intérêt y avait-il à parler quand on s'est mis d'accord pour faire les analyses médicales appropriées ? Les analyses parleront d'elles-mêmes. C'était pourtant un soulagement de savoir que si je descendais prendre mon petit-déjeuner à cinq heures, je pouvais compter sur une visite immédiate aux toilettes, suivie d'une rémission de la douleur et d'une heure de sommeil.

Ce qui paraissait étrange pour un problème de prostate.

Mais est-il juste de dire que je pensais trop à ces douleurs ? J'étais souvent anxieux. Je me posais des questions sur les solutions possibles. Mais, au fond, je faisais tout mon possible pour *ne pas* m'appesantir sur le sujet, pour ne pas "me complaire" comme aurait dit ma mère. Et si Carlo ou n'importe lequel des médecins que je verrais ensuite m'avait demandé de décrire ces douleurs avec précision, je doute fort que j'en eusse été capable. Le fait est que pour moi, en général, mon corps n'était pas là. Je n'étais conscient de sa présence que lorsqu'il me prenait par surprise, quand il m'interrompait. La douleur était une intrusion dans un emploi du temps chargé. Je ne l'observais pas. Je ne lui accordais pas de temps. "Comment puis-je terminer tout ce que j'ai à faire, me demandais-je avec rage, si je dois supporter ces interruptions imbéciles ?"

Je faisais toujours allusion à ces douleurs comme à des douleurs imbéciles, de la même façon que je faisais allusion au bruit des travaux de voirie sous les fenêtres de mon bureau comme à un bruit imbécile. On ne me prendrait jamais cherchant à savoir ce qu'on faisait vraiment dans la rue. Non, je fermais la fenêtre, m'asseyais devant l'ordinateur et m'insérais des bouchons tout neufs dans les oreilles. Je venais d'en acheter une réserve pour cinq ans, par correspondance aux Etats-Unis, de la meilleure qualité qui soit. Pour repousser le bruit de la vie.

Tout cela était naturel, la seule réaction raisonnable, supposais-je, face à tout ce qui faisait obstacle à une journée de travail. Aussi, quand j'ai fini par reconnaître qu'une certaine sensation était une douleur, une vraie douleur, plutôt qu'un état d'inconfort, c'était parce qu'elle constituait à présent une interruption d'une telle brutalité qu'elle ne pouvait plus être ignorée. Impossible de travailler avec. Même là, l'impératif n'était pas d'explorer la douleur, de découvrir sa nature, mais simplement de revenir à la normale aussi vite que possible. Un bon bain chaud, me disais-je, pouvait apporter une solution à un violent élancement dans le périnée. Je pouvais lire dans la baignoire. Je pouvais poursuivre mes recherches.

La douleur ne s'est pas dissoute. L'eau chaude n'était pas une solution. Je me souviens simplement de m'être mis dans une rage folle quand Calvino a coulé dans l'eau savonneuse.

J'en suis arrivé au point où je ne pouvais plus m'asseoir devant mon ordinateur. Il fallait que je sois debout.

J'ai installé mon portable sur une étagère à hauteur de poitrine et, en faisant régulièrement passer mon poids d'un pied sur l'autre, j'ai continué à travailler.

Après tout, Victor Hugo écrivait debout. Et Günter Grass, m'avait-on dit.

L'exercice physique, ai-je décidé, pourrait peut-être m'aider. Nous vivons à la campagne et il est facile de courir. Non pas que j'*aime* véritablement courir. Le but de l'exercice physique, avais-je toujours supposé, était de maintenir le corps en forme pour qu'il vous laisse tranquille, vous laisse libre de continuer à faire ce que vous avez à faire, sans interruptions imbéciles. Je me suis chronométré sur dix kilomètres.

Et je suis allé faire du kayak. L'Adige, à Vérone, n'est pas si mal comme rivière pour s'entraîner. J'avais deux kayaks entreposés au club de canoë et il n'y avait aucune raison que je ne les sorte pas plus souvent. En fait, j'aimais bien davantage faire du kayak que courir, mais cela bouffe autrement plus votre emploi du temps. Il faut prendre la voiture pour se rendre en ville, il faut enfiler puis ôter sa combinaison, et enfin il faut la suspendre pour la faire sécher. L'avantage, c'est que le kayak exigeant plus de concentration que la course, on ne s'inquiète pas du temps perdu pendant qu'on est en train de le perdre.

Pendant deux mois, et puis à l'automne 2004, j'avais couru et fait du kayak jusqu'à quatre ou cinq fois par semaine, et tant que je me bougeais, que je me dépensais, les douleurs passaient en effet au second plan. Mais seulement pour mieux se réveiller dès que j'avais pris une douche. D'où m'est venue l'idée que sillonner à pas pesants des collines escarpées, et forcer sur mes abdos pour remonter l'Adige à coups de pagaie, pouvait fort bien empirer mon état plutôt que l'améliorer. Le mieux était peut-être de ne pas faire davantage d'exercice, mais d'arrêter d'en faire, *carrément*.

L'idée était séduisante. En agissant, ou en cessant d'agir, je confirmais que l'exercice physique n'était ni le problème ni la solution. Ces douleurs ne se souciaient pas que j'aille courir ou non.

L'alimentation, insistait ma femme. Je devrais me pencher sur la question de l'alimentation. C'est ce que j'ai fait. A de nombreuses reprises, j'ai tenté d'établir un lien entre les divers aliments et boissons que je consommais habituellement (je suis un être de routine) et les diverses douleurs qui me tourmentaient.

Le café était un suspect évident. Supprime-le. Pendant un mois je me suis privé de mon cappuccino de dix heures et de mon expresso de quatorze heures.

En vain.

Puis est venu le tour de l'alcool. Ce sont toujours les plaisirs que l'on doit exclure. J'ai supprimé mon scotch du soir. Et j'ai été étonné de constater combien c'était difficile. Aux alentours de vingt-deux heures trente, un besoin maladif de whisky me submergeait. Apparemment, cette modeste habitude, observée pendant de longues années, s'était muée en dépendance. En me préparant, sur les conseils de ma femme, une tasse de tisane de camomille pour, en quelque sorte, combler le vide, j'espérais à demi que mon corps se révolterait et prendrait les affaires en main : oui, mon corps, pensais-je, se mettrait à trembler et serait pris d'une terrible bougeotte, puis, faisant fi de ma noble résistance, il s'avancerait résolument vers le placard à alcools pour se verser un scotch bien tassé.

Mon impatience était à son comble.

Mon corps n'a rien fait de tel. Au contraire, au fil des jours il semblait de plus en plus heureux de sa camomille. Agacé, je trouvais un encouragement à l'idée que si le whisky n'avait pas réussi à mon corps autant que je l'avais cru, je verrais peut-être bientôt une amélioration de la douleur.

Mais non. Les douleurs sont demeurées exactement où elles étaient, ou plutôt se sont déplacées exactement comme elles l'avaient fait auparavant, et quand, au bout d'un mois environ, j'ai mis un terme à l'expérience et me suis servi une très généreuse rasade de Laphroaig, à vrai dire j'ai mieux dormi que je ne l'avais fait depuis des semaines. J'ai passé une nuit sans douleur, *avec le scotch*. Naturellement, j'ai recommencé le même numéro le lendemain soir, et découvert que tout était revenu à la normale. Inconfort normal, douleur normale, Laphroaig excellent.

Après le whisky, j'ai supprimé la bière de début de soirée.

Après la bière de début de soirée, j'ai supprimé le vin du week-end.

Ensuite j'ai pensé que le problème était la viande rouge.

Point du tout.

Au moment où j'en ai parlé à Carlo, ces expériences étaient devenues incessantes. Mon régime alimentaire consistait à battre et rebattre une série de cartes relativement peu nombreuses, dans l'espoir de tomber sur la combinaison gagnante qui me permettrait de continuer à vivre sans douleur, sans ces interruptions imbéciles.

Non pas que j'aie fait cela scientifiquement, je ne notais rien, et bien souvent à l'occasion d'un déjeuner officiel, ou peut-être simplement quand je sortais avec des amis, j'oubliais que je n'étais pas censé manger ceci ou boire cela. Je me laissais joyeusement tenter. Après, je reprenais l'expérience de zéro. Ou je la laissais tomber tout à fait.

Quand je me réveillais à l'aube, en proie à des douleurs aiguës, que je sortais les jambes du lit pour échapper au roc ardent logé au creux de mon ventre, ces expériences alimentaires semblaient d'une importance extrême. Je devais trouver une solution. Mais le soir, quand je me détendais en société, je ne connaissais rien du vieux type qui traînait sa chaîne et son boulet entre sa chambre et les toilettes une demi-douzaine de fois par nuit. Ou bien si, je le connaissais, mais c'était une vague relation, un parent âgé. Qu'il valait mieux oublier.

LE MARCHAND D'EAU

Alors que je tenais entre mes jambes un tube d'analyse et attendais que l'urine arrive, quelques mots m'ont traversé l'esprit, une phrase que j'avais lue à propos du poète du XIXe siècle, Giacomo Leopardi : "En réfléchissant aux subtilités de la miction, il était incapable d'uriner*." Il fallait qu'il attende de pouvoir "se voler un moment d'inattention".

Quelle idée extravagante ! Mais l'histoire m'est restée. Des années après avoir lu la biographie du poète, je me souviens toujours de l'expression "se voler un moment d'inattention".

C'était la mi-janvier, en pleine nuit ; le lendemain matin, j'avais les premiers tests médicaux. Sang et urine. Comme on pouvait s'y attendre, je m'étais arrangé pour les repousser de quinze jours dans l'espoir que les douleurs se calmeraient : d'abord pour une visite à Londres pour voir mon frère, et puis pour quelques jours de ski et de marche à la montagne avec ma femme et mes filles.

Mon frère vit en Amérique et moi en Italie, mais il nous arrive parfois de nous retrouver pour quelques jours à Londres, après le Nouvel An. John est peintre et il aime m'emmener voir des expos, quelles qu'elles soient. Il adore exprimer des opinions provocatrices d'une voix parfaitement audible, et j'adore écouter quelqu'un qui voit et sait tellement plus de choses que moi.

Le deuxième jour, entre deux musées, nous nous sommes arrêtés à Apsley House, la demeure du duc de Wellington, pour voir, entre autres, *Le Marchand d'eau de Séville* de Vélasquez.

* Sauf mention contraire, la traduction des citations a été faite par Isabelle Reinharez.

Baignant exactement dans le genre de clair-obscur qui règne l'été sous un portique, un vieillard vêtu d'une houppelande en loques, le marchand d'eau, passe un verre plein à ras bord au fond duquel repose une figue noire à un jeune garçon élégamment vêtu. C'est un tableau que j'ai vu une demi-douzaine de fois et qui m'a toujours attiré, mais ce jour-là j'ai été presque choqué par l'impact qu'il avait sur moi. Ces deux visages, qui avec une telle intensité ne se regardent ni l'un ni l'autre pas plus qu'ils ne regardent l'eau, leurs deux mains, l'une vieille, l'autre jeune, se rejoignant sur le pied du verre, la lumière dans le liquide transparent au-dessus de la rondeur sombre de la figue pratiquement invisible semblaient contenir un message obscur à mon intention.

J'ai demandé à mon frère s'il y avait une histoire derrière ce tableau. Qui était le troisième gars dans l'ombre derrière le marchand et le garçon ?

"Tout simplement une scène de rue, a répondu John, tout simplement un moment à Séville."

Il a attiré mon attention sur l'eau qui perlait le long de la cruche au premier plan, et s'est mis à parler du type de couleurs qu'employait Vélasquez. Il existait deux autres versions du *Marchand*, a-t-il expliqué, une aux Offices à Florence et une autre quelque part aux Etats-Unis. En regardant le tableau pendant qu'il parlait, le verre plein de son précieux liquide et le passage précaire entre ces deux mains ont provoqué à la fois mon enthousiasme et mon anxiété ; en quittant le musée, c'était comme si j'avais fait un rêve fondamental et qu'il me fallait quelqu'un pour m'en révéler la signification.

Le dernier jour nous avons parcouru un long trajet en bus jusqu'au quartier de Finchley, où notre père avait été pasteur pendant les années 1960 et 1970. L'ancien et majestueux presbytère où nous vivions a été démoli depuis longtemps et remplacé par des appartements quelconques, mais la vilaine église néogothique est toujours là. John était enthousiaste et parlait énormément du passé. Il paraissait à la fois nostalgique et scandalisé. A l'âge de quatre ans il avait eu la polio et frôlé la mort. Il a toujours marché avec une forte boiterie. Maman et papa, a-t-il dit, n'avaient jamais voulu affronter l'énormité de la chose. Ils avaient continué à chanter le cantique *Count Your Blessings** comme si rien ne s'était passé.

Il pleuvait et j'avais besoin d'aller aux toilettes. Ayant trouvé ouverte la salle de loisirs, derrière l'église, nous sommes entrés et avons vu dans le couloir une photographie en noir et blanc de papa en costume ecclésiastique, accompagnée d'une plaque commémorant ses nombreuses années de service. Harold James Parks, 1920-1980. Il avait les bras levés pour donner la bénédiction. Les lieux sentaient l'humidité. En pissant dans des toilettes qui n'avaient pas changé en trente ans, je me suis demandé si l'origine de mon problème pouvait remonter à ces années d'enfance. Me l'avait-on passé dans un verre plein à ras bord ? Mais explorer le passé ne m'intéressait pas. Quand je rentrerais en Italie je me ferais faire les analyses, trouverais la raison de mon problème, y mettrais bon ordre, puis je l'oublierais et poursuivrais mon existence. J'ai toujours été critique à l'égard de mon frère et de sa fixation au passé.

* "Estime-toi heureux." *(Sauf mention contraire, les notes sont de la traductrice.)*

"Tu te souviens comment papa pelait les oranges ?" a demandé John.

Nous marchions contre le vent dans Finchley High Road.

Avec brutalité, fut la réponse, en déchirant la peau avec des ongles rongés.

"Il prenait un truc qui s'appelait du Sanatogen, pour se calmer les nerfs.

— Je crois que ça se vend encore.

— Tu te souviens quand il nous a confisqué *Let's Spend the Night Together* ?"

Devant un verre au *Tally Ho,* nous en avons ri. Pendant la nuit, de retour dans l'appartement que nous occupions, j'ai pissé dans une bouteille en plastique pour ne pas avoir à traverser la chambre de mon frère pour aller aux W.-C. John a trois ans de plus que moi, mais il dort d'une traite jusqu'au matin. Je n'avais nulle intention de lui faire savoir dans quel état je me trouvais.

Il y a eu les mêmes problèmes nocturnes la semaine suivante, dans l'appartement que ma femme et moi avions loué dans les montagnes du Tyrol du Sud. Je ne pouvais m'empêcher d'avoir honte quand j'entrais et sortais furtivement des toilettes en m'efforçant de ne pas réveiller Stefi et Lucy, mes deux filles. Comme tout serait plus facile, m'est-il venu à l'idée, si je vivais seul.

C'était une idée nouvelle.

Dans la journée, pendant que les filles skiaient, Rita et moi marchions dans les bois sur des pentes à plus basse altitude, emmitouflés dans nos écharpes et nos chapeaux. La plupart du temps, en silence. Dans ma tête, je tentais de résoudre un problème que j'avais avec un truc que j'étais en train d'écrire ; l'intrigue ne venait pas. C'était un de ces cas où l'on passe son temps à réfléchir et où rien ne bouge, un peu comme les ruisseaux silencieux de l'hiver, pris dans la glace. Rita se plaignait que j'étais renfermé.

"Tu es de plus en plus ambitieux, disait-elle. C'est barbant."

L'air sous les sapins ruisselants était vif. Chaque fois que nous nous arrêtions dans une *Stube* pour prendre un café ou pour déjeuner, j'avais conscience, assis sur mes douleurs, que cela ne s'arrangeait pas.

Pour l'analyse d'urine, on m'avait demandé d'apporter un échantillon du premier pipi du matin, sans doute parce qu'il est différent chimiquement de ce qui vient ensuite ; il a eu quelques bonnes heures pour infuser dans la vessie. Mais dans la mesure où j'allais aux toilettes je ne sais combien de fois pendant la nuit, et buvais d'habitude une gorgée d'eau avant de me rendormir, dans mon cas un pipi de sept heures du matin risquait de ne ressembler à aucun pipi produit par quelqu'un d'autre. Il serait plus dilué.

Si c'était le cas, et si la différence était de taille, je devrais peut-être leur donner ma première production de la nuit. Ou alors, pour ne pas offrir quelque chose de trop proche du processus de digestion, la deuxième. Ou, mieux encore, je devrais pisser toute la nuit dans un seul récipient – un bol, disons, ou une carafe – et puis le matin en verser la valeur d'un tube ; après l'avoir bien agité, évidemment. Ainsi, ils auraient droit à tout le minestrone.

Je n'arrivais pas à me décider. Toute cette histoire était énervante. Il paraissait extraordinaire qu'il n'y ait pas de directives particulières pour les personnes dans ma situation difficile. Avant d'aller me coucher, j'ai téléphoné à Carlo pour lui demander conseil.

"Pisse n'importe quand", a-t-il répondu sèchement.

J'ai opté pour le numéro deux, qui arriva en fait vers les deux heures du matin, et j'étais planté là, devant la cuvette, le tube à la main, pensant à Leopardi qui réfléchissait si fort que rien ne venait. Dans son cas, le problème pouvait difficilement être une prostate hypertrophiée parce que la description de Giacomo luttant pour y arriver concerne un adolescent. La source de l'information, d'après mon souvenir, était le père du poète, Monaldo, un homme à l'esprit de compétition qui expliquait que pour aider son fils à uriner il devait lui tenir compagnie devant le pot de chambre et le distraire. Imaginer ma femme se réveillant six fois par nuit pour m'aider à me distraire et à uriner a provoqué un petit rire, et je me suis mis à pisser, en prenant soin de diriger le mince filet de liquide dans le tube. Mais le sourire avait dû faire trembler ma main, car quelques gouttes sont passées par-dessus bord et m'ont mouillé les doigts. En rectifiant à la hâte la position du tube, je l'ai par mégarde mis en contact avec mon prépuce.

Merde ! Les instructions inscrites sur la boîte verte dans laquelle s'était trouvé le tube recommandaient expressément de ne pas toucher le bord du tube avec ses "organes génitaux", parce que des bactéries superficielles se mêleraient alors aux urines et modifieraient le résultat.

Que faire ? Le plus raisonnable serait de repousser l'analyse d'un jour ou deux, le temps que je me procure un autre tube.

Mais n'avais-je pas déjà trop différé ?

Oh, et puis tant pis ! J'ai élevé le tube à hauteur d'œil pour vérifier qu'il était suffisamment plein. L'urine était d'une pâle couleur citron, pas exactement le verre plein à ras bord du marchand d'eau, mais pas déplaisante, à sa façon. J'ai enfoncé le bouchon et me suis lavé les mains.

Mais si je ne me souciais pas des bactéries et, en conséquence, des résultats trompeurs de l'analyse, pourquoi avais-je passé tant de temps à me tracasser pour déterminer quel était le meilleur moment pour pisser ?

Je n'en ai pas la moindre idée.

En remontant me coucher – nous dormons dans une chambre sous les toits et je dois descendre une volée de marches pour aller aux W.-C. – il m'est venu à l'idée que Carlo avait répondu avec désinvolture quant à l'heure à laquelle prélever l'échantillon, parce que les lectures qui comptaient ne seraient pas influencées par la relation entre l'urine et mon ingestion de nourriture. Oui. Ce qu'ils recherchaient c'était quelque chose d'une simplicité inquiétante, du sang dans mon urine, par exemple, ou des cellules cancéreuses.

Mais ne m'étais-je pas promis, ai-je songé, de ne penser à rien de tout cela avant que les analyses soient terminées et que je puisse prendre une décision réfléchie ?

J'ai plutôt pensé à Leopardi. Non seulement le poète avait des problèmes aux toilettes, mais ayant passé son enfance penché sur des livres il avait rapidement développé une grave scoliose. A vingt ans, il avait l'air d'un bossu. Il souffrait aussi de douleurs à l'estomac, était négligent en matière d'hygiène corporelle, et, plus tard dans sa vie, lavait rarement ses vêtements. Interrogée sur la raison pour laquelle elle n'avait pas couché avec lui, une dame répondit : "Mais, ma chère, il pue."

Leopardi composait néanmoins des poèmes sublimes. Quelques soirs auparavant, j'avais aidé Stefi à en apprendre un pour l'école. Il raconte comment le poète prend plaisir à être assis derrière une haie, à flanc de colline. Que la haie bouche la vue lui permet d'imaginer l'infini de l'éternité au-delà. "Dans cette immensité se noie ma pensée", nous dit-il, et au dernier vers : "et le naufrage m'est doux dans cette mer".

Comme il était intéressant, me suis-je dit, en ramenant les couvertures sur moi dans la pièce obscure où ma femme ronflait doucement, qu'il soit positif pour Leopardi que "se noie sa pensée". Et comme il était intéressant, aussi, qu'il associe ce genre d'instants heureux avec l'eau profonde. L'eau dissout-elle la pensée ? Dans le tableau de Vélasquez, l'enfant et le vieil homme semblent tous deux avoir été envoûtés par ce plein verre d'eau et sa figue parfumée.

J'étais couché, tranquille. Si l'idée d'avoir à se lever six fois par nuit peut paraître à certains consternante, permettez-moi d'affirmer que j'ai toujours aimé avoir à retourner me coucher et me rendormir. Il m'arrivait parfois de penser que c'était une chance d'avoir l'occasion de sombrer dans les rêves tant de fois en une seule nuit.

INDIVIDUS CONTRARIANTS ET MÉCONTENTS

Le "travail" que je m'ingéniais à faire jour après jour, quel que soit mon état, consistait ni plus ni moins à raconter des histoires. A l'évidence, une occupation inoffensive. Pourtant, pendant les semaines qui ont suivi, je me suis soudain retrouvé bataillant avec une histoire troublante et franchement nocive, quelque chose qui me revenait au bout de vingt ans avec le claquement sourd du pêne dans une lourde porte.

Le matin des analyses d'urine et de sang je m'étais rendu au centre médical avec, comme de coutume, l'intention de ne pas réellement *être* là. J'avais emporté un livre pour que mon esprit reste concentré sur mon univers mental, et non pas sur mes fluides corporels ni sur les gens autour de moi. On m'avait demandé d'écrire un article sur l'écrivain autrichien Thomas Bernhard. Nul doute que Bernhard, songeai-je – je lisais son autobiographie, *Le Souffle : une décision* –, s'était, en matière de santé, vu distribuer une donne bien pire que je n'en avais jamais reçu. Envoyé à l'hôpital à dix-sept ans pour une pleurésie, où fut diagnostiquée une tuberculose, il passa un an au seuil de la mort, suivi d'une vie entière de maladie pulmonaire débilitante, jusqu'à ce qu'il finisse par succomber en 1989, âgé de cinquante-huit ans, ayant deux ans de moins que mon père lorsqu'il était mort de problèmes pulmonaires, en l'occurrence d'un cancer. S'il y a une chose que tu dois mettre dans ton article, me suis-je dit, c'est que les poumons de Bernhard représentaient son destin. Comme D. H. Lawrence, il n'avait jamais bien respiré. Ce qui avait dû influencer son écriture.

J'étais déjà conscient d'un vague pressentiment voletant contre la vitre embrumée de ma conscience matinale. Je n'y ai pas prêté attention et me suis concentré sur Bernhard, tout en gardant la moitié d'un œil sur le numéro éclairé qui indiquait où en était le personnel. Chaque *ding* était un patient avec lequel on en avait terminé.

Mon numéro a fini par apparaître et je me suis approché d'un guichet où, sans un échange de paroles, une jeune femme face à un clavier a transformé mes ordonnances en codes-barres imprimés sur des étiquettes adhésives destinées à être fixées sur diverses éprouvettes. Quelle efficacité rassurante et impersonnelle, ai-je songé, comparé à autrefois, quand on vous faisait faire la queue pendant des heures.

Et puis je me suis souvenu.

La merveille, c'était que j'aie réussi à *ne pas m'en souvenir* pendant si longtemps. Ma première réaction a quand même été de me féliciter. Dieu merci, me suis-je dit, cette fois-ci on ne t'a pas demandé de faire l'analyse de sperme. L'abominable analyse de sperme. Mais ce n'était plus qu'une question de secondes avant que mon esprit vrombissant ne s'arrête sur ces mots : *"Après des décennies de souffrance et de frustration, ces malades en finiront forcément avec leurs ennuis sur la table d'opération, à la cinquantaine ou la soixantaine."*

Le pêne a joué dans la serrure. Pendant que j'attendais devant la pièce où l'on vous prélève votre sang, je ne pouvais plus me concentrer sur Thomas Bernhard. La prédiction s'était réalisée.

Plus de vingt ans auparavant, en découvrant soudain que je devais aller aux toilettes littéralement toutes les dix minutes, on avait diagnostiqué une prostatite aiguë. Il fallait que je fasse une analyse de sperme pour trouver quel microbe s'était introduit là, quel antibiotique soignerait l'infection. A mon arrivée à la tête d'une longue file d'attente, dans ce même centre médical, l'infirmière, voyant mon nom étranger sur l'ordonnance, avait lancé avec le genre de clarté et de volume tonitruant que certaines personnes croient être appréciés par les étrangers : *"SPERME ! FAITES ATTENTION QUE LA PREMIÈRE GOUTTE TOMBE BIEN DANS LE RÉCIPIENT. C'EST LA PREMIÈRE GOUTTE QUI COMPTE, POUR LE SPERME."*

C'était le côté amusant de l'anecdote, un truc que j'avais raconté une centaine de fois dans les soirées, en mimant la surprise sur les visages des personnes dans la file d'attente au moment où l'infirmière braillait "Sperme !" et puis ma gêne, quelques minutes plus tard, quand je m'efforçais de produire ce sperme dans une des trois seules cabines disponibles pendant qu'à l'extérieur les autres faisaient la queue pour fournir des échantillons d'urine, toussant, remuant les pieds et se plaignant que je gardais les W.-C. trop longtemps. Je me rappelle nettement à quel point j'ai été soulagé, content, et même *fier* lorsque les premières gouttes capitales se sont trouvées dirigées sans encombre dans le petit récipient en plastique.

Olé !

Mais ce n'était pas la fin de l'histoire. Vu son importance vitale pour la continuation de l'espèce, la prostate est particulièrement bien protégée par des couches et des couches d'une membrane quasi imperméable. Elle ne s'infecte pas facilement. Une fois infectée, elle ne se soigne pas facilement. Une fois soignée, elle ne retrouve que rarement son état d'origine. On ne se remet de la phase aiguë que pour découvrir qu'on est devant la phase chronique. Environ trois mois après que ces ennuis avaient commencé, je suis tombé sur un jeune médecin qui, dans son empressement à ne rien vouloir me cacher, m'a donné une publication qui n'était destinée qu'à des gens comme lui, des médecins qui se spécialisaient en urologie. Le dernier paragraphe de cette brochure disait ceci (je cite de triste mémoire) :

> Il convient de garder à l'esprit que les chances de guérison complète en matière de prostatite sont minimes, en fait presque nulles. Les personnes souffrant de prostatite ont tendance à être des individus agités, contrariants et insatisfaits, qui traînent leurs souffrances d'un médecin à l'autre en quête d'un remède qu'ils ne trouveront jamais. L'urologue doit prendre garde à ne pas se laisser démoraliser par ces patients et leurs pathologies réfractaires à tout traitement. Au bout du compte, après des années, peut-être des décennies de souffrance et de frustration, la grande majorité de ces malades en finira forcément avec ses ennuis sur la table d'opération, à la cinquantaine ou la soixantaine.

L'urologue doit prendre garde ! Le pauvre. Personne ne veut être démoralisé. Mais j'étais un jeune homme de trente ans à qui l'on apprenait qu'il serait malade dans ses parties intimes pendant toute son existence virile. Mon âme s'était rebellée. J'ai pris l'avion pour Londres, payé un type de Harley Street pour qu'il me mette de façon plus ou moins permanente sous antibiotiques, et après en gros un an, j'étais guéri.

"Je suis guéri ! *Complètement guéri !* La brochure avait *tout faux* !"

Je me rappelle m'être crié ces mots, ravi et furieux, un nombre incalculable de fois. "Tout faux, tout faux, *tout faux* ! Le bouquin avait tout faux !" Je voulais trouver l'auteur et lui fourrer tout droit sa misérable prophétie là où se trouvait sa prostate. "Quelle histoire odieuse, *et même pas vraie*. Il avait tout faux. Je suis guéri ! GUÉRI !"

Mais l'étais-je ?

L'avais-je jamais été ?

"L'analyse d'urine, c'est par ici", a annoncé l'infirmière.

J'ai pivoté et inséré mon éprouvette dans un casier, aux côtés d'une communauté d'autres éprouvettes, trente ou quarante, en rangs ordonnés, rassurantes et impossibles à différencier comme des croix dans un cimetière militaire.

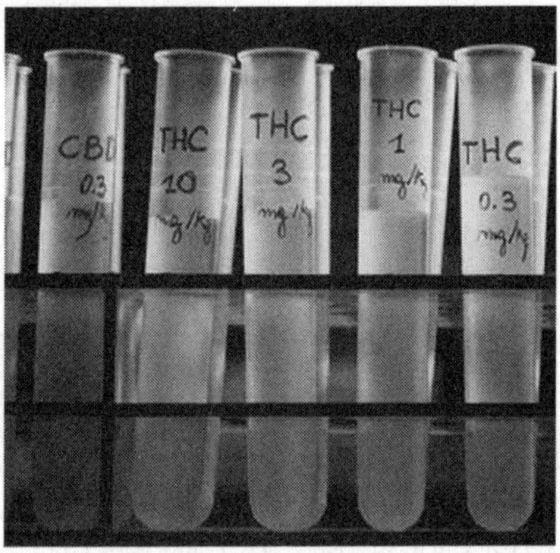

Mon état avait pu rester latent. Ou bien je me mentais. J'avais *toujours* été en petite forme. J'y étais simplement habitué, jusqu'à un certain point. Je m'étais raconté que j'étais guéri parce que du coup je me sentais mieux. Je voulais tellement que la brochure ait tout faux. N'était-il pas curieux, par exemple, que j'aie été incapable de dire à Carlo quand ces douleurs avaient effectivement commencé ?

"Serrez le poing", a demandé l'infirmière. Elle a souri. "Inutile d'avoir l'air tellement inquiet."

Par le passé, il m'est arrivé d'avoir eu du mal à regarder le sang s'écouler de mon bras. Là, c'était tout juste si je m'en rendais compte. Le liquide sombre qui pénétrait dans la seringue en faisant des bulles n'avait rien à voir avec moi. Ce qui comptait c'était cette vilaine histoire : "forcément... sur la table d'opération... à la cinquantaine ou la soixantaine".

Pendant les jours et les semaines qui ont suivi, j'étais esclave de cette version de ma vie, "la version médicale officielle", ne cessais-je de me répéter. Voilà ce à quoi tu es confronté, la version qu'il y a vingt ans tu as choisi de refuser d'admettre et qui prend maintenant sa revanche. J'étais là, ayant à peine dépassé mon cinquante et unième anniversaire, et un médecin, totalement ignorant de mon passé médical, envisageait *exactement* l'opération que l'on m'avait prédite à l'âge de trente ans.

A quoi bon me battre ?

Ou était-ce plutôt une question de *suggestion* ? La publication médicale datant de si longtemps, rédigée d'un point de vue et dans un style qui n'étaient plus acceptables, probablement épuisée depuis plus de dix ans et qu'absolument plus personne ne lisait, n'en agissait pas moins comme un puissant envoûtement, un sort, une malédiction. Malgré ses contorsions, mon cerveau primitif était incapable de se libérer des paroles d'un sorcier qui m'avait annoncé que j'allais me dessécher et mourir.

Mais il ne t'a pas dit que tu allais *mourir* ! ai-je protesté à haute voix. J'étais certainement dans mon bureau, allant et venant à côté de mon ordinateur portable. Simplement que tu aurais à subir une petite opération de routine. Rien de plus ordinaire. Prostatite et prostate hypertrophiée ne mettent ni l'une ni l'autre la vie en danger. Pourquoi être tellement bouleversé ?

Et puis j'ai repensé qu'il y avait des cancers de la prostate qui engageaient bel et bien le pronostic vital. Je me suis arrêté. Mais non, cela ne me faisait pas peur. Ce qui était humiliant ce n'était pas le pronostic, c'était la perte de confiance dans ma version du passé, ma brusque incertitude quant à ce qu'avaient été les vingt années passées.

Alors, cela dure depuis combien de temps ?

Euh... je ne sais pas.

Est-ce que j'essaie d'écrire des histoires, me suis-je alors demandé, parce que j'ai, en général, si peu de prise sur l'histoire de ma vie ? Je me suis souvenu d'avoir un jour pensé quelque chose de semblable concernant mon père. Tous les dimanches, aux matines et aux vêpres, les sermons du bonhomme répétaient la même histoire : péché, désespoir, rédemption, paradis. A quatorze ans, en gigotant sur mon banc, il m'était venu à l'idée que l'être qu'il avait le plus besoin de convaincre, c'était *lui*. Ce jour-là, j'avais cessé de croire. Et que venais-je d'écrire ? Quelle était l'intrigue de mon dernier roman ? L'histoire d'un homme dont le fils avait écrit une biographie diffamatoire à son sujet, ébranlant ainsi la notion qu'il avait de son identité, le contraignant à revisiter le passé et à réaffirmer sa version des événements. Mais le lecteur sait dès la première page que c'est une cause perdue. Le type est fini.

Tes histoires et ta maladie s'entremêlent de façon pathétique, me suis-je dit.

Ces regrettables réflexions n'arrangeaient pas mes fameuses douleurs, subitement plus insistantes que jamais. Il m'a alors fallu me demander, et ce n'était pas la première fois, s'il n'y avait pas dans tout cela un élément psychosomatique. "Les personnes souffrant de prostatite ont tendance à être des individus agités, contrariants et insatisfaits", avait signalé la brochure. Le médecin ne disait pas explicitement que le problème était psychosomatique, mais il laissait bel et bien entendre que *personnalité et pathologie étaient liées*. Si c'était le cas, comment devrais-je réagir ? Ce "guéri" que j'avais crié tant d'années auparavant avait-il été une tentative pour réagir aux prédictions de la brochure en refusant d'être l'individu contrariant et insatisfait qu'elle décrivait ? Chaque maladie est un récit. Ce qui compte, c'est la version que vous vous racontez.

Pourrais-je de nouveau employer cette ruse ? Nier, tout simplement ?

J'étais dans un palais des glaces. Et le problème pour la personne qui passe toute sa journée seule à écrire des histoires, c'est que l'unique résistance qu'elle a face à ce genre de reflets ce sont les histoires qu'elle tente de raconter. Il n'y a pas de téléphone qui sonne, pas d'affaires à régler qui pourraient pousser son esprit ailleurs. D. H. Lawrence, me suis-je souvenu, avait jusqu'au bout nié sa maladie. Il avait refusé d'admettre qu'il avait la tuberculose. Et avait continué à vivre coûte que coûte. D'ailleurs c'est bien connu, les personnages de ses livres sont des gens qui dressent leur volonté contre le monde, qui s'épanouissent dans l'opposition, même si l'opposition est vaine. Débordants de vitalité et d'obstination, les livres eux-mêmes nient avec Lawrence qu'il est malade, ils sont des barrières élevées contre la maladie. Tandis que le génie de Bernhard fut d'*accepter* sa maladie en la racontant. Bernhard dénonçait continuellement le scandale de la maladie. Et tirait son énergie de ce scandale. Il réprimandait son mal. Ainsi ces deux hommes faisaient davantage que ce dont un être humain ordinaire est habituellement capable, parce qu'ils craignaient que la maladie ne les empêche de faire quoi que ce soit.

Mais j'étais paralysé. Rien ne venait avec fluidité. Je ne pouvais pas continuer le roman que j'étais en train d'écrire parce que avec la soudaine et violente manifestation de ce problème de santé, et en particulier le retour de cette triste histoire dont je pensais m'être débarrassé vingt ans auparavant, ce que j'écrivais me semblait vain. Cela n'avait aucun sens à mes yeux. C'est le pire qui puisse vous arriver quand vous écrivez. Les mots et les histoires semblent vains, de simples constructions pour vendre un livre ou deux. Chaque mot que vous écrivez, vous le rayez. Ce n'est que pure invention. Même si le livre avait du succès, ce qui n'arriverait pas, qui s'en soucie ? Qui en a *besoin* ? Vous passez du roman à l'essai parce que cela semble brusquement essentiel d'écrire avec franchise sur quelque chose qui compte. Sinon, impossible d'écrire. Mais quand vous vous apercevez que vous ne réussirez jamais à dire exactement ce qui s'est passé, exactement ce qu'est la vie – c'est trop compliqué, trop cruel pour les gens qui vous entourent –, vous revenez alors au roman, avec l'espoir de construire une histoire qui offre au moins avec elle une honnête analogie. Sauf que cela ne marche pas. Impossible de trouver la formule qui fera que les mots paraîtront nécessaires. Vous faites des allers et retours entre roman et essai, et, incapable d'être ou de devenir quoi que ce soit, l'histoire ne tient pas. Et pendant ce temps-là, un odieux paragraphe d'une publication médicale de second ordre datant d'il y a vingt ans vous tire vers la table d'opération.

Alors vas-y et qu'on en finisse ! Va te faire charcuter et recommence à vivre.

Dans un rêve, une tache sombre sur le sol me sautait à la figure, refermait ses ailes sur mon nez, sur ma bouche, sur mes yeux. Un oiseau. Une chauve-souris. Qui m'étouffait. Le sol était celui de l'église de mon père que nous avions visitée un mois plus tôt, mon frère et moi.

Cela m'aiderait-il, me suis-je demandé, si je savais que mon nerveux de père avait été atteint du même mal ? L'avait-il été ? Les ennuis de prostate étaient-ils héréditaires ? Je me souvenais de maman se moquant de lui parce que lorsqu'elle l'appelait pour les repas il devait toujours, avant de se mettre à table, "s'esquiver pour aller au petit coin". Il voulait être à l'aise. Qui sait si papa n'avait pas eu, lui aussi, besoin d'aller souvent aux toilettes la nuit, sans que j'en aie rien su. Je devrais téléphoner à ma mère, me suis-je dit, pour lui tirer les vers du nez. Dès que j'aurais la confirmation que ce mal était congénital, j'accepterais la situation, je subirais l'opération, et j'en finirais avec tout ça ; sauf que mon père, évidemment, n'avait jamais subi une telle opération, du moins à ma connaissance.

Etait-il possible que ce soit précisément ses angoisses face à une éventuelle opération qui ait provoqué son cancer ?

Nul doute que mon père avait été un individu contrariant et insatisfait.

J'ai décidé d'appeler ma mère. Pendant quelques semaines j'ai été sur le point de lui téléphoner. Mais je n'en ai rien fait. Je me suis rendu compte que si elle répondait : "Non, papa n'a pas eu ces ennuis-là", alors ce serait pire : ce n'était pas le patrimoine héréditaire. Je ne pourrais pas faire grief de mon mal à papa. D'un autre côté, si elle répondait : "Oui, papa a eu aussi ces ennuis-là, le pauvre, oh là là, et c'est ton tour maintenant, Timothy", ce serait pire. Il me serait alors impossible de nier. Ce serait gravé dans la pierre. Mieux valait ne rien savoir, ai-je songé. S'il y avait une chose que je ne voulais pas, c'était être comme mon père, pourtant je n'étais pas aveugle au point de ne pas voir qu'en réalité je lui ressemblais beaucoup. Je partageais sa nervosité, en premier lieu. Si je n'ai pas encore commencé à mettre les oranges en lambeaux, il est certain que jamais je ne tiendrai un verre d'eau avec la même superbe immobilité que le marchand d'eau de Vélasquez.

À SON IMAGE

Mes parents avaient deux préoccupations primordiales à l'égard de leurs enfants : leur bien-être spirituel et leur position sociale. Avoir donné le jour à des âmes condamnées à la damnation éternelle serait un désastre. Nous devions être imprégnés d'histoire chrétienne. Nous commettrions des péchés, il va sans dire, mais nous serions toujours assez sages pour nous repentir et poursuivre notre route vers le paradis. A l'école, notre réussite nous garantirait une place parmi les classes moyennes laborieuses, ou avec un peu de chance les professions libérales. Pour ce qui était de notre corps, l'important était qu'il soit respectable. Nous devions être proprement vêtus, nos cheveux proprement coupés, nos mains, notre cou, notre bouche et nos ongles relativement propres. Pourvu que l'on gratte ensuite la boue de ses chaussures, le sport était une façon acceptable de se défouler, mais sans réel intérêt. Si je mettais un but, il n'y avait pas lieu de me féliciter. Que mon frère soit incapable de participer à des jeux sportifs, incapable de courir ou de sauter, n'était donc pas une grande perte. Une cravate bien nouée, voilà ce qui comptait. Et des chaussures propres. Garder sa chemise rentrée dans son pantalon, ses cheveux peignés. Nous ne devions pas faire usage d'obscénités, ni de blasphèmes. Nous ne devions pas nous masturber. Non pas que l'expression "se masturber" soit jamais prononcée. On craignait ces mots-là et ce que savaient implicitement de la question deux personnes qui les employaient. Nous ne devions pas "nous toucher". Nous savions où. Je me souviens de mon amusement gêné quand l'urologue de Harley Street (celui qui a "guéri" ma prostatite) m'avait déclaré :

"Vous devez jouir, tous les jours, monsieur Parks. Si ce n'est avec votre femme, il avait toussoté, du moins tout seul." Les primates jouissent un grand nombre de fois par jour. En termes d'évolution, nous sommes programmés pour garder la prostate active et son sperme en mouvement. "Pour éviter la congestion des canaux prostatiques", m'avait-il assuré.

"Espèces de petits singes !" avait été l'indulgente protestation de ma mère lorsque nous faisions quelque chose d'un peu déplacé. Elle ne croyait pas à l'évolution. Etre vu glissant sa main dans son pantalon suscitait une réaction autrement plus nerveuse et agressive ; au point qu'il m'arrive de me demander si l'angoisse et le refoulement qui entouraient les émois de l'adolescence ne sont pas responsables des premières tensions subies par ma prostate. Le petit organe était-il censé décharger son contenu, oui ou non ? Je commençais à me faire plaisir, trouvais cela bon, entendais la voix angoissée de ma mère, m'arrêtais net. Mais tout ceci n'est que pure hypothèse et je n'ai nullement envie de tenir mes parents pour responsables. Ils nous aimaient autant que le peuvent des parents. Le fait est que la société tout entière n'était pas, n'est toujours pas, très sûre de ce que devrait être notre rapport avec notre corps.

Le corps humain est le temple de Dieu, expliquait mon père, il est créé à Son image. Mais cela ne signifiait pas que nous devrions vénérer les corps superbes que l'on voyait dans les magazines et au cinéma (en fait, au presbytère il n'y avait pas de magazines, et je ne suis allé qu'une fois au cinéma avant mes onze ans, voir *Coulez le Bismarck !*). Non, mais le corps devait rester pur sinon nous offenserions Dieu ; être créé à Son image était un motif de prudence, et non pas de louanges. Les gens laids, disgracieux, étaient aussi créés à l'image de Dieu ; s'ils se lavaient, s'habillaient convenablement et se tenaient droits, ils étaient aussi respectables que tout un chacun.

En classe, le corps figurait dans les cours de biologie. Il était composé d'os, d'organes, de muscles et de tendons que l'on pouvait montrer sur des schémas. Des noms devaient y être placés au bon endroit. Trapèze. Biceps brachial. Deltoïdes, fléchisseurs, transverses abdominaux. Ces éléments anatomiques de base étaient nourris par un réseau d'artères et de veines qui, de la même façon, se prêtaient à une représentation en deux dimensions et à des défis simples du genre interrogation rapide. Un bachotage d'une journée vous garantissait un quatre-vingt sur cent à l'examen de biologie de fin de trimestre.

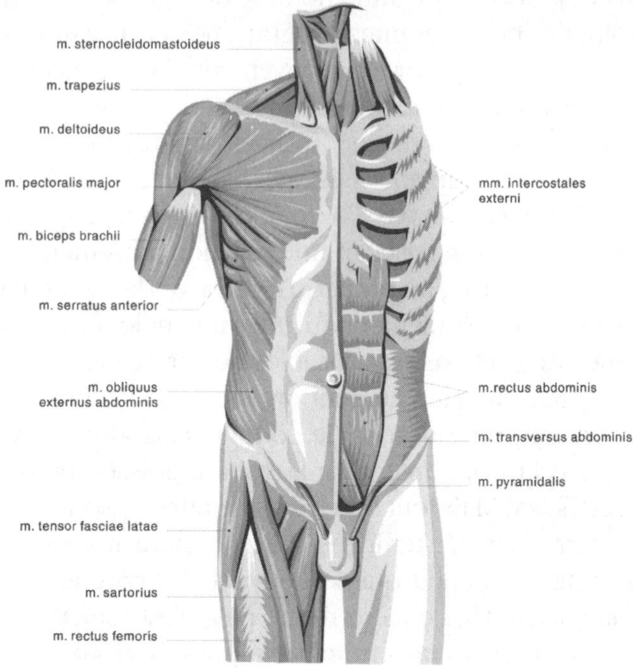

Mais au fur et à mesure que les années passaient et que les schémas devenaient plus colorés et plus complexes, qu'ils s'accompagnaient de formules chimiques et de noms difficiles à épeler, il est devenu clair que seuls les plus assidus et les plus résolus d'entre nous avaient une petite chance de comprendre cette machine prodigieuse avec ses ganglions lymphatiques et ses structures cellulaires, ses protéines et ses muqueuses. A aucun moment on ne nous demandait de comparer notre propre corps aux schémas que nous étudiions. Malgré sa phénoménale complexité, le corps n'en demeurait pas moins un mécanisme, un objet d'étude. Le corps n'était pas *nous*. Raison pour laquelle il convenait fort bien, dès lors que vous aviez saisi l'essentiel, d'en laisser la compréhension approfondie aux spécialistes, comme on le fait pour les voitures, les ordinateurs et les installations de chauffage central. Seule une poignée d'entre nous poursuivrait l'étude de la biologie au-delà du brevet. Si jamais quelque chose ne tournait pas rond dans le corps dont nous nous trouvions être l'occupant, ces gens-là le répareraient pour nous.

Ma femme m'a téléphoné au bureau pour m'annoncer que les résultats des analyses de sang et d'urine étaient arrivés au courrier, et je suis parti sur la rivière avec mon kayak. J'ai refusé d'être angoissé. En hiver, je prends un kayak de slalom léger. Parfois je remonte trois ponts plus haut et surfe une vague du rapide près du ponte Pietra, le vieux pont romain. Ce qui devient inévitablement une forme d'exhibitionnisme. Des touristes postés derrière le garde-fou prennent des photos de la ville. Ils pointent leur appareil sur le kayakiste en train de surfer, en se demandant évidemment si vous allez percuter un rocher ou dessaler. Ils veulent une photo inoubliable. Si vous faites l'effort de remonter le rapide jusque sous le pont et de rejoindre la rive opposée, ils applaudissent lorsque vous franchissez le dernier segment tumultueux. Ils ne sont pas assez calés pour se rendre compte que vous n'êtes qu'un pagayeur moyennement compétent. Ils ne penseront certainement pas que vous avez un problème de prostate.

Ou bien je m'entraîne à prendre les portes de slalom qui sont au pont, à côté du club. Il y avait une manœuvre qui m'obsédait, qui m'avait obsédé depuis très longtemps, parce que, même en sachant fort bien en théorie comment elle s'exécute, je la réussissais rarement. L'une des portes est placée à l'intérieur du remous qui se forme en aval d'une pile du pont. Il s'agit de passer du courant principal au remous qui tourbillonne et de faire tourner le kayak sur lui-même pour qu'il franchisse la porte en remontant le courant. Pour y parvenir, il faut pousser vers le bas la cuisse côté aval au moment où on passe du courant au remous, tout en faisant pivoter le tronc et en plongeant profondément la pagaie à l'amont. Si la coordination est bonne, l'arrière du kayak s'enfonce dans l'eau du remous, l'avant se soulève et le bateau vire sur place. Bien exécutée, c'est une manœuvre élégante et naturelle.

Je n'ai jamais réussi à coordonner mes mouvements. Faux. J'ai réussi, de temps en temps ; disons, assez souvent pour insister. Mais je ne l'ai jamais apprise. Mon corps la pigeait, ou ne la pigeait pas, au hasard, comme si c'était une question de sortir un six en lançant un dé.

Pourquoi ? Je sais faire du vélo. Je sais faire du ski. Apparemment, c'était un problème de coordination droite-gauche. Je suis un adepte du pied gauche, et bien que j'écrive avec la main droite c'est avec la gauche que j'attrape un ballon. Se pourrait-il que j'aie été, dans l'empressement général que montre la société pour la conformité, un gaucher contrarié ? Est-ce que le genre de tension causée par ce type de contrainte produit des individus agités, contrariants et insatisfaits, qui harcèlent les urologues ? Pourquoi le corps est-il un tel mystère, et pourquoi l'esprit est-il tellement frustré par les rapports qu'il entretient avec lui, comme s'il se trouvait face à une équation qu'il n'arrive pas à résoudre ? Une situation assez voisine de la perplexité de l'esprit devant certaines œuvres d'art. Ce sont des suites de réflexions vaines. Pourtant, je parais condamné à nourrir ce genre de pensées.

Par exemple, quand le matin je sors de mon bureau pour prendre un café, dans la rue je croise souvent un homme moustachu d'environ soixante-dix ans qui marche avec une canne, porte un costume croisé et, invariablement, un chapeau de cow-boy blanc, tout ceci dans un triste quartier ouvrier de Vérone. Un jour, alors que nous avancions l'un vers l'autre, ce retraité à l'élégance nonchalante s'est arrêté et a lancé d'un ton assez péremptoire :

"Mais bon sang, jeune homme, tenez-vous droit !"

J'ai levé la tête pour le regarder. Nous ne nous étions encore jamais parlé. Il se tenait de façon cocasse, très droit, la poitrine gonflée, le menton levé, la moustache blanche cirée, un ancien combattant qui défilait. La canne était un fusil, le costume colonial un uniforme aux plis impeccables ; le bord du chapeau était parfaitement horizontal.

"Tenez-vous *droit*", a-t-il répété, comme s'il était sincèrement agacé par mes épaules voûtées. Et puis, en balançant sa canne, il est reparti à grands pas.

J'étais troublé, mais pas en colère. Il m'avait traité de "jeune" après tout, et il est vrai que j'avais les épaules voûtées. Cela va de pair avec la profession d'écrivain. D'autres l'avaient remarqué. Au moins, je n'ai pas la scoliose de Leopardi, me suis-je dit. Je me suis demandé si la scoliose du poète et ses problèmes urinaires étaient liés. Et pendant de longues semaines j'ai continué à imaginer que si par miracle je pouvais me tenir droit, naturellement, confortablement, la nuque libre de toute tension, la tête haute, et non seulement me tenir droit mais *marcher* avec le dos droit, alors je serais en pleine santé. Mes problèmes s'envoleraient. Il en irait de même, me disais-je, si je réussissais cet élégant virage dans mon kayak ; exécuter ce virage à tous les coups, avec nonchalance, en passant d'une eau à fort débit au calme, et retour, reviendrait à être *guéri*.

La maladie, ai-je alors compris, à l'instar de l'amour, ou de la haine, ramène tout à elle, métamorphose tout en ce qu'elle est. N'importe laquelle de mes pensées revenait inéluctablement à ceci : ma condition physique.

A la maison, l'enveloppe appartenait au modèle administratif à fenêtre transparente laissant apparaître l'adresse. Je me suis assis sur le canapé. Ce n'était pas autre chose, ai-je songé, que de recevoir un courrier officiel d'un avocat pour éclaircir un sujet aussi personnel et intime que la relation que l'on entretient avec sa propre femme. Pour le meilleur et pour le pire, dans la richesse et dans la pauvreté, j'étais sur le point d'apprendre de douloureuses nouvelles sur cette énigme qu'était mon corps.

C'était un exam de biologie trop ardu pour moi.

P- Colesterolo totale
P- Trigliceridi
P- Urea
P- Creatinina
P- Bilirubina totale

Je n'avais pas la moindre idée de ce que signifiaient ces mots. Ou de ce que voulait dire ce P. Même les unités de mesure m'étaient inconnues. Mmol/l, µmol/l.

Il y avait une cinquantaine de résultats, quarante concernant le sang, les autres l'urine : *linfociti, monociti, eosinofili, basofili. Urobilinogeno, corpi chetonici.*

Que savais-je de ces choses-là, des parties de mon corps ? Rien. Sur la sortie papier, la seule chose intelligible pour un profane c'était que mon urine était officiellement "jaune paille".

Heureusement, à côté de chaque résultat il y avait, entre parenthèses, une fourchette des valeurs jugées normales. Mon œil est allé droit à *Sr-PSA totale.* Encore une fois, je n'ai pas la moindre idée de ce que signifie PSA, mais je sais parfaitement qu'une PSA élevée est associée au cancer de la prostate. C'était l'avant-dernier test, et la fourchette acceptable était 0-4,00 µg/l. Ma valeur était 0,31.

"Mais tu es en bonne santé !" Carlo a éclaté de rire quand je lui ai lu les résultats au téléphone. "Pas de sang dans les urines, un taux de PSA exceptionnellement bas, pas d'infection ; tout est comme prévu."

Au moment où j'ai reposé le combiné, Rita était anxieuse de connaître le verdict.

"Il semblerait que j'aille bien."

Notre ami Larry, m'a-t-elle rappelé obligeamment, était mort exactement quarante-huit heures après qu'une série d'analyses lui avait appris qu'il était en parfaite santé.

URODYNAMIQUE

Dans *Le Souffle : une décision*, le livre qui parle de la pleurésie et de la tuberculose de Bernhard, la "décision" est sa résolution de quitter l'hôpital sans autorisation et de se considérer comme guéri. Il n'aurait plus affaire à la profession médicale. Ce fut sa façon de proclamer le contrôle qu'il exerçait sur sa destinée.

D'autre part, il ne pouvait le faire que parce qu'il se sentait suffisamment bien.

Moi aussi j'envisageais de prendre une décision, mais seulement après avoir eu les résultats de toutes les analyses médicales. Ensuite, très probablement, ma décision serait l'acceptation de la nécessité, cette "version officielle" de mon état que j'avais lue il y avait si longtemps. En même temps, j'espérais toujours que les douleurs s'envolent. Je jouais toujours avec mon régime alimentaire.

Les analyses de sang et d'urine avaient exclu deux explications possibles : le cancer de la prostate et les calculs. Le diagnostic d'hypertrophie de la prostate devenait donc plus vraisemblable et l'opération, la RTUP, se rapprochait un peu plus. Le type au drôle de chapeau et aux instruments chirurgicaux effrayants m'attendait.

Le bilan urodynamique, comme on dit, que j'ai fait la semaine suivante à Milan, après une matinée de cours, indiquait la même chose. Cette analyse était en vérité assez amusante. On fait pipi dans un entonnoir et l'urine descend dans un appareil qui mesure le volume libéré à la seconde. Les résultats sont alors exprimés à l'aide d'un graphique illustrant la vitesse d'écoulement par rapport au temps de miction.

Avant le bilan, j'ai bu autant d'eau que j'ai pu en à peu près une heure, dans l'espoir d'améliorer mes performances. Il est curieux qu'on fasse ces analyses pour établir des faits tangibles, mais qu'on cherche tout de même à obtenir le meilleur résultat. Presque à tricher. Manifestement, pisser copieusement, dans un grand éclaboussement, a quelque chose de viril, et je ne voulais pas paraître trop minable. Il m'a traversé l'esprit que décalotter entièrement le prépuce, ce qui comprime un peu l'urètre et intensifie le jet, pourrait encore modifier les résultats en ma faveur. Et puis je me suis dit que cela revenait à poser le pouce sur le bout du tuyau d'arrosage pour que l'eau atteigne les buissons au-delà du massif de fleurs. Le jet est plus beau et va plus loin, mais le débit reste le même.

Debout dans une cabine fermée par un rideau, j'ai donc répandu mon urine triste, traînarde et intermittente dans l'entonnoir en plastique blanc, pendant qu'à l'autre bout de la pièce une aiguille astucieuse traçait un zigzag tourmenté aux sommets brisés sur un rouleau de papier millimétré en mouvement. Dès que j'ai eu refermé ma braguette, le jeune médecin assez élégamment moustachu qui supervisait les opérations a détaché mon résultat en arc alpin et, en guise d'explication, a crayonné par-dessus la trajectoire d'une personne normale : le trait qu'il a dessiné montrait le pic sans aspérité d'une performance urinaire saine.

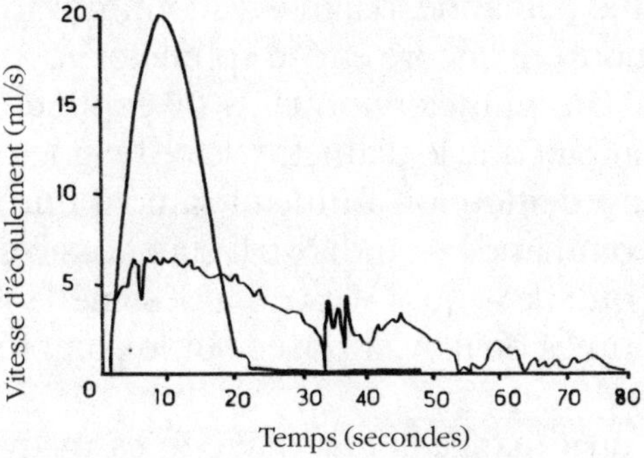

En regardant les deux courbes, l'une vertigineusement élégante, l'autre rabougrie et hésitante, j'ai compris que les graphiques m'apprenaient quelque chose que je savais depuis longtemps. Un an auparavant, peut-être, mon fils et moi allions partir pour une descente en kayak en Autriche. Avant de monter en voiture, nous avions pissé dans les deux W.-C. du premier étage de notre maison et, étant entre hommes, nous n'avions pas fermé les portes. Ce que j'ai entendu – un bref Niagara retentissant entre les murs carrelés, précédé mais aussi suivi par le stop-marche aigrelet de mon propre filet engorgé – était l'équivalent acoustique et bien plus *ressenti* des graphiques urodynamiques superposés. Maintenant, je savais la même chose d'une façon plus froide, avec des chiffres.

Temps de vidange 68 secondes
Temps d'écoulement 66 secondes
Temps d'écoulement maximum 19 secondes
Débit maximum 11,4 ml/s
Débit moyen 6,7 ml/s
Volume uriné 447 ml

C'est formidable, comme le remarque après avoir compté ses pets pendant vingt-quatre heures le Molloy de Samuel Beckett, ce que les mathématiques vous aident à vous connaître ! J'ai rangé les graphiques superposés dans le dossier médical que l'on m'avait conseillé de constituer. La vue de la courbe saine ne m'a pas réjoui autant que l'avait fait le bruit de la performance explosive de mon fils.

"J'ai vu pire."

Carlo a souri quand, à la cafétéria de l'hôpital, je lui ai montré mon bout de papier.

"Alors, ai-je demandé, diagnostic confirmé ?

— Cela pourrait encore être le sphincter vésical plutôt que la prostate." Un sphincter normal, a-t-il expliqué, s'ouvre pratiquement autant que le diamètre de ce beignet – nous avons considéré avec attention l'anneau ramolli enrobé de sucre qu'il avait commandé – tandis qu'il était possible que le mien ne s'ouvre que de – quoi – ça : il a désigné la pièce de cinquante centimes qu'il avait posée sur le comptoir. "Ce serait l'explication."

Pendant qu'il mangeait et parlait, en essuyant de la confiture sur ses lèvres, et que son regard allait se poser sur le corps des jolies infirmières, j'ai pris conscience que malgré ma performance urinaire minable j'éprouvais un vague sentiment de supériorité. Quels que soient mes ennuis, j'étais mince et svelte, à cinquante et un ans, alors que Carlo, qui pouvait difficilement avoir dépassé la quarantaine, avait une bonne vingtaine de kilos en trop et des joues qui devenaient flasques. Chaque fois que je le voyais, il était en train de manger : un beignet, un sandwich, une pizza. Il était bien plus probable, me suis-je dit, que les infirmières me regardent moi, surtout si j'arrivais à me redresser un peu.

Dans la voiture, en rentrant à la maison, j'ai souri de ma vanité, mais je m'en suis délecté quand même. Il était vrai que mon corps et moi n'étions pas les meilleurs amis du monde, ces temps-ci ; nous communiquions à peine, sinon par le biais de la souffrance. N'empêche, la chair ne pouvait que témoigner de mon impressionnante force de caractère : *je ne mangeais pas de beignet à la confiture au milieu de la matinée.* J'avais du *self-control.*

Comme quoi on pouvait être réconforté, ai-je songé, à l'idée d'avoir de l'allure sur la table d'opération.

Un peu plus tard, Vélasquez m'est revenu en tête. J'étais debout devant mon ordinateur et, au moment où j'ai approché une tasse de thé de mes lèvres, ma main a tremblé. Etait-il vraiment possible, me suis-je aussitôt demandé, que le garçon et l'homme du tableau d'Apsley House puissent garder cette eau aussi parfaitement immobile au moment où ils la faisaient passer de main en main ? Un verre dans les rues de Séville aurait-il vraiment été aussi transparent ? Le peintre n'aurait-il pas dû les montrer renversant quelques gouttes d'un verre un peu plus terne ? Tout le reste, dans le tableau, paraissait tellement vrai. Et y avait-il un lien, peut-être, m'est-il même venu à l'idée, entre cette anomalie indubitablement volontaire et celle qui est plus connue, dans la Vénus nue du même peintre, où la femme ravissante qui nous tourne le dos fait tenir un miroir à un angelot pour contempler son visage ; sauf que, puisque nous voyons son visage dans le miroir, ce n'est pas elle qu'elle aurait dû y voir, mais nous, ou plutôt Vélasquez.

Les deux tableaux, ai-je pensé, en les ouvrant sur Google, semblaient avoir un rapport avec le regard, le corps et l'esprit ; et au centre des deux, attirant notre attention et liant notre activité mentale à celle des personnages du tableau, se trouvaient des images trompeuses de verre et de transparence. Pourquoi le gamin et le marchand d'eau ne se regardaient-ils ni l'un ni l'autre, pas plus qu'ils ne regardaient l'eau, et pourtant communiaient apparemment à travers elle ?

Je suis passé plusieurs fois d'un tableau à l'autre. L'échange d'eau devait être une transaction commerciale – le marchand

d'eau vend – pourtant il ne *semblait* pas d'ordre commercial. Il était intense, ou méditatif, comme étaient méditatifs Vénus et son angelot. Mais la véritable question était la suivante : pourquoi m'étais-je mis à voir – de façon carrément absurde – la prostate dans la figue sombre posée au fond du verre, la prostate dans un état de parfaite santé, mais uniquement parce qu'elle était superbement plongée dans cette eau transparente et étrangement mentale ? L'eau était plus belle grâce à la figue, et la figue avait une perfection ténébreuse grâce à l'eau.

Je suis furieux contre moi-même quand mon esprit se laisse aller à ces vagabondages loufoques. C'est l'égarement le plus autoréférentiel qui soit, ai-je marmonné. Se regarder l'entrejambe. N'importe quelle image l'aurait probablement déclenché. Tu devrais arrêter d'écrire des bouquins, me suis-je dit, et accepter les commandes journalistiques sérieuses qui t'obligeraient à penser de façon plus méthodique.

De retour chez moi, j'ai ouvert une lettre contenant les résultats de ce qu'on appelle l'analyse cytologique des urines, et découvert qu'on avait trouvé dans ma vessie des cellules précancéreuses.

DÉTERRITORIALISATION

Les nuits étaient imprévisibles ; je commençais à m'y habituer. Ma femme et moi dormions dans le même lit, mais plus loin l'un de l'autre qu'auparavant. L'inconfort m'entourait d'une coquille. Ma femme faisait attention à ne pas poser trop de questions, ou bien elle se lassait peu à peu. Elle sortait promener le chien plus tard que d'habitude. J'allais me coucher plus tôt, après un whisky, naturellement. Et puis le comptage commençait. Combien d'expéditions aux toilettes ? A quel intervalle ? Il m'arrivait de penser que je devrais les noter. Je verrais peut-être un schéma dans les chiffres. Mais que pouvait m'apprendre le schéma que je ne savais déjà ?

En fait, chaque nuit se divisait en segments : deux ou trois d'une heure et demie, suivis de deux ou trois d'une heure. Il devait s'agir des fameux cycles de sommeil. Parfois, mais de plus en plus rarement, je sautais l'une des interruptions et ne me réveillais pas pendant trois heures d'affilée. En ouvrant les yeux, j'étais alors profondément et agréablement conscient d'avoir dormi plus longtemps que d'habitude.

Sur la table de nuit, il y avait un réveil digital qui s'allume quand on le tapote. Il jette une faible lueur et émet un vague couinement électronique. Quand je me réveillais, j'étais content de connaître l'heure avant même d'y jeter un coup d'œil, comme si ce petit exploit annulait la défaite d'avoir à se réveiller si souvent.

Vêtu uniquement d'un tee-shirt, frissonnant et pieds nus je descendais l'escalier de pierre. Le chien était le seul à me voir. Un border collie. Son panier bloque pratiquement la porte des toilettes. Il ouvre invariablement un œil au moment où je l'enjambe. Que pensait-il, me demandais-je, du fait que je me levais si souvent, que je me tenais au mur des W.-C. pour pisser ?

Puis il y avait la question de savoir si je tirais ou non la chasse. Six fois trois cent soixante-cinq égale deux mille cent quatre-vingt-dix réservoirs en un an. C'est beaucoup d'eau dans un pays dont les ressources sont exploitées à l'excès. Je laissais la cuvette infuser jusque vers cinq heures. Personne n'irait aux toilettes avant six heures.

Tu deviens un animal nocturne, ai-je songé en remontant l'escalier. Toi et le chien. Parfois, j'aimais assez cette sensation de donner une existence au petit jour, en étant debout quand personne d'autre ne l'était. Ma vie mentale changeait. Au lit, je pouvais réfléchir à ce que j'étais en train d'écrire. J'avais appris à ne pas me tracasser pour des histoires de sommeil ; il finissait toujours par venir. Les pensées étaient plus riches et plus bizarres, la nuit, rarement utiles si l'on s'en souvenait le matin, mais plus agréables. Presque un plaisir sensuel. Rousseau ne cessait de s'introduire des cathéters dans le pénis, me suis-je souvenu. Pour évacuer ses calculs. Il en parle dans *Les Confessions*. A un certain moment, il avait acheté une réserve de cathéters pour la vie. Au moins, cela m'avait-il été épargné. Montaigne aussi avait des calculs. Y avait-il un rapport avec le fait d'écrire en français ?

Dans la seconde moitié de la nuit venaient les rêves. Je rêvais que ma femme et moi marchions dans Vérone, le long du fleuve, mais que l'eau s'était asséchée, qu'il n'y avait plus qu'un filet boueux et que les solides *palazzi* bourgeois bordant chaque rive se trouvaient être construits sur des pilotis de bois pourrissant dans la vase.

A cinq heures, la douleur m'a réveillé. Elle était violente. Je suis descendu, j'ai pissé une fois de plus, évacué l'odeur en tirant la chasse, mangé mes céréales, et je suis retourné sur le Net consulter *cellules épithéliales* et *structures papillaires, noyau hyperchromique.* J'avais apporté des échantillons d'urine à l'hôpital trois jours de suite. Ils avaient centrifugé les échantillons et procédé à une analyse cytologique. Il y avait des anomalies précancéreuses.

"Il peut s'agir d'un tas de choses ou de rien du tout, avait déclaré la dame qui pratiquait l'échographie. Voyons un peu ce qu'il y a là."

Je payais de ma poche, à présent. Cette *dottoressa* était la seule personne à Milan dont ses confrères et lui jugeaient les échographies dignes de confiance, m'avait avoué Carlo. Elle a lentement passé la sonde sur la vaseline étalée sur mon ventre et je lui ai demandé si elle voyait beaucoup de cas semblables au mien.

“Mais oui, pleins de types de votre âge. C’est un truc courant.”

Elle avait dans les cinquante-cinq ans, cheveux gris, petite bouche boudeuse, jolie.

Je lui ai demandé si elle constatait des similitudes entre les hommes qu’elle voyait souffrant de ces symptômes. Elle travaillait pendant que nous bavardions. Sa main droite déplaçait l’instrument d’avant en arrière sur mon ventre, en larges mouvements, certains rapides, d’autres lents, s’arrêtant un instant, puis repartant, scrutateurs, attentifs ; ses yeux n’étaient pas fixés sur moi mais sur l’écran d’un ordinateur. La main gauche tapait sur un clavier. Elle se concentrait. J’entrevoyais des formes fantomatiques dans les turbulences obscures de l’écran.

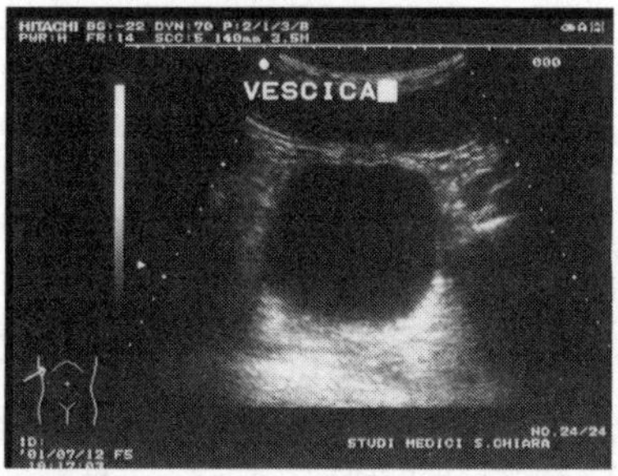

“Eh bien, ce sont tous des gens *très pris*, a-t-elle répondu. Il est toujours difficile de leur fixer un rendez-vous. Et maintenant, si vous pouviez aller uriner, je vous prie.”

Je suis allé aux toilettes, j’ai fait pipi et je suis revenu. Elle cliquait sur des images à l’écran, prenait des notes.

“Vous avez fait vite, a-t-elle remarqué.

— Vite ?

— Trop vite. Retournez-y et finissez. Je dois mesurer si la vessie se vide bien. La vôtre ne doit pas encore être vide.”

J’avais fait mon pipi habituel sans la moindre impression de m’être dépêché. Obéissant mais sceptique, je suis reparti aux toilettes et j’ai découvert que, même si je n’avais pas envie, il en restait encore pas mal. Etrange. Elle connaissait mon corps mieux que moi.

"13 CC, a-t-elle annoncé. C'est la quantité qu'il y avait. Ce n'est pas rien. Vous évacuez très bien."

J'étais bêtement ravi, mais je me suis vaguement demandé si elle n'avait pas triché en me renvoyant aux toilettes. Cela signifiait-il que je pouvais toujours pisser davantage quand je pensais avoir fini ? Je me suis aussi demandé si elle serait sincère avec moi au cas où une tumeur apparaîtrait sur son écran. Dans un rein, qui sait. Mais je n'allais pas la mettre dans l'embarras en lui posant la question. Tout serait dans les résultats.

J'ai attendu tandis qu'elle appuyait la sonde plus bas sur mon ventre, et puis j'ai songé, et pourquoi ne pas la mettre dans l'embarras ? Pourquoi ce silence pesant autour de la maladie ? Je payais. C'était mon corps.

"Alors, où sont les tumeurs ?"

Elle a souri.

"Pour le moment, elles se cachent." Elle a parfaitement compris mon humeur. "S'il y a quelque chose, c'est probablement dans la paroi de la vessie. Il faudra faire une cystoscopie pour le voir."

J'ai dû me tourner sur le côté et baisser mon slip. Elle a changé d'instrument et pris la sonde anale. C'est curieux que nous nous laissions faire ces choses-là, avec désinvolture, comme si cela arrivait tous les jours. Je me suis crispé.

"Détendez-vous."

Elle a introduit le machin.

"Les médecins pensent que j'ai besoin d'une RTUP", ai-je signalé.

J'ai fixé mon regard sur un meuble en verre rempli de petites boîtes blanches. Le mot RTUP, ai-je pensé, semblait conférer à l'opération une âcre odeur de térébenthine*. Elle n'a pas répondu. J'ai été envoyé aux toilettes pour essuyer la vaseline. Quand je suis revenu, elle sectionnait des ombres sur l'écran et les mesurait. Si je voulais bien attendre cinq minutes à l'extérieur, a-t-elle dit, elle taperait son rapport. Je pourrais alors l'apporter à mon médecin pour qu'il en juge.

"Dites-le-moi de façon claire, ai-je demandé. Je ne comprendrai pas les trucs médicaux."

* En anglais, l'acronyme est TURP *(Trans-urethral resection of the prostate)* et térébenthine se dit *turpentine*.

Elle a regardé l'écran, en fronçant les sourcils.

"La prostate n'est pas du tout hypertrophiée, en fait elle est assez petite pour un homme de votre âge. Tout ce que je vois, c'est une légère calcification. Dans la norme."

Pas hypertrophiée ! Alors ce devait être un cancer, ai-je songé. Dans la paroi de la vessie. C'était le roc dans mon ventre, la douleur lancinante, tenace. Tout de même, j'étais bizarrement satisfait que la "version médicale officielle" soit réfutée.

J'ai téléphoné à Carlo.

"Je crains que non ! a-t-il répondu en riant. La prostate peut être petite, mais fibreuse à l'intérieur autour de l'urètre. C'est compliqué. Il faut attendre d'avoir fait tous les examens. Et puis, je t'enverrai chez le meilleur chirurgien."

Environ une semaine plus tard, il m'est arrivé une aventure dérangeante dans un restaurant. Un collègue universitaire et moi avions invité à dîner un professeur associé. Nous étions là à discuter de traduction, la matière que j'enseigne. Ce professeur était américain, un intellectuel pur et dur avec un penchant pour Walter Benjamin et Derrida. Il s'est enflammé, en insistant sur ce qu'il estimait être une déterritorialisation du signifiant en dépit de la stabilité fondamentale du signifié dans une structure translinguistique changeante de *différance*, en faisant de son mieux pour souligner cet *a* anormal. Edoardo et moi l'avons encouragé à manger un *ossobuco*, la spécialité locale, ce qu'il a fait, mais sans interrompre sa description des divers projets qu'il avait en cours. Il perdait ses cheveux, était massif et terriblement sérieux, au point que j'ai commencé à me demander s'il avait remarqué ce que contenait son assiette. Il mangeait avec un appétit gênant, presque enfantin, mais son esprit était totalement absorbé par sa propre personne et sa fameuse *différance*. Edoardo, qui est svelte et élégant, souriait poliment, en s'efforçant de temps à autre de changer de sujet. Je me suis levé et j'ai annoncé que j'avais besoin d'aller aux toilettes.

Depuis l'expérience avec l'échographiste, j'avais tâché de prendre davantage mon temps quand j'urinais, en attendant un peu après avoir fini pour voir s'il y en avait encore. Naturellement, j'espérais que ce petit bis réduirait le nombre de fois où je devais aller aux toilettes. Mais non. Apparemment, il n'y avait aucun lien entre la quantité d'urine que j'avais besoin d'éliminer et mon envie de faire pipi. Alors quelle différence cela ferait-il, me demandais-je, s'ils "m'évidaient par l'intérieur" et que "j'évacuais mieux", selon les termes de Carlo ? J'ai traversé cette assez pittoresque *osteria* milanaise, trouvé les toilettes, allumé la lumière, je suis entré et j'ai verrouillé la porte. L'urine a été longue à venir. Quand j'ai eu terminé, j'ai attendu encore un peu et…

La lumière s'est éteinte.

Ce devait être une minuterie. J'étais dans le noir. Pas la moindre fissure. Et l'interrupteur, ça m'est revenu, se trouvait à l'*extérieur*. De toute évidence, ils ne tenaient pas à ce que les gens traînent aux toilettes, se droguent, se masturbent, fassent l'amour. Mais étais-je resté si longtemps ? J'ai refermé ma braguette, je me suis retourné et j'ai découvert que je n'arrivais pas à trouver la porte. J'ai heurté un lavabo. La lumière du couloir devait elle aussi être éteinte. Il n'y avait pas de fenêtre, rien qu'un conduit qui vrombissait, des bruits de vaisselle et de pas, mais lointains. Il faisait un noir d'encre. En parlant de déterritorialisation. J'ai tendu le bras pour tâter le mur et, alors que mes mains rencontraient d'abord une surface carrelée, puis du plâtre, puis un tuyau, je me suis senti intensément présent, intensément conscient d'être vivant, ici et maintenant, dans cette situation ridicule, coincé aux toilettes dans l'obscurité.

Je n'arrivais toujours pas à trouver la porte. Faudrait-il que je crie ? J'aurais l'air complètement idiot !

Et puis j'ai trouvé la porte, mais pas le verrou. Quel genre de verrou ? Je n'arrivais pas à m'en souvenir. Un loquet ? La panique a commencé à m'envahir, comme lorsque en kayak on se retourne dans un rapide, qu'on n'arrive pas à faire basculer le bateau pour le redresser, et puis qu'on ne trouve pas la poignée d'ouverture pour détacher la jupe d'étanchéité et se sortir de là. On n'a pas tellement le temps. L'air qu'on a dans les poumons, pas plus.

Ah, voilà. J'avais cherché à gauche de la porte et non à droite. Il y avait un petit taquet qui tournait au creux d'une poignée. J'ai ouvert la porte et me suis aussitôt trouvé plongé dans la normalité. Odeurs de cuisine, rires, air chaud, photos de Milan dans les années 1930. Quelle merveille. Laissons tomber le lavage des mains. Je suis passé en hâte devant une femme à la poitrine généreuse penchée sur une table. Un serveur a cligné de l'œil. C'était tellement convivial ! A l'instant même où je m'asseyais, l'Américain énonçait avec force indignation : "Les gens ne veulent vraiment pas accepter que la langue dans laquelle ils vivent n'est qu'un seul des mondes possibles." Il ne s'était pas rendu compte que je m'étais absenté trop longtemps. Edoardo hochait la tête. Je me suis versé un verre de vin que j'ai vidé d'un trait. Ce sera pareil avec la maladie, me suis-je dit, si jamais je m'en sors, personne n'aura remarqué que je m'étais absenté.

LA VIE, ÇA TE RAPPELLE QUELQUE CHOSE ?

"*Signor* Pax, pouvez-vous simplement nous dire si vous avez ou non besoin d'uriner ?"

Il y avait une note d'exaspération dans la voix du jeune médecin.

Ce qui me frappait, moi qui étais allongé sur le dos sous un énorme appareil de radiographie, c'était la distance me séparant de l'équipe médicale ; son matériel avait beau être sophistiqué, elle était à des millions de kilomètres du désordre furieux qui régnait dans les organes qu'elle photographiait, de l'écheveau de tourments à l'intérieur de ma tête. Peut-être qu'elle était à des millions de kilomètres à cause du matériel.

"*Signor* Pax...

— Non, je ne peux pas vous le dire, ai-je répondu avec brusquerie. Et si je le pouvais, je ne serais pas là."

Une des jolies infirmières a failli pouffer de rire et a dû se retourner, la main sur la bouche. Ou bien elle en avait assez de contempler mes parties intimes.

L'urogramme est l'un de ces examens médicaux dont on dit que si l'on ne se sent pas malade avant, on le sera après. Mais je me *sentais* malade avant. La semaine précédente, en tournée de promotion en Allemagne, j'avais à peine pu rester assis pendant la soirée de présentation. La douleur était cuisante, violente, continuelle. J'avais besoin de marcher. Je n'arrivais pas à me concentrer sur les questions du public. Il fallait que je *bouge*. Libéré, je me suis précipité dehors pour trouver un vent glacé et une neige fondue qui a inondé mes chaussures. Francfort était froid, rude, et plein de chantiers de construction. Et je me sentais plus mal. Pour la première fois, marcher était aussi douloureux qu'être assis. Tu es un zombi, me suis-je dit. La seule chose à faire était d'aller au bout des examens et laisser les médecins opérer.

Fais-le. Finissons-en.

L'urogramme est une série de radios de la zone abdominale. Après les premiers clichés de votre ventre dans son état habituel, on vous remplit d'un produit de contraste, par perfusion intraveineuse, pour permettre aux rayons X d'enregistrer le passage du liquide dans les reins, la vessie et l'urètre. La veille de l'examen vous devez prendre un laxatif, puis ne rien manger. L'intestin doit être vide.

Cette préparation punitive garantit que vous arriviez stressé. Pendant que, la veille au soir, Rita et les filles mangeaient du poulet rôti, j'étais assis devant un électrolyte huileux au goût citronné. Deux litres de cette substance. Une heure plus tôt la première gorgée avait paru presque agréable, mais après un bon demi-litre le breuvage devenait écœurant, lourd. C'était physiquement pénible de se forcer à l'ingurgiter.

En me retirant aux toilettes, avec une dernière carafe de laxatif à prendre, j'ai emporté le sans-fil. J'ai téléphoné à Carlo pour le remercier d'avoir pris le rendez-vous à l'hôpital. Il ne serait pas là, m'a-t-il annoncé, mais il s'arrangerait pour que le meilleur chirurgien me retrouve ensuite et que nous regardions les résultats ensemble.

"En fait, le meilleur chirurgien d'Italie, a-t-il ajouté. A part moi, naturellement !"

Dans mon intestin, quelque chose s'est dissous.

Pris d'une brusque impulsion, pourquoi donc ? j'ai téléphoné à maman à Londres. Elle était de bonne humeur malgré son cancer du sein que nous n'avons pas évoqué. Ta maman va beaucoup plus mal que toi, ai-je songé. Partout dans le monde, les gens allaient plus mal.

La poignée de la porte s'est agitée bruyamment quand une de mes filles a tenté de faire irruption. J'ai couvert le microphone pour crier que j'étais là.

"Rien de grave, mon chéri ? a demandé maman gaiement.

— Je pensais à papa."

Il y a eu un silence.

"Je me demandais s'il avait eu des ennuis, besoin d'aller très souvent aux toilettes la nuit.

— Oh."

Maman a réfléchi à la question dans sa toute petite maison mitoyenne de Londres, une sorte de chambre meublée sur deux étages.

“Il allait très souvent aux toilettes quand il était nerveux.” Elle a ajouté : “Comme tous les hommes, je suppose. Il y a quelque chose qui ne va pas, mon chéri ?”

Des plaques tectoniques se sont déplacées dans mon fondement.

J’ai dit à maman que ce n’était probablement qu’une phase. Pourquoi, bon sang, avais-je choisi un moment pareil pour lui téléphoner ? J’ai raccroché et passé une heure franchement désagréable à vider mes entrailles. Les laxatifs sont contre nature, ai-je conclu. Uriner par l’anus est extraordinairement contre nature.

Vers vingt et une heures, quand tout a été terminé et nettoyé, je suis descendu et j’ai cherché “urogramme” sur Google pour voir exactement ce qui m’attendait à l’hôpital. Presque aussitôt, j’ai ouvert un article universitaire assurant que “la préparation laxative n’améliore pas l’imagerie au cours de l’urographie intraveineuse. Les services de radiologie qui continuent à demander l’administration d’un laxatif avant l’urogramme ne pratiquent pas une médecine s’appuyant sur le réel.”

Ce n’était pas encourageant.

Vers onze heures le lendemain matin, j’étais allongé sur un fin matelas, sous un gigantesque appareil de radiographie, pendant qu’une infirmière fixait une perfusion remplie du produit de contraste iodé puis me bouclait une grosse ceinture sur le ventre. Elle l’a serrée. Et serrée encore davantage.

“Pour garder le liquide concentré dans vos reins pendant que nous prenons les radios, nous devons comprimer le bas de l’abdomen.

— Il faut que ce soit douloureux, j’en ai peur, a renchéri un médecin plus âgé.

— C’est efficace”, ai-je confirmé.

La séance a commencé. Chaque fois qu’ils prenaient un cliché, les quatre membres de l’équipe filaient vers une porte placée derrière moi pour regarder à travers une baie vitrée. Les rayons X sont dangereux, bien sûr. Au bout d’une demi-heure, la ceinture a été desserrée et on m’a envoyé marcher un peu, “jusqu’à ce que vous soyez prêt à uriner, *signor* Pax”.

Le problème était le mot “prêt”. J’en mourais déjà d’envie. Il y avait là en bas une chaleur qui couvait et risquait d’exploser à tout moment. Au bout de dix minutes, je suis revenu en toute hâte mais pour m’entendre dire qu’il n’était pas possible que je sois déjà “prêt”. De toute façon, ils avaient un autre patient.

“Vous ne serez pas prêt avant au moins une heure”, a assuré le médecin adjoint d’un ton assez sévère, en articulant exagérément sous prétexte que j’étais un étranger.

Je mourais tout de même d’envie de me soulager.

“Marchez, ont-ils dit. Détendez-vous.”

Le “détendez-vous” impératif, comme l’articulation exagérée vis-à-vis des étrangers, est un truc qui me rend dingue.

J’ai marché. L’hôpital est composé d’un bâtiment principal et de deux ailes dotées chacune de couloirs effroyablement longs. Les murs sont gris clair, les sols en linoléum bleu, l’éclairage est une fluorescence insomniaque. Le personnel de l’hôpital va et vient à toute allure en blouse blanche, pantalon vert, sabots. Moins sûrs d’eux, patients et visiteurs regardent fixement les panneaux : Oncologie, 5e étage, aile ouest ; Cardiologie, 2e étage, bâtiment principal. Le corps est divisé en étages et en ailes. Les organes vitaux sont maintenus bien séparés. Les gens se perdent à mi-chemin, cramponnés à de grandes enveloppes jaunes contenant des informations techniques sur leurs entrailles, tout comme ils pourraient se cramponner à des formulaires de déclarations de la TVA et des factures, au service des impôts. Tout compte fait, rien ne distingue beaucoup ces lieux d’autres bâtiments administratifs. Ce n’est pas une maison de réconfort ou de guérison ; pas si par guérison nous entendons la plénitude de l’être. C’est une prestigieuse entreprise industrielle et bureaucratique. Vous venez ici pour donner votre corps à réviser, vous faire enlever des morceaux, installer des prothèses, administrer des médicaments, dans les différentes parties du bâtiment prévues à cet effet. Comment pourrait-il en être autrement ? Il y a la queue au guichet pour prendre rendez-vous, une autre queue pour venir chercher les résultats, une autre encore pour payer. Ici et là, des rangs de chaises ont été boulonnés au sol. Un jeune homme est assis, la tête dans ses mains.

Ils m’avaient dit que je pouvais prendre un café, je suis donc allé à la cafétéria. Les grandes vitres étaient embuées par l’air froid du dehors. C'était bondé mais chaleureux. Je me suis assis, mais la position étant trop douloureuse j'ai bu debout au comptoir, en regardant MTV. Le volume était si bas qu'on entendait à peine le rythme sur lequel trois filles remuaient. Leurs mouvements étaient érotiques, avec recherche, leurs vêtements spectaculairement malcommodes. J'ai regardé, amusé et perplexe. Les filles tournoyaient et se trémoussaient. Le corps est devenu une parodie du corps, ai-je pensé. Cette danse était une caricature de séduction. Tout autour de moi les attitudes des gens étaient désamorcées, résignées, machinales. A l'écran, les filles répétaient une pantomime de vitalité excessive. Pour de l'argent. Elles ne se souciaient pas qu'on y croie. La vie, ça te rappelle quelque chose ? disaient leurs jeunes hanches. Le sexe, ça te rappelle quelque chose ? Quelle bonne blague !

Pour faire passer la fin de l'heure j'ai marché dans les prétendus jardins. Un sentier gravillonné décrivait des zigzags ne menant nulle part entre des arbustes qui semblaient minuscules au pied de parois de fenêtres éclairées. Les bancs étaient vides. Les seuls autres visiteurs ne s'aventuraient pas plus loin que la première platebande couverte de givre. Ils étaient sortis pour fumer. La terre était jonchée de mégots. La végétation était grise. Ce jardin n'est pas davantage qu'une *évocation* de jardin, ai-je décidé, tout comme la vidéo musicale avait été une innocente évocation d'érotisme. Le présent c'est cytologie, radiographie, échographie, cigarettes, anxiété.

"*Signor* Pax, pouvez-vous nous dire si vous avez ou non *besoin* d'uriner ?"

J'étais sur le dos, à nouveau coincé sous l'appareil de radiographie, mais cette fois sans slip. Sur le ventre, j'avais ce que les Italiens nomment superbement un *pappagallo.* D'habitude le mot signifie "perroquet", mais là il s'agissait d'un petit urinal en plastique blanc.

"Glissez votre pénis dans l'ouverture, *signore,* m'a indiqué une des infirmières, puis maintenez le perroquet en place avec votre main gauche, mais sans gêner la photo."

"Non, comme ceci."

Elle a souri en réorganisant mes mains et mes organes génitaux.

Quand tout a été réglé, je n'avais plus qu'à rester allongé absolument immobile et… à pisser. A ce moment-là, l'instrument gris et menaçant qui se dressait au-dessus de moi prendrait un cliché du produit de contraste allant son petit bonhomme de chemin radioactif dans ma hasardeuse tuyauterie.

"Siamo pronti ?"

L'équipe s'est retirée.

"Criez quand vous sentirez arriver l'urine, *signor* Pax."

Enfin. Cela faisait quatre-vingt-dix minutes que j'attendais cette libération. J'avais prié pour qu'elle arrive. J'ai poussé pour faire pipi.

Rien.

Détends-toi, pousse doucement.

Rien.

Les minutes ont passé. Finalement, une porte s'est ouverte et le jeune assistant du radiologue s'est approché en toute hâte.

"*Signor* Pax, vous pouvez uriner maintenant. Criez quand vous commencerez."

Il a répété ses instructions, en parlant plus clairement. Je l'aurais tué.

Il est reparti. De l'autre côté de la paroi de verre, tous les yeux étaient fixés sur moi. Le clou du spectacle, de toute évidence, j'ai essayé de me détendre et de faire pipi. Rien. La douleur du besoin-de-faire-pipi demeurait exactement la même, un marécage bouillonnant dans la vessie. Mais rien ne bougeait.

Le jeune médecin est revenu.

"*Signor* Pax, pourriez-vous simplement nous dire si vous avez ou non *besoin* d'uriner. Nous avons pris du retard sur l'horaire.

— Je vous demande pardon ?

— Nous avons pris du retard et…

— Non."

Il m'a regardé. Il avait deux trois jours de barbe noire sur les joues.

"Non, je ne peux pas vous dire si j'ai besoin de faire pipi."

Il a eu l'air perplexe.

"Je ne sais pas, ai-je répété.

— *Signor* Pax, peut-être que…

— Comprenez-vous vraiment pourquoi je suis ici ? ai-je demandé. Je suppose qu'on vous a signalé quels sont mes symptômes.

— *Signor* Pax…

— Si vous aviez la lettre de mon médecin, vous verriez que la plupart du temps *je ne sais pas le moins du monde* si j'ai ou non «besoin» d'uriner, c'est vu ? Ni si, au cas où j'aurais besoin, je peux y arriver. Si je le savais, je ne serais pas là. Ce serait le bonheur, le bonheur."

Alors même que je me laissais aller à ce vil sarcasme, j'étais pleinement conscient que mon corps était le véritable objet de ma colère.

Le plus âgé des deux radiologues s'est approché pour m'expliquer que nous avons tous appris, dès le plus jeune âge, à ne pas uriner couchés sur le dos. "Ce n'est qu'un blocage psychologique", a-t-il assuré. Il allait ouvrir un robinet. Le bruit de l'eau courante m'aiderait.

S'il y a bien une légende, c'est que le bruit de l'eau courante vous aide à faire pipi. Je me sentais à présent parfaitement handicapé, et scandaleusement grincheux, par-dessus le marché. Mon attirail, je suis navré d'avoir à le dire, avait l'air pitoyable, pendillant mou et ridé sur le bord de l'urinal en plastique blanc.

Non pas que qui que ce soit ait paru intéressé.

"Accordez-moi juste un peu de temps", ai-je demandé.

Nous avons refait une tentative. Les médecins se sont précipités derrière leur vitre, je me suis concentré et j'ai poussé et attendu et poussé et essayé de me détendre et attendu et poussé et… à la première sensation d'urine chaude qui arrivait, j'ai crié : *"Viene !"* Ça vient.

Comme si nous faisions l'amour.

A la seconde même où l'appareil de radiographie bourdonnait, l'urine s'est arrêtée. Nous avions gâché une coûteuse plaque photographique.

La comédie a recommencé.

"Autant de fois qu'il sera nécessaire", m'a dit le radiologue pour me rassurer.

Et encore un coup.

L'urine n'est pas venue.

Le radiologue a secoué la tête.

"Il va falloir essayer debout, *signor* Pax."

Au moment où je passais les jambes par-dessus le bord de la table, j'ai entendu une des infirmières expliquer à une autre que j'étais un ami intime d'un des médecins du service d'urologie.

Ils m'ont mis debout contre un rideau en plastique blanc et ont entrepris d'installer un appareil pour me photographier de face. Pendant ce temps-là, j'étais censé boire une ribambelle de verres d'eau pour que "ça reste en marche". Au bout de quelques minutes, il est venu à l'idée d'une des infirmières de m'apporter une serviette pour me couvrir. Elle a souri. Je lui ai souri à mon tour. Et puis quelque chose s'est enfin relâché, quelque chose s'est ouvert. J'ai fait pipi – oh, rien de spectaculaire, pas de quoi être fier, mais j'ai fourni la marchandise, ils ont eu leur cliché.

"Tout est bien qui finit bien, a dit le radiologue en riant.

— Tout est bien qui finit", ai-je répondu.

A peine sorti de la salle de radiographie, je me suis arrêté dans les premières toilettes qui se présentaient et j'ai de nouveau pissé au moins autant.

A quatorze heures dix j'ai vu mon chirurgien attitré, un homme mince, sérieux, au teint mat, avec des veines qui saillaient de façon inquiétante aux poignets et au cou. Ensemble, nous nous sommes rendus dans la salle de visionnage des radios où il m'a présenté au chef du service de radiologie, un Roumain approchant de la cinquantaine.

"Stefan, voici Tim, l'ami de Carlo", a dit mon chirurgien. Comme si ce lien expliquait tout. A voix basse, le docteur a murmuré : "Ce type est brillant, c'est probablement le meilleur radiologue d'Europe."

J'avais beau être anxieux d'apprendre le pire, je n'ai pas pu m'empêcher d'être amusé du côté très italien de toute cette histoire. Le chirurgien était le meilleur chirurgien d'Italie, le radiologue le meilleur radiologue d'Europe. Et par le plus grand des hasards, nous étions tous les meilleurs amis du monde.

Si cela pouvait être vrai.

Les grands clichés gris ont été glissés sur un écran mural lumineux. C'était assez bizarre. Mon corps avait été réduit au noir et blanc en deux dimensions des illustrations du manuel de biologie. Je pouvais m'étudier comme un phénomène à part.

Ou j'aurais pu, s'ils m'avaient accordé suffisamment de temps pour comprendre ce que je regardais. Stefan n'avait pas sitôt posé un cliché sur l'écran qu'il l'enlevait, y ayant à peine jeté un coup d'œil. Le chirurgien ne regardait même pas, mais lisait le rapport dactylographié du radiologue. Je me suis demandé combien de détails le brillant Stefan pouvait bien voir. Une image suivait l'autre. Gorgés de produit de contraste, les reins flottaient tels des nénuphars blancs dans un paysage sous-marin de muscle et d'os envahi d'algues.

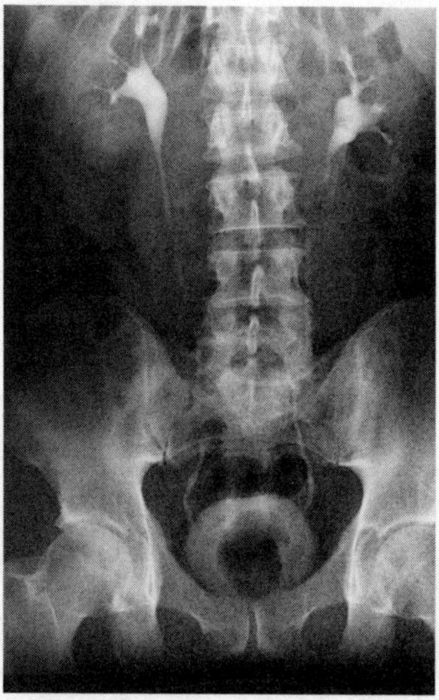

"Les suivantes sont celles où vous uriniez", a signalé le chirurgien.

Maintenant il était attentif. Les deux hommes ont longuement examiné cinq petits clichés, disposés les uns à côté des autres ; Stefan a pris un stylo pour suivre sur chacun la ligne de l'urètre.

"Resserrement marqué dans la zone du sphincter, a observé le chirurgien, et étroit dans la prostate."

Le radiologue n'a pas répondu. Il a pris une loupe pour examiner l'un des clichés.

Ni l'un ni l'autre ne m'a proposé d'observer les points en question.

Stefan a haussé les épaules.

"Rien de bien spectaculaire.

— Dans la mesure où nous n'avons que deux dimensions, ai-je suggéré, ne se pourrait-il pas que l'urètre soit pincé le long du plan que nous regardons, mais pas dans l'autre dimension, si vous voyez ce que je veux dire ?"

Personne n'a répondu.

"Calcification prostatique", a remarqué le chirurgien.

Stefan a souri et ôté les clichés de l'écran, en secouant la tête.

"Rien, a-t-il annoncé. *Niente di niente di niente.*" Il parlait avec un accent prononcé. "Si le *signor* Tim n'avait pas de symptômes, je dirais à la lecture de ces radios qu'il est en parfaite santé."

UNE LUTTE DANS L'ESPRIT

Le langage scinde le monde en milliers d'unités discrètes, puis les réunit selon des modes inattendus. Dans un hôtel d'Agra, en Uttar Pradesh, je réfléchissais au mot psychosomatique.

J'étais venu en Inde pour dix jours, participer à Delhi à une conférence sur la narration et la traduction. Quand j'ai compris que mon approche du sujet n'était pas bien accueillie, il était trop tard. "Depuis maintenant plus d'un siècle, ai-je lancé du haut du podium, les écrivains se méfient des valeurs encodées dans leur langue et du genre d'histoires que les gens se racontent les uns les autres. Ils transforment les histoires pour mettre les conventions à nu, ils imposent aux mots des combinaisons surprenantes pour contester le conformisme involontaire de leur langue. C'est le roman moderne. Mais la culture du traducteur est constituée d'histoires différentes, sa langue est une camisole de force différente. Comment traduire la description que fait Lawrence de l'état d'esprit de Gudrun après l'amour – «elle était anéantie en une conscience parfaite» – dans une langue où la conscience n'a pas les fortes connotations positives qui sont devenues les siennes en Occident. L'effet de provocation serait manqué. Comment faire passer l'étrangeté d'«anéantie *en une*», si dans votre culture rien n'est jamais véritablement anéanti, mais uniquement transformé ?"

Au fur et à mesure que le public commençait à poser des questions embarrassées et indignées, j'ai compris qu'en Inde les gens étaient formidablement enthousiasmés par l'idée de la traduction, l'idée d'entrer dans la mondialisation où tout le monde lit les livres de tout le monde et s'imagine détenir l'original. Ils n'avaient pas envie de m'entendre ergoter. Peut-être n'étaient-ils pas obsédés, comme moi, par la question d'être à l'intérieur ou à l'extérieur d'une histoire en particulier. Celle de la table d'opération, par exemple. En bavardant avec l'une des organisatrices, après la présentation, je me suis surpris à lui demander si elle pouvait me recommander un médecin ayurvédique de bonne réputation.

"Ils ont tous bonne réputation, autant que je sache", a-t-elle remarqué en me donnant le numéro de téléphone d'une amie qui avait recours à un médecin de ce genre.

Il faisait nettement plus frais en Inde que je ne l'avais pensé. Je ne m'étais pas rendu compte qu'à Delhi il y avait un hiver. Vêtu de façon incongrue d'un pull sous une veste en lin, j'étais installé dans un auto-rickshaw qui se frayait avec difficulté un chemin à travers la ville. Ici, trouver une chèvre ou une vache au milieu de la rue est normal, ai-je compris. Ici, il faudrait mettre autrement plus de sable dans les rouages pour arracher les gens à leur routine. Qu'étais-je en train de faire, en allant consulter un médecin ayurvédique, sinon tenter de me sortir de mon dilemme médical ? Je n'avais jamais, au grand jamais, ajouté foi aux médecines douces. Je m'enorgueillissais d'être rationnel, sceptique, moderne et occidental. Je croyais en la médecine *fondée-sur-les-preuves.* Je m'étais toujours moqué de l'homéopathie, de l'aromathérapie, de la guérison par les cristaux et tout ce qui s'ensuit. Il ne me serait jamais venu à l'idée de consulter quelqu'un comme ça si je n'étais pas en Inde, par le plus grand des hasards, s'il n'y avait pas le prétexte de la curiosité de l'écrivain-voyageur. J'ai hésité un bon moment avant de presser la sonnette du Dr Hazan.

Il m'a fallu un certain temps pour raconter toute l'histoire. Le docteur, qui portait une chemise et une cravate, écoutait avec attention ; son épouse et secrétaire (c'est ainsi qu'il me l'a présentée) était assise à côté de lui.

"Donc l'urologue tient toujours à m'opérer, mais après avoir entendu le commentaire du radiologue concernant l'urogramme, je ne suis pas convaincu. Il n'y a pas de preuve qu'il y ait le moindre trouble de la prostate. D'un autre côté, les symptômes empirent. Le seul examen qu'il me reste à faire est l'exploration de la vessie. Pour le cancer."

L'épouse hochait la tête et prenait des notes. Elle était réservée, séduisante, vêtue à l'européenne. Le Dr Hazan a attendu quelques instants avant de répondre. Si je l'avais vu dans la rue, j'aurais imaginé que c'était un jeune cadre d'une des sociétés d'informatique en plein essor de Delhi.

"Voyons, pour un soulagement immédiat, nous pourrions nous occuper des symptômes, a-t-il fini par déclarer. Pour ce faire, je prescrirais un lavement à l'huile de sésame et diverses herbes à retenir dans le côlon aussi longtemps qu'il vous sera possible, certainement pas moins de quarante minutes."

J'ai gardé le silence.

"D'un autre côté..." Il s'est carré dans son fauteuil et m'a regardé droit dans les yeux. Son visage était sincère. "C'est un trouble dont vous ne guérirez jamais, *mister* Parks, tant que vous n'aurez pas affronté la contradiction profonde qui affecte votre caractère."

De toute ma vie, je ne me souviens pas d'avoir été plus étonné par une simple remarque.

"Ah, ai-je fini par dire.

— Il y a une lutte dans votre esprit."

Je suis resté assis là sans bouger. J'avais voulu une histoire différente, pour contester la "version médicale officielle". Eh bien, j'étais servi.

"Qu'est-ce donc qui provoque toute cette douleur ? ai-je demandé.

— Le *vata* bloqué.

— C'est une énergie qui parcourt le corps, a expliqué sa femme. L'un des cinq éléments. Il équilibre les autres et a besoin d'être équilibré par eux. Quand l'équilibre se détraque, alors le *vata* est bloqué et provoque des douleurs.

— C'est cette lutte mentale qui bloque le *vata*", a assuré le docteur.

J'ai réfléchi.

"Et quelle est la raison de cette lutte ?

— Bonne question !"

Le docteur a souri.

"Une lutte comme celle-ci n'a pas véritablement de *raison*, a expliqué sa femme. Elle fait partie du *prakruti*."

Ils se sont mis à expliquer ce qu'était le *prakruti* : la fusion des traits de caractère héréditaires et acquis se rassemblant pour former la personnalité. Si les deux étaient en désaccord et ne pouvaient se combiner, les ennuis n'étaient pas loin.

"Dans ce cas, une personne peut avoir le sentiment que sa vie est une suite de dilemmes. Il se peut qu'elle pense : si seulement je pouvais résoudre tel ou tel dilemme, j'aurais résolu mes problèmes. Mais chaque dilemme n'est qu'une manifestation du conflit plus profond."

C'était une théorie compliquée.

"Supposons que vous ayez raison, ai-je dit. Comment procéder pour, euh, régler quelque chose dans ce genre ?"

J'ai senti tout en parlant que "procéder" et "régler" n'étaient pas les termes adéquats. Quelqu'un connaissant la médecine ayurvédique ne les aurait pas employés.

Le Dr Hazan me soupesait du regard.

"Il n'y a pas de traitement conseillé, en tant que tel. Il n'est pas facile de soigner le *prakruti.* Mais une bonne façon de démarrer serait d'établir un thème astral."

J'avais remarqué quelques publications sur l'astrologie dans la salle d'attente. Le docteur s'est aperçu de mon scepticisme.

"Vous ne croyez pas à nos liens avec les étoiles, *mister* Parks ?"

J'ai secoué la tête.

"C'est dommage. J'ai pu aider de nombreuses personnes de cette façon."

Il a commencé à m'expliquer que l'une de ses spécialités consistait à aider les hommes d'affaires à sortir de leurs dilemmes : un homme a peut-être été formé dans un certain domaine, mais on lui propose un poste intéressant dans un autre. Il ne sait que faire.

"Cela paraît davantage une question d'agrément et de bon sens.

— A vos yeux, peut-être, oui. Mais ce n'est pas ainsi qu'il vit son dilemme. Pour lui, ses racines sont profondes. Il menace sa santé."

Le silence est tombé. L'astrologie, pour moi, c'était un pont trop loin. J'étais avide de nouvelles histoires, mais d'histoires auxquelles je pouvais croire, ou du moins dont je pouvais accepter les invraisemblances.

"Revenons-en au point de vue physique." Mais je me suis interrompu : "Ou seriez-vous en train de me dire que c'est entièrement psychosomatique ?"

Un sourire a lentement envahi le visage du docteur.

"Ce n'est pas un mot dont nous avons beaucoup l'utilisation, *mister* Parks."

Je l'ai regardé.

"On ne dit *psychosomatique*, a expliqué sa femme, que si l'on pense que le corps et l'esprit sont à jamais séparés."

Très juste.

"Le régime alimentaire, alors, ai-je demandé. Pourrait-il y avoir un rapport avec le régime alimentaire ?"

Le docteur a ri franchement. Mais quand je lui ai énuméré ce que je mangeais, il est devenu plus songeur.

"C'est difficile sans apprendre à vous connaître davantage, a-t-il remarqué. Je veux dire, sans comprendre l'équilibre des divers éléments de votre corps. Mais à vous regarder, à vous écouter, je dirais que vous devriez manger moins d'aliments crus, moins de salade, davantage de légumes cuits. Et, en général, que vous devriez manger *plus*.

— S'il y a une chose dont je n'ai pas besoin, c'est de devenir gros.

— J'ai l'impression que pour l'heure vous vous affamez.

— Absolument pas. Mon poids est à peu de chose près ce qui est recommandé en fonction de ma taille et de mon âge.

— C'est l'impression que nous avons", a confirmé l'épouse.

Je me suis demandé s'ils avaient toujours la même vision de leurs patients. Ils paraissaient très sûrs d'eux. Je n'arrivais pas à imaginer ma femme et moi ayant la même opinion de qui que ce soit, encore moins d'une personne que nous ne connaîtrions que depuis une demi-heure.

"La masturbation peut constituer un facteur important dans ce genre de douleurs", a déclaré le docteur.

Une fois encore, j'ai été étonné. C'était la facilité avec laquelle il abordait le sujet. Le médecin de Harley Street, il y avait des années de cela, avait chaudement recommandé cette pratique tout en évitant soigneusement le terme. La femme de Hazan paraissait détendue.

"Je vous écoute."

Le docteur s'est mis à expliquer qu'il avait récemment soigné un autre homme souffrant des mêmes troubles. Un homme beaucoup plus jeune que moi. Qui n'avait pas encore trente ans.

"Il avait toutes sortes de soucis. Touchant à son existence et à son travail. Son *prakruti* était très tourmenté. Il avait rompu avec sa petite amie, il n'avait pas de femme dans sa vie ; quand je l'ai interrogé, il a reconnu qu'il se masturbait très souvent."

J'ai attendu.

“Quand je lui ai suggéré d’oublier ça, il a trouvé mon conseil utile.”

J’ai demandé :

“Selon vous, docteur, quelle fréquence correspond à très souvent ?

— Au moins deux fois par semaine”, a-t-il répondu.

C’était maintenant à mon tour de rire.

“Navré, j’ai secoué la tête, mais pour un homme entre vingt et trente ans, sans petite amie, même deux fois par jour ne serait pas jugé excessif, en Occident. Un urologue occidental lui aurait dit qu’il ne se masturbait pas suffisamment.”

Le docteur n’a pas été contrarié.

“Nos mondes se fondent peut-être sur des postulats tellement différents qu’il m’est difficile de vous conseiller. Mais… il a réfléchi, ce qui compte ce n’est pas tant la fréquence selon laquelle quelqu’un se masturbe, mais dans quel esprit.”

J’ai tendu l’oreille.

“Quand un garçon ou un jeune homme est naturellement enclin à la masturbation par excès de vitalité, c’est normal et sain. Son énergie physique doit trouver un exutoire. Mais si un homme ne cesse d’être angoissé, disons, de façon névrotique, parce qu’il est malheureux, parce qu’il manque quelque chose à sa vie, alors sa masturbation dérangera l’équilibre des éléments de son corps et son *vata* pourrait se bloquer.”

Sur ce point, il m’a semblé que Delhi était plus logique que Harley Street.

Le docteur s’est adressé en hindi à sa femme. Elle s’est levée, approchée d’un meuble plein de petits tiroirs et a commencé à remplir de comprimés deux petits sachets en polyéthylène. Le docteur rédigeait une ordonnance.

“Il est possible que ces herbes contribuent à soulager vos douleurs, a-t-il expliqué. J’ai inscrit le dosage et le mode d’emploi. Au cas où vous voudriez poursuivre un traitement sérieux, je vais vous donner ma carte avec notre adresse électronique. Nous pouvons sans problème envoyer un thème astral, des conseils et des médicaments en Italie. Nous fournissons de nombreuses personnes en Europe.”

La conférence sur la traduction durait encore trois jours, mais la rencontre avec le docteur et sa femme s’était emparée de mon esprit et j’ai eu du mal à me concentrer sur ce que racontaient mes collègues. Si, ai-je songé, vous étiez né et aviez été élevé dans une famille ayant toujours connu la médecine ayurvédique (ce qui après tout ne signifie rien d'autre que connaissance de la santé), cette histoire de *vata* et de *prakruti*, de caractéristiques héréditaires et acquises, tiendrait parfaitement debout. Vous feriez votre thème astral, vous réfléchiriez à la position des étoiles, à qui vous étiez au départ, à ce que vous étiez devenu, et réagiriez en conséquence. Et vous seriez capable de faire la distinction entre ce médecin ayurvédique et les autres, vous sauriez de quelle école de pensée il était issu, quelles étaient ses qualités propres. Dans mon cas, les termes et les explications inconnus que j'avais entendus se sont rapidement envolés ; seules deux remarques ont continué à résonner dans ma tête : "C'est un trouble dont vous ne guérirez jamais, *mister* Parks, tant que vous n'aurez pas affronté la contradiction profonde qui affecte votre caractère." Qu'y avait-il donc chez moi qui avait poussé le docteur à faire cette observation ? Et puis le commentaire de sa femme, quelques instants plus tard : "On ne dit psychosomatique que si l'on pense que le corps et l'esprit sont à jamais séparés."

Comme il me restait un jour et demi de liberté une fois la conférence terminée, je me suis organisé pour qu'un chauffeur m'emmène à Agra voir le Tâj Mahal. Le type était un sikh, solidement charpenté et insolent. A peu près à mi-chemin, je lui ai demandé s'il pouvait me montrer un petit village, car jusqu'ici je n'avais vu que Delhi. Il a trouvé un chemin de terre, et pendant que nous attendions à un passage à niveau nous avons été assiégés par des mendiants. Le chauffeur avait la fenêtre ouverte et les chassait de la main. A un certain point, quand un petit enfant s'est montré particulièrement insistant, d'un coup sec il a tiré sur son short et tenté d'attraper sa bite minuscule. L'enfant a filé comme l'éclair. Le chauffeur a ri. "Joli garçon", a-t-il remarqué. Et puis nous sommes arrivés devant un temple qui marquait le lieu de naissance de Krishna. C'était bizarre de voir des images pieuses avec des vêtements aux couleurs éclatantes et de grands sourires apposés sur des lèvres laquées. On est tellement habitué au Christ souffrant sur sa croix, aux saints martyrisés. Le chauffeur a montré du doigt une haute clôture en barbelés, des hommes armés en uniforme et une mosquée, deux cents mètres plus loin.

“Pour les musulmans aussi c'est un lieu sacré, a-t-il dit. On s'est beaucoup battu, ici.”

Pourquoi, me suis-je demandé, au lit, ce soir-là, à peu près tout ce que je voyais et entendais me semblait obscurément applicable à mon état de santé ? Je ne cessais de repenser au corps parfait du jeune garçon se tortillant pour échapper à la main pesante du chauffeur.

Les draps étaient humides. Nous étions arrivés à Agra à la nuit tombante et avions trouvé la ville sous un épais brouillard. La voiture du sikh n'avait pas le chauffage et j'avais les mains et les pieds glacés. Pour la plupart dépourvues d'éclairage public, les rues étaient une fantasmagorie de phares, de feux de cuisine et d'ombre dense et bleuâtre. Les principaux hôtels étaient complets. On célébrait je ne sais quelle fête religieuse. Mon chauffeur a trouvé un petit établissement avec une chambre humide et des toilettes dont la chasse d'eau ne fonctionnait pas. J'ai dû entasser sur le lit à peu près tout ce que contenait la pièce pour me réchauffer. Valise, oreillers, carpette. C'était vraiment bizarre, en Inde. Pourtant, je me sentais étrangement joyeux.

La femme du Dr Hazan avait raison, ai-je réfléchi, quand elle disait que seule une culture qui s'efforçait de maintenir le corps et l'esprit séparés pouvait avoir besoin d'employer un mot tel que psychosomatique. Pour recoller les morceaux. Et ce mot était toujours associé à la maladie, en particulier le genre de maladie sournoise et opiniâtre que la médecine occidentale ne sait pas guérir. Ainsi le corps et l'esprit ne font qu'un seulement lorsque l'esprit angoissé rend malade la machine corporelle. Ou lui fait croire qu'elle est malade. Quand, en réalité, elle ne l'est pas. Et parce qu'elle n'est pas réellement malade, le médecin peut s'en laver les mains, ou vous envoyer chez un psychiatre. “Si le *signor* Tim n'avait pas de symptômes, avait conclu le radiologue, je dirais qu'il est en parfaite santé.”

Que ta maladie soit psychosomatique, me suis-je dit – et il me semblait incroyable que mes pieds puissent être aussi froids en Inde –, est amplement démontré par le fait qu'elle ne t'empêche jamais vraiment de travailler ni de faire ce dont tu as envie. Tu parles de douleurs chroniques, pourtant tu remets toujours tes livres à temps. Tu vas à Milan toutes les semaines pour enseigner. Les cours durent deux heures mais tu n'as jamais besoin de sortir pour aller aux toilettes. Tu ne manques jamais une présentation littéraire. Tu acceptes des invitations en Allemagne et même en Inde, tu manges et bois sainement, et tu remplis toutes tes obligations. *Manifestement* ta maladie est psychosomatique. Pourquoi, sinon, passerais-je du temps à m'efforcer de trouver une obscure signification dans un tableau de Vélasquez, tout en demeurant avant tout indifférent aux résultats des analyses de sang et d'urine ?

D'autre part, on lit souvent des articles sur des gens qui ont continué à travailler, continué à faire semblant que tout allait bien, et puis qui sont tombés raides morts.

Chaque fois que je devais me lever pour aller aux toilettes, dont la chasse d'eau ne fonctionnait pas – mais peut-être que le seau crasseux avait été posé là pour arranger ça –, il fallait que je remette la valise, les oreillers et la carpette sur mes jambes dans l'espoir que la circulation se rétablirait. Des pieds froids pouvaient-ils aussi être psychosomatiques ? me suis-je demandé. Et si ma maladie était psychosomatique, cela signifiait-il que *je n'avais absolument rien*, ou, au contraire, que mon esprit avait en quelque sorte créé une *authentique maladie physique*, même si elle n'apparaissait pas très nettement sur le radar médical.

Cela dit, évidemment, il était encore possible que la cystoscopie révèle que la paroi interne de ma vessie était criblée de cancer. Alors tout serait clair. En fait, suivant l'hypothèse de Sherlock Holmes selon laquelle si on a fait chou blanc avec les solutions les plus vraisemblables, la réponse à une énigme doit être la seule explication qui reste, si improbable soit-elle, j'avais de quoi être terrifié.

De temps à autre, alors que j'étais couché à attendre que mes pieds se réchauffent, un fort vrombissement démarrait, secouant les vitres minces de la fenêtre. C'était le groupe électrogène de l'hôtel qui se mettait en marche quand le secteur tombait en panne. Chaque fois qu'il se déclenchait, le son me secouait un peu et envoyait une soudaine pulsation à travers mon corps. Mon père aussi avait été extrêmement sensible au bruit. Il entendait le son le plus ténu, et de très loin, tout comme moi. Un soir, dans mon enfance, quand je lui avais dit que le tic-tac de la pendule du salon était plus fort que d'habitude, il avait aussitôt répondu :

"C'est que tu as de la fièvre, fiston."

Il aimait m'appeler fiston. Et il avait raison. J'avais beaucoup de fièvre et on m'a expédié au lit. Après sa mort, étant le seul des enfants vivant à proximité, on m'a nommé exécuteur testamentaire et j'ai ainsi découvert que pendant quelques années il avait fait un don régulier à la Ligue pour la lutte contre le bruit, alors qu'il laissait moins de 2 000 livres de capital et avait toujours payé la dîme à l'église. Ma mère se vexait toujours, ai-je repensé, quand les gens insinuaient que le cancer "a une part psychosomatique". "Comme si c'était la faute de papa, s'il était malade !" protestait-elle. Sans avoir jamais touché à une cigarette, il était mort à soixante ans d'un cancer du poumon.

Le groupe électrogène s'est tu. Ah, quel plaisir procure le silence soudain revenu, comme lorsqu'une lumière crue s'éteint et que vos yeux peuvent s'habituer à l'obscurité accueillante. J'ai distingué de petits bruits de plomberie, des cris montant de la rue, et réfléchi que la plupart des gens éprouvent de la honte si on leur dit que leurs ennuis sont psychosomatiques. Ils se sentent accusés, coupables. Il est acceptable d'avoir un corps malade, ce n'est pas votre faute, mais pas un esprit malade. L'esprit c'est vous, le corps est simplement à vous. Choisir d'aller voir un psychanalyste parce que vous êtes malheureux est une autre affaire. Il y a une certaine respectabilité à être malheureux de façon compliquée, et la plupart des gens en conviendraient, reconnaître que l'on a besoin d'aide professionnelle est une preuve d'humilité et de bon sens. Mais quelqu'un qui rend son corps malade parce qu'*il refuse d'admettre que son esprit ne va pas bien*, parce qu'il refoule ses peurs, ses désirs et ses conflits, n'est qu'un perdant.

Au moment même où je formulais cette opinion, j'ai compris que j'avais le vif désir que mes ennuis soient psychosomatiques. J'étais plus que disposé à admettre que mes douleurs n'existaient que dans ma tête, ou que des problèmes dans ma tête les avaient fait naître dans mon corps. Je veux changer, me suis-je dit en revenant des toilettes. Pour quelle autre raison serais-je allé consulter un médecin ayurvédique ? Je veux que *tout* change, en moi.

Le lendemain matin, j'ai été déçu par le Tâj Mahal, sa blancheur obstinée et sa symétrie oppressante. Il ressemblait trop aux photos que j'en avais vues, enclavé, monolithique et buté. Mais la vue de la Yamuna depuis l'arrière du monument demeure à ce jour l'une des images les plus fortes que j'aie de l'Inde. On s'appuie à un parapet et on regarde en bas. La rivière, à quelques centaines de mètres, serpente avec lenteur dans une plaine inondable vaste et brune. Au-delà, des collines basses s'étirent jusque dans le vide. De gauche à droite rien ne gêne le regard tandis qu'il suit le cours hivernal du fleuve à travers une mer de sable. Le soleil brillait dans la brume ce jour-là, et çà et là des taches de couleur intense marquaient les endroits où des femmes retournaient la terre pour le printemps. A tout petits pas, trois chameaux passaient le fleuve à gué.

EXPÉRIENCES DE VÉRITÉ

Vous ouvrez la fermeture Eclair de votre braguette, dirigez votre pénis vers la cuvette et il en sort un flot de sang noir. Cela m'est arrivé un jour, quand j'avais entre quarante et quarante-cinq ans ; je n'ai pas imaginé que c'était psychosomatique. J'étais sorti courir par un après-midi de juillet étouffant. La température atteignait les trente degrés. En grimpant les collines, j'arrivais tout juste à respirer. Rentré chez moi, j'ai pris une douche, je me suis séché, et puis je suis allé faire pipi. Le rouge sombre et profond m'a électrisé.

Je suis resté planté là à regarder, et puis j'ai aussitôt téléphoné au médecin. L'inconfort, et même la douleur, je pouvais les ignorer pendant des années, mais le sang m'a propulsé vers le téléphone.

"Quelle quantité d'eau avez-vous bue avant de courir ?" a demandé le docteur.

Impossible de m'en souvenir.

"Et vous n'avez pas emporté de bouteille d'eau ?"

J'ai horreur de trimballer de l'eau. J'ai horreur de la sentir qui clapote à chaque pas.

"La déshydratation peut produire cet effet, a dit le médecin. Si c'est grave, vous verrez du sang souvent. Sinon, pensez simplement à boire suffisamment avant de courir. Et n'y allez pas quand il fait trop chaud. Pourquoi vous punir ainsi ?"

Il est étrange que malgré tous mes efforts pour tenter de remonter à l'origine de mes ennuis, pendant ce triste hiver 2005-2006, je ne me sois pas souvenu de cet événement jusqu'à ce que, à la suite de la cystoscopie, j'aille aux toilettes pour la première fois et essaie de faire pipi. Que la vie a été longue, m'est-il venu à l'idée en voyant la cuvette une fois de plus éclaboussée de rouge ! On s'efforce de la structurer en une histoire qui réunira toutes ses expériences vécues, mais tant de choses sont omises ou oubliées. Le sang de cet après-midi de juillet, des années plus tôt, avait été une frayeur de dix minutes. Je l'avais mis de côté, oublié, un incident pris au hasard sans aucun lien avec l'intrigue principale. Serait-il possible un jour, me suis-je demandé, d'en dire autant de ces douleurs idiotes qui me tourmentaient à présent ?

Dans l'avion qui me ramenait de Delhi, j'avais eu la conscience aiguë que dans les quarante-huit heures après l'atterrissage je serais à l'hôpital, anesthésié, avec un instrument rigide embroché dans mon pénis. "A peu près de la grosseur d'un crayon", avait indiqué un site Internet. Au moins, c'est la dernière expérience et nous aurons la vérité définitive, ai-je pensé.

Sur le siège côté allée, près des toilettes, je lisais l'autobiographie de Gandhi, intitulée de façon appropriée, *Autobiographie ou Mes expériences de vérité*. Puisque j'allais en Inde, il m'avait paru opportun de lire Gandhi. J'étais frappé par la façon dont le livre revenait obsessionnellement sur les questions de régime alimentaire. Gandhi semblait se souvenir de ce qu'il avait mangé, ou plus souvent n'avait pas mangé, chaque jour de sa vie. "Peu de temps après, pour reprendre une phrase type, je décidai de me mettre au seul régime des fruits – et encore en ne recourant qu'aux fruits les moins chers possibles*." Il imposait ces régimes à ceux qui l'entouraient, en particulier à sa très patiente épouse. Pas de viande, pas d'œufs, pas d'alcool, pas de sel, pas de céréales, aucune nourriture après le coucher du soleil.

L'autobiographie fait également preuve d'une franchise exceptionnelle concernant les maladies gênantes. "A la suite d'une crise de dysenterie (due à la consommation de beurre d'arachide), mon rectum était devenu terriblement délicat et des fissures me causaient des douleurs insoutenables quand j'allais à la selle, si bien que la seule idée de manger me remplissait d'effroi."

Cette triste situation fait naître un dilemme : Gandhi devait-il accepter le conseil de son médecin et pour reprendre des forces boire du lait de chèvre, ou respecter son vœu de ne plus jamais boire de lait, une promesse faite pour protester contre le traitement cruel imposé aux vaches et aux bufflesses.

* Traduit d'après l'édition anglaise par Georges Belmont, "Quadrige", PUF.

Finalement, il boit le lait de chèvre et guérit, puis le regrette amèrement. Ce qui l'a trahi, se dit-il, c'est la "subtile tentation du service"; son désir de servir ses semblables était trop grand pour qu'il s'autorise à mourir.

J'ai tenté de comprendre cette curieuse histoire tandis que l'avion volait tranquillement vers l'ouest : presque tous les aspects de la relation de Gandhi avec son corps se muaient en une façon d'imposer sa volonté à autrui, et pourtant, à ses yeux, il ne faisait que s'efforcer d'atteindre la pureté et l'amour universel.

"L'esprit charnel, écrit-il, a un constant appétit de choses délicates et de luxe… au lieu de contrôler les sens, [il] devient leur esclave*."

Il exclut donc toute relation sexuelle avec sa femme dès l'âge de trente-sept ans ; elle devait aussi renoncer à ses bijoux. "J'expliquai qu'il était toujours bon de s'associer aux autres dans toute question touchant au sacrifice de soi."

Par conséquent, il ne permet pas que l'on donne un bouillon de viande à un enfant très gravement malade. Il ne permet pas que sa femme mourante reçoive une injection d'antibiotiques. Les injections sont impures. Elle meurt.

Maintes et maintes fois, Gandhi utilise le spectacle de la sous-alimentation qu'il s'impose pour forcer ses ennemis à

* *Ibid.*

reculer. Les expériences de vérité du titre semblent souvent consister à chercher les régimes alimentaires les plus mortifiants, ceux qui causeront le plus d'inquiétude à son entourage. Ses ennemis ne peuvent pas riposter car tout le monde reconnaît que le sacrifice de soi est une qualité positive qui conduit à la pureté. Pendant ce temps-là, Gandhi admet que son désir de servir son prochain est une *tentation.* Sa seule impureté est la générosité.

"L'esprit charnel" était une étrange expression, ai-je songé en revenant vers le début du livre pour relire les phrases que j'avais soulignées. Comme le terme "psychosomatique", elle accusait l'esprit de quelque chose qui avait lieu dans le corps, dans le cas présent l'appétit ordinaire plutôt que la douleur chronique ; l'esprit se révolte contre ses propres désirs et se punit, ou se purifie par l'intermédiaire du corps, qu'il domine toujours.

Etait-ce sain ?

Ces médecins ayurvédiques pouvaient bien dire ce qui leur chantait, ai-je pensé, mes sacrifices alimentaires étaient risibles comparés à ceux de Gandhi, que tout le monde admire. Et mes expériences ne visaient pas la pureté, un concept qui ne signifie rien pour moi. J'avais simplement espéré percevoir un lien entre alimentation et douleur. Il est sûr que je n'ai jamais imposé mes renoncements aux autres ; et qu'ils n'en seraient jamais morts. Ma femme, par exemple, mange en tout cas beaucoup moins que moi, et pratiquement jamais la même chose.

Mais me servais-je avec ingéniosité de mes maux et de mes petites manies alimentaires pour manipuler les gens, ou du moins pour leur apparaître sous un éclairage positif ? Après tout, certains voient les troubles du comportement alimentaire tels que l'anorexie comme une façon de contrôler les autres en donnant une image de soi qui souffre et se sacrifie.

Non. Je ne pouvais pas m'accuser de ce tort. Je faisais plutôt de mon mieux pour dissimuler mes ennuis. Dans l'avion, je suis allé aux toilettes dans trois endroits différents pour qu'on ne me voie pas m'y rendre trop souvent.

En approchant de Rome, au petit matin, je me suis souvenu d'un lien entre Gandhi et l'Italie. Au début du XXe siècle, un certain Vinayak Savarkar avait traduit en marathi une biographie de Giuseppe Mazzini, le révolutionnaire du Risorgimento, formé un mouvement nommé Jeune-Inde (à l'instar de la Jeune-Italie de Mazzini), et lancé une campagne de violente insurrection contre le Raj, assez proche de la révolte de Mazzini contre l'Empire autrichien. Gandhi avait répondu à Savarkar en consacrant un chapitre de son manifeste *Hind Swaraj* à comparer l'Inde et l'Italie ; il s'étendait longuement sur l'amour de Mazzini pour l'humanité, et le présentait comme un visionnaire non violent qui avait sauvé son pays grâce à sa "force d'esprit" et son "dévouement extrême". C'était le guerrier Garibaldi, prétendait Gandhi, qui, en déformant le message pacifiste de Mazzini, s'était trouvé mêlé à l'activité diabolique consistant à faire couler le sang.

C'était un pur mensonge et qui aurait rendu furieux Mazzini, lui qui prêchait inlassablement les vertus de l'action violente pour une bonne cause et aspirait au martyre dans la lutte armée. Gandhi le savait certainement ; le pacifisme, en ce temps-là, comptait davantage pour lui que la vérité. Pourtant Gandhi avait raison : Mazzini n'avait jamais fait couler de sang. Le sang l'effrayait. Dans sa jeunesse, il avait abandonné l'étude de la médecine pour le droit parce qu'il ne supportait pas les cours de dissection. Ensuite, chaque fois qu'il se mettait en route pour rejoindre un soulèvement révolutionnaire – des insurrections dont il avait été lui-même l'instigateur –, il tombait malade : lumbago, rhumatismes, maux de ventre. Des trucs psychosomatiques. Il n'était jamais arrivé sur un champ de bataille, alors que Garibaldi l'arthritique allait au combat même quand on devait le mettre à cheval et l'attacher à sa selle.

Gandhi, Mazzini, Garibaldi. Je ne prétends pas être une force positive visant à changer le monde, comme ces trois hommes l'étaient certainement : en revanche, je ne déformerais pas les faits historiques à des fins idéologiques. Pas plus que, malgré tous mes efforts, je ne voyais de lien entre mes crises douloureuses et ces devoirs que je trouvais pénibles ou effrayants. Je ne me servais jamais de ma maladie pour manquer les cours, rallonger les délais de remise d'un travail, ni même éviter les corvées domestiques. Je ne souffrais pas moins les jours que j'attendais avec impatience et qui s'annonçaient agréables, ni davantage les jours que j'appréhendais. Si mes ennuis étaient psychosomatiques, ils n'étaient gouvernés ni par la phobie ni par la mégalomanie.

Dans le train qui me ramenait de l'aéroport, j'ai finalement commencé à m'inquiéter qu'il n'y ait rien de psychosomatique dans toute cette affaire. Ce qui ne laissait que le cancer.

LA CIBLE DIFFICILE

Avant la cystoscopie, je devais retrouver mon chirurgien au cinquième étage dans le service d'urologie. Il était occupé quand je suis arrivé, et pour passer le temps j'ai regardé en détail de nombreuses affiches annonçant des conférences, accrochées à intervalles réguliers le long du couloir. Dans chaque cas il y avait un titre, un sous-titre et une image pour illustrer le sujet. Un dessin humoristique sommaire d'un robinet qui gouttait représentait le problème de l'incontinence féminine. Avec davantage d'imagination, une conférence sur le dysfonctionnement érectile était annoncée à l'aide d'un tableau de Magritte *Le Double Secret* : sur la toile de fond d'une mer indéfinissable, une partie du visage d'un homme a été ôtée comme on retirerait un masque pour révéler, à l'intérieur de la tête, ce qui semble être des fagots de bambou aux articulations

sphériques curieusement fendues. De toute évidence, les problèmes masculins étaient plus intéressants que les problèmes féminins, ou bien les problèmes sexuels plus que les urinaires.

Le visage de Magritte dans ce tableau, convient-il de préciser, ou plutôt, le visage que Magritte a peint, est nettement androgyne. Comment les personnes assistant à la conférence allaient-elles l'interpréter ? Il paraissait en tout cas indubitable que cette affection pouvait du moins être considérée comme étant en lien étroit avec la psyché.

Mais l'affiche la plus dérangeante se rapportait à une conférence intitulée : *LA PROSTATA : IL BERSAGLIO DIFFICILE* : la cible difficile. Pour illustrer l'idée, l'affiche présentait le contour vu de face d'un corps masculin, bras et jambes largement écartés. A l'entrejambe, il y avait le mille en rouge entouré de lignes (de douleur ?) concentriques jaunes irradiant vers l'extérieur aussi loin que les genoux et la poitrine.

Cela m'a frappé : la prostate, ou la prostatite, était un ennemi à mettre en joue, un ennemi intéressant parce qu'il était difficile à traquer, tel un terroriste sournois qui évite la confrontation directe et se planque là où on ne peut l'atteindre. Un défi militaire.

Mon chirurgien est arrivé et, de façon plutôt inattendue, a posé un bras amical sur mes épaules. Que l'Italie était merveilleuse, ai-je pensé, où connaître une seule personne rend tout un groupe de gens si bien disposé, et protecteur, envers vous.

"Vous comprenez bien, disait le docteur, que si nous le voulions je pourrais brûler un peu de cette prostate en même temps que j'insère la sonde pour la cystoscopie ; et aussi élargir le sphincter adhérent, si vous le désirez. Nous utilisons le même instrument pour les deux opérations, voyez-vous. Cela n'ajouterait que cinq à six minutes à la procédure et vous éviterait de revenir. Qu'en pensez-vous ? Plus d'examens, plus d'anesthésiques. Allez, finissez-en."

Pris par surprise, j'ai réagi avec véhémence.

"Non, non et non, *non* !

— Ah bon, je me disais que vous devriez savoir que c'était une possibilité. Le processus est très simple. Pendant que nous y sommes, pour ainsi dire."

Je me suis retourné pour le regarder bien en face.

"Certainement pas. OK ? On regarde, et c'est tout, ce n'est qu'un examen."

J'ai été étonné par ma virulence.

"Ne vous inquiétez pas !"

Le type était amusé mais décontenancé, comme s'il était extraordinaire que j'y accorde une telle importance.

Vous vous déshabillez et enfilez une longue chemise de nuit blanche, puis vous vous mettez mi-assis, mi-allongé sur quelque chose qui ressemble à une chaise d'accouchement avec une cuvette en plastique sous le derrière pour recueillir le sang. Partout il y a des sangles et des boucles pour maintenir la pièce – vous – absolument immobile et qu'on ne puisse rien vous faire d'irrévocable. La violente odeur de propreté chimique ne fait qu'un avec les surfaces étincelantes et les outils coupants. Vous abandonnez votre corps à leur science.

J'ai souri et salué tout le monde.

"Bonjour, *signor* Pax, a répondu quelqu'un. Comment allons-nous ce matin ?"

Pendant que l'équipe préparait ses instruments, le chirurgien m'a demandé si j'avais su que Carlo avait découvert qu'il avait du diabète. C'était arrivé pendant mon séjour en Inde.

"Il s'est pratiquement évanoui dans sa voiture, est venu tout droit passer des examens et a appris que son sucre dans le sang avait crevé le plafond. Etait stratosphérique.

— Vu ce qu'il mangeait…" ai-je remarqué.

Une des infirmières était en train de m'attacher les pieds très haut en l'air, et à un bon mètre l'un de l'autre, dans deux machins en forme de bottes. Il y a toujours une part de moi,

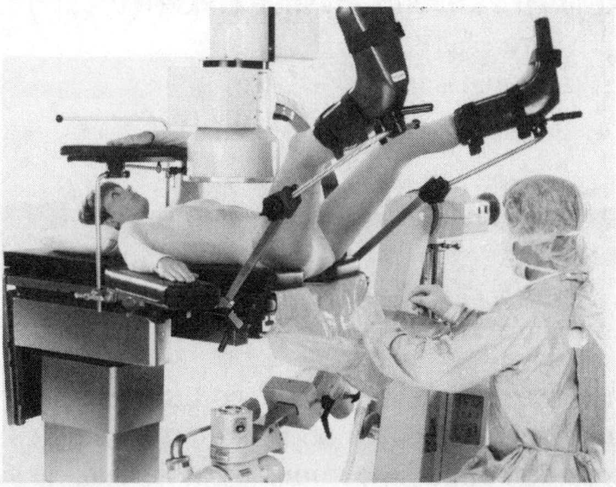

dans ces moments-là, qui ne demande qu'à se révolter. Et pourtant je ne le fais jamais. Je suppose qu'il en va de même lors des exécutions capitales.

"En fait, ils l'ont mis au régime, a dit le docteur avec un gloussement plutôt lugubre, en venant se placer entre mes jambes. Désolé, mais finis les beignets." Il avait à présent un masque sur le visage et quelque chose qui ressemblait à un sac en plastique sur la tête. "Sans parler des médicaments."

Alors, malgré la situation dans laquelle je me trouvais, avec une infirmière qui me nouait une lanière en caoutchouc autour de l'avant-bras pour m'injecter l'anesthésique, j'ai remarqué que le véritable problème de Carlo était le suivant : pourquoi ressentait-il le besoin de manger autant ? Il devait y avoir un problème psychologique quelque part s'il était incapable de ne pas toucher au sucre. Surtout étant médecin et connaissant les risques.

En passant des gants en caoutchouc sur ses mains aux grosses veines, le chirurgien a secoué la tête.

"Carluccio adore manger, voilà tout", a-t-il assuré.

Une infirmière a soulevé la chemise de nuit blanche pour se préparer à approcher la cible difficile. J'avais conscience de la présence de quelque chose de long et de métallique dans les mains du docteur, et en même temps j'étais très préoccupé à l'idée que cet homme qui était sur le point d'introduire avec force et beaucoup trop loin un truc dans le bout de mon pénis n'était pas capable de voir la vérité, à savoir que notre ami Carlo avait de graves problèmes.

"Si jamais il existe un cas de médecin guéris-toi toi-même ! ai-je protesté. Il a toujours quelque chose dans la bouche. Ce ne peut pas être…"

J'ai perdu connaissance.

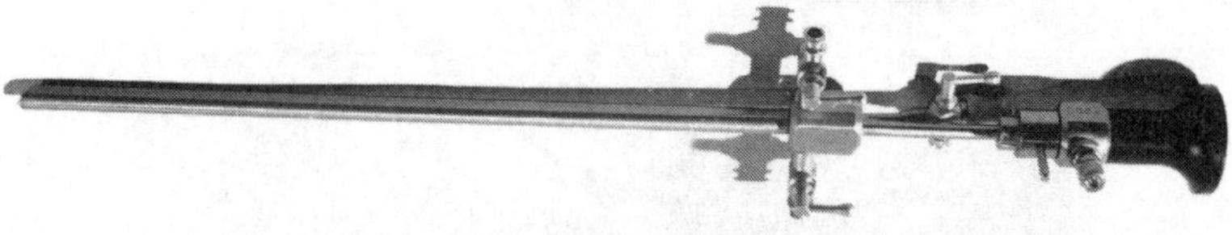

Un truc bizarre avec les anesthésiques, c'est que lorsqu'on revient à soi on n'a pas la notion du temps qui s'est écoulé. Dans le cas du sommeil, comme je l'ai déjà dit, je sais à dix minutes près pendant combien de temps je suis resté inconscient. Ici le film est passé sans transition de sentiments d'angoisse, de méfiance et d'humiliation sur la chaise d'opération, à des bruits de pas qui résonnent et de voix feutrées et pressantes. J'ai ouvert les yeux et estimé, d'après le plafond, que je devais être dans un couloir. Sur un chariot brancard. En tournant la tête, j'ai vu passer un autre lit. L'occupant était entièrement recouvert d'un drap.

J'ai respiré à fond.

Je vais savoir, maintenant, ai-je songé. Maintenant je vais découvrir que j'ai un cancer de la vessie. Je pourrai alors oublier toutes les conneries psychosomatiques et commencer à me battre contre lui. Chimio, chirurgie, rayons. J'étais prêt.

J'ai attendu. Les minutes ont passé. J'ai repensé à la salle d'opération et me suis rendu compte que j'arrivais à peine à m'en souvenir. Je n'avais qu'une image très floue de cette chaise ; rétrospectivement, elle avait l'air d'un instrument de torture en pièces de Meccano assemblées par un tueur en série provincial. Il y avait eu une femme et deux ou trois autres personnes autour de moi, mais je n'en gardais aucun souvenir. Le docteur avait-il dit aux infirmières ce qu'il voyait par la sonde au fur et à mesure qu'elle pénétrait dans l'urètre, audelà de la prostate et des sphincters urinaires jusque dans la prostate ? Comment vous descendaient-ils de la chaise pour vous déposer ensuite sur le lit ? Combien de temps étais-je resté inconscient, ici, dans le couloir ? Pourquoi personne ne venait prendre de mes nouvelles ?

D'autres lits roulants sont passés : un garçon assis qui souriait ; le visage de profil d'une femme âgée, gris et décharné. Tout le monde était en chemise de nuit, blanche ou verte. Il y avait un brouhaha continuel, pas désagréable. Je ne souffrais pas du tout. Et puis le docteur s'est trouvé à côté de moi. Son visage creux à la peau brune me souriait. Un sourire perplexe, ironique, ai-je songé.

"Une vessie aussi propre que celle d'un bébé, a-t-il annoncé. Rose et parfaite."

Evacuer de l'urine et du sang aux toilettes, deux heures plus tard, a été la douleur la plus insoutenable que j'aie jamais connue. J'ai repensé au jour où j'étais allé courir, où j'avais pissé du sang et où ce n'était rien. Rien. Je jubilais.

6 820 000 RÉSULTATS

On a diagnostiqué une hypertrophie de la prostate à mon mari, ces trois dernières années. Il n'a que 29 ans. Il a vu un urologue plusieurs fois. Y a-t-il autre chose à faire ? Des antibiotiques différents, je ne sais pas ? Secundo, ces ennuis risquent-ils d'avoir des conséquences sur sa fécondité ou ses pulsions sexuelles ?

Il est cinq heures trente du matin. J'ai tapé "douleur de la prostate" dans Google.

Je ne sors plus jamais. Chaque fois que je vais quelque part, il faut que je trouve où sont les toilettes. Je ne vais nulle part où je ne peux pas aller faire pipi au moins une fois par heure.

Il y a "approximativement" 6 820 000 résultats pour cette recherche. La plupart mènent à d'autres liens. Certains ouvrent des chats qui remplissent un écran après l'autre.

Je prends des alphabloquants depuis déjà un moment mais j'ai perdu tout stimulus sexuel.

Mon urologue a fait un diagnostic de "calculs prostatiques multiples" comme étant la raison principale de la douleur et de l'inconfort que je ressens continuellement. Il m'a prescrit du Ciflox et puis de l'Ofloxacine, les deux sans résultat.

Depuis la cystoscopie, je ne m'étais servi d'Internet que pour me renseigner sur les procédures médicales qu'on m'avait prescrites. Maintenant je dois prendre une décision.

Il y a un an mon mari était en pleine forme. Il faisait de l'escalade, du kayak, et voyageait sac au dos. Bien qu'il n'ait que 27 ans, sa santé a considérablement décliné depuis un an. Il a brusquement eu du mal à uriner, et nous avons découvert qu'il souffre d'une hypertrophie de la prostate. Nous avons été voir trois médecins et ils ne savent pas ce qui cloche. Ils lui ont fait des analyses de sang et ils ne pensent pas que ce soit un cancer. En plus, ils ne savent pas pourquoi elle est hypertrophiée.

Je me rends compte, à présent, qu'avant de terminer les examens médicaux j'avais imaginé que s'ils étaient tous négatifs je commencerais aussitôt à me sentir mieux et que mes ennuis se tasseraient : apprendre que "je n'avais rien" serait en soi un traitement. Mais non, cela va plus mal. Je ne peux pas rester au lit après cinq heures. Je descends me mettre devant l'ordinateur jusqu'au moment de conduire Lucy à l'école.

J'ai des douleurs dans la région anale. Je suis un peu gêné d'aller voir un médecin. Bon, et pas certain de savoir si la douleur vient de l'anus ou de la prostate. Y a-t-il une différence ?

Votre mari est plutôt jeune pour avoir ce genre de problème. Les antibiotiques peuvent réduire l'infection mais ne semblent jamais l'éliminer, et je regrette d'avoir à le dire, cela peut durer des années. La douleur aura/pourrait avoir des conséquences sur ses pulsions sexuelles. C'est comme de recevoir une tape sur la main chaque fois que vous la tendez vers la boîte à bonbons ! Il doit y avoir un ? pour ce qui est de la fécondité.

Internet n'est pas encourageant. Mais il me paraissait important de m'informer sur la façon dont les autres se débrouillaient.

Une idée pour diminuer l'irritation et la lubrification de longue durée de la partie de la sonde à l'extérieur du pénis ?

Nous venons d'apprendre cette semaine ce qui s'est mal passé. Après l'opération au laser GreenLight sa prostate a gonflé. Elle est devenue si grosse qu'elle a coupé sa propre alimentation sanguine. Le manque d'alimentation sanguine a fait gonfler sa prostate encore plus. Elle est devenue si grosse qu'elle a pesé contre la partie inférieure du rectum, qu'elle a pincé et fermé. Il ne pouvait pas faire des cacas durs.

J'essaie d'apporter un peu de méthode à ma recherche, mais pendant les quelques premiers jours je suis simplement sous le choc et fasciné. Je lis au hasard, me perdant dans la foule malheureuse.

J'ignorais que la prostate avait causé la perte de tant de gens.

Après ce que j'ai subi, je crois que j'aimerais autant avoir des nuits difficiles plutôt que de prendre un autre médicament aux effets secondaires plus potentiels.

Je n'ai pas eu d'érection après 1996 sauf deux fois après l'opération. Les comprimés et la pompe ne sont pas efficaces et je dois me piquer moi-même.

L'"intervention garantie" a fini comme ça : je suis obligé de me sonder trois fois par jour !

Et puis le médecin a inséré un ballon pour distendre ma vessie et ensuite ils ont posé une endoprothèse pour maintenir mon urètre ouvert mais ça s'est infecté.

Dans les années 1940, quand Alfred Kinsey dressait son rapport sur la sexualité aux Etats-Unis, en interrogeant des milliers et des milliers d'hommes et de femmes sur leurs expériences, il est arrivé un point où il a été submergé. C'était trop. Il a commencé à perdre le sens de sa propre identité. Sur Internet, deux jours suffisent pour se rendre compte que l'on est en danger. On commence à confondre sa propre histoire avec celle des autres. On s'imagine avoir des symptômes que l'on n'a pas.

Cher docteur Motola : On a dit à mon mari que son urine était poussée de biais dans le canal prostatique et que c'était ça qui provoquait le gonflement et la douleur.

Prostate volumineuse, légère douleur, s'étendant parfois au pénus … ai déjà eu fistule, ai hernie… Qui peut m'aider ?

Priez pour Linda et son mari qui souffre d'une grave prostatite chronique : "Mon mari et moi essayons de faire un bébé depuis maintenant quatre ans mais il a des douleurs pendant les rapports sexuels et après. Les médecins…"

Je vais rarement jusqu'au bout d'un fil de discussion. Je n'écris rien sur mes symptômes personnels et ne réponds à personne. Je repense au roman de Nathanael West, *Miss Lonelyhearts**. On demande à un journaliste de se charger, sous

* *Mademoiselle Cœur-Brisé.*

un nom de femme, de la rubrique du courrier du cœur d'un journal new-yorkais. Il commence avec l'idée que ce sera une plaisanterie, mais finit noyé dans un océan d'angoisse.

bonjour, oui je me masturbe depuis que g 14 ans et g commencé à fumer de l'herbe à 17 ans et maintenant g 20 ans et g des douleurs pelviennes, des maux de ventre des problèmes de vessie de temps en temps et des maux de tête mon scrotun a beaucoup rétréci et g eu des douleurs au pénis et aux testicules j'irais bien chez le docteur pour qu'il m'examine mais g très peur des mauvaises nouvelles qu'on va me donner qu'est-ce que je devrais faire et est-ce que g une petite chance d'avoir des gamins

Ce qui est étrange au fur et mesure que je fais défiler les messages, c'est que je me sens à la fois la rédactrice du courrier du cœur *et* ceux qui écrivent les lettres. Ces vies paraissent interchangeables. Nous sommes tous dans le même bateau.

Je me lève 4 ou 5 fois par nuit parfois plus pour aller aux toilettes, manifestement il y doit y avoir une autre raison que l'hypertrophie de la prostate parce que J'AI ÉTÉ OPÉRÉ IL Y A BIENTÔT DEUX ANS !

Prises séparément, aucune de ces entrées ne paraît apporter grand-chose ; ensemble, on croirait lire une condamnation à perpétuité.

C'est passé d'une douleur au bas du dos le matin à une sensation de violent coup de poignard dans la région pelvienne, l'entrejambe et les testicules. Finalement, je me retrouvais plié en deux de douleur et obligé de me recoucher. Et puis je me levais quelques heures plus tard et découvrais que la douleur avait disparu, et je pensais "Mais qu'est-ce que c'était que cette histoire ?".

... 70 % des hommes de plus de cinquante ans...

Ça me rend dingue, si ça continue je vais me suicider. C'est vrai.

Le Net est un tel fouillis. Il y a ceux qui ne font pas de fautes d'orthographe et ceux qui en font, ceux qui souffrent et ceux qui vendent. Les fils de discussion d'aujourd'hui existent à côté de messages qui ont dix ans. Ce type écrit de Chine.

Je suis toujours été un malade de prostatite depuis sept ans. La prostate dilate et fait souffrir vivement. Ma taille fait souffrir, j'ai étourdissement et faiblesse. J'avais vu beaucoup docteurs très connus en Chine, fait scanner à micro-ondes et rayons infrarouges, piqûre acupuncture, glisser médicaments dans anus pour guérir la maladie.

Les malades du cancer se retrouvent mêlés à ceux qui souffrent d'hypertrophie de la prostate. Ils discutent de leurs problèmes d'incontinence postopératoire.

Je suis technicien de maintenance SAV. *Trouver des toilettes sur un toit d'usine de seize hectares peut poser un vrai problème. Peux pas utiliser de protège-slip à cause des fuites, et changer de couche-culotte au boulot avec des types tout autour c'est vraiment la plaie.*

Bouge ton cul, mon pote ! j'écoute plein de Springsteen et de Neil Young. Ça fait du bien.

Hé, pourquoi pas essayer des cathéters préservatifs ? Voilà le lien !

Il y a ceux qui sont convaincus que les douleurs de la prostate sont la conséquence d'une maladie auto-immune, ceux qui croient à un virus mystère. C'est parce qu'on reste trop souvent assis et qu'on mène une vie sédentaire. C'est sexuellement transmissible. La masturbation arrange les choses. La masturbation les aggrave. Il n'y a rien d'autre à faire qu'attendre que la science trouve la cause et le traitement. Non, il faut être proactif ! Prendre des bains chauds, pratiquer le yoga, éviter les plats épicés, arrêter de fumer et de boire.

Si je tape "douleur pelvienne" plutôt que "douleur de la prostate", je découvre que les femmes endurent exactement la même chose. C'est étrange. Voici Marion :

J'ai 22 ans. Je vais aux toilettes le soir juste avant de me mettre au lit, mais 5 minutes après m'être couchée j'ai envie d'aller faire pipi, et je ne fais que trois gouttes. Et puis ça recommence, ça recommence et ça recommence encore. Mais il n'y a pas d'infection. Et c'est seulement la nuit. Qu'est-ce que j'ai ?

Et voici Helen :

Cela a duré plus de treize ans jusqu'à ce que finalement on m'enlève la vessie, ouais, vous imaginez, la vessie, et qu'on me mette un sac à la place. Et cette putain de douleur a continué exactement pareil.

Ceux qui souffrent depuis longtemps sont endurcis. Les jeunes sont consternés.

Je viens de commencer dans un nouveau boulot. Si la douleur persiste je ne crois pas que je pourrai rester.

Ma petite amie essaie d'être sympa, mais je vois bien qu'elle veut s'en aller.

Brusquement mon sperme est devenu plein de grumeaux et décoloré. Et j'ai eu mal aux testicules et au dos. J'ai 23 ans. En plus, la sensation pendant l'éjaculation a complètement changé. Après, j'ai de violents maux de tête pendant des heures. Et cette espèce de douleur sourde à l'entrejambe.

En lisant ces contributions, je me mets à penser à mes propres enfants, dormant pour l'heure à poings fermés au premier. Je me mets à penser que cela ne peut que leur arriver. Un jour, elles se réveilleront avec cette souffrance-là. Mais ce sont des pensées stupides et défaitistes. Voici enfin une réussite.

Après huit années passées à prendre des médicaments pour de continuelles DOULEURS À LA PROSTATE, *des antibiotiques contre les* INFECTIONS *qui détruisent mon système immunitaire, et à faire des visites répétées, coûteuses en temps et en argent chez de nombreux urologues, un chirurgien de la clinique de Cleveland m'a envoyé voir le Dr Krongrad. Il m'a envoyé chez lui pour une* ABLATION *chirurgicale de la prostate. Quand je suis sorti de l'opération, j'étais allongé sur le dos pour la première fois sans ressentir la douleur d'avoir comme une balle de golf dans le rectum. Un mois plus tard, j'ai pu de nouveau m'adonner à ma passion : jouer de la batterie et me produire sur scène avec mon groupe.*

Dix minutes plus tard, je trouve ceci.

Mon cas est très simple, à quarante-trois ans j'ai été mutilé, on a pratiqué sur moi l'opération nommée RTUP, *la vache c'est la plus grosse erreur que j'aie jamais faite, quand j'ai décidé de subir cette intervention.*

En revenant au message postopératoire triomphant, je me rends compte qu'il fait de fréquentes mentions du Dr Krongrad et de sa clinique. Ce type a-t-il vraiment pu se sentir tellement bien au moment où on le sortait de la salle d'opération sur son lit à roulettes ? Au bout d'un moment, on se rend compte que la plupart de ces prétendues guérisons spectaculaires vous poussent vers un produit ou une clinique. La prostatite est une grosse affaire commerciale.

J'ai trouvé le Saw Palmetto, le palmier nain, pour aider à évacuer entièrement l'urine. Les orgasmes redeviennent pratiquement normaux. Les douleurs diminuent. Je prends du Saw Palmetto (85 % acides gras & stérols) depuis environ quinze jours. J'ai noté une amélioration en trois jours. J'achète le Saw Palmetto chez Trader's Joe pour 6,99 $ (100 comprimés). C'est en gros 15 $ moins cher que la plupart des autres marques.

Un type qui a son propre site sur la santé de la prostate vous dirige vers le massage anal et l'Anéros, un *sex toy*.

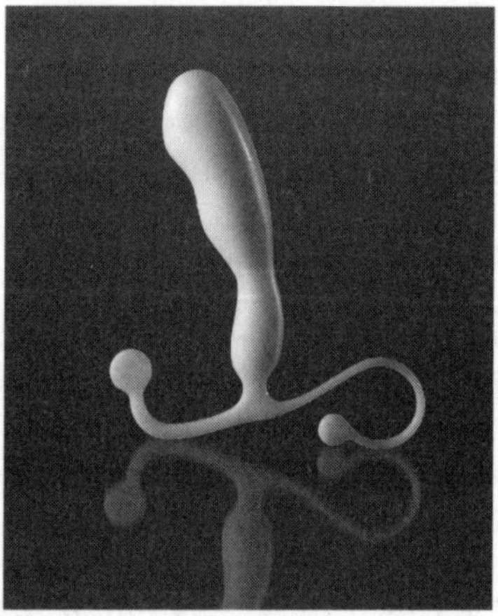

C'est un must !

Une femme écrit :

Je suis thérapeute spécialisée dans le massage de la prostate, j'exerce depuis plus de 9 ans et j'aide les messieurs qui ont des petits soucis de prostate. N'oubliez pas, ce n'est pas parce que la prostate est bien cachée qu'elle n'a pas besoin d'attentions !

Je me demande si "petits soucis de prostate" cache autre chose. Parfois un internaute ne se rend pas compte dans quel genre de chat il est tombé.

Dieu sait pourquoi le point G masculin a été placé dans le cul mais voilà, si c'est fait correctement tout en procédant à la stimulation du pénis l'orgasme est phénoménal ! Essayez !

Cette fois-ci il y a un lien vers :

> *Le PS NEW est notre produit phare en matière de masseur de la prostate. Il a un corps allongé avec deux nodules au bout pour un contact direct avec la prostate. Les stries apportent davantage de stabilité et le bras de shiatsu périnéal fixe assure un massage externe. Fabriqué en plastique de qualité médicale, résistant aux chocs, non poreux.*

Parfois un spécialiste remet les pendules à l'heure.

> *Je suis ravi que le Saw Palmetto ait agi sur vous. Une étude récente a montré qu'il améliore véritablement les symptômes. Toutefois, des patients prenant un placebo connaissent un soulagement identique. Par conséquent, je ne pense pas qu'il existe pour l'heure de preuve scientifique de son efficacité.*

Un site médical américain prétend que 50 % des malades souffrant d'hypertrophie de la prostate réagissent aux placebos pendant des périodes de quinze jours à un mois. Etant donné les statistiques, il me vient à l'esprit que "placebo", comme "psychosomatique", laisse entendre un rapport pervers entre le corps et l'esprit, quelque chose qui brouille les pistes de la recherche scientifique, plaçant la psyché rebelle entre une substance certifiée à grands frais et une maladie soigneusement analysée.

Pourtant, dire "seulement un effet placebo", alors qu'un spécialiste s'élève contre un produit nommé "eau d'argent", me semble être une approche erronée. L'important, certainement, serait de prolonger l'effet placebo à l'infini. Qui se soucierait alors de savoir que le médicament n'est qu'un morceau de sucre ? Tant mieux, en fait. Cela dit, j'appartiens aux 50 % qui n'obtiennent *jamais* d'effet placebo avec quoi que ce soit, qu'il s'agisse d'herbes ayurvédiques ou de puissants remèdes bloquant les récepteurs d'adrénaline. Est-ce parce que je ne fais pas confiance à mes médecins, parce que dès que je prends un médicament je m'attends à ce que les choses empirent plutôt qu'elles ne s'améliorent ? Ou la raison pourrait-elle être que dans mon cas la psychologie n'a pas franchement voix au chapitre, ce qui serait ironique étant donné mon grand désir d'épouser cette version des faits ?

Après plus d'une semaine de ces petits matins passés à surfer sur le Net, je me rends compte que la simple abondance de "traitements" ne peut que signifier qu'il n'en existe aucun.

Ma méthode de traitement est en sept parties.

1. Manger quatre types de produits naturels par jour. Miel, gelée royale, pollen d'abeilles et propolis.

2. Prendre les remèdes chinois suivants…

J'ai lu que certaines personnes prennent une supplémentation en magnésium/zinc pour nettoyer la prostate des calculs. Est-ce que ça marche vraiment ? Et si oui quelle est la dose de magnésium quotidienne recommandée et combien de zinc dois-je prendre pour compenser les effets secondaires du magnésium ?

Le jus de persil frais. A essayer absolument !

Je ne note même pas mentalement, encore moins sur papier. J'ai de moins en moins l'intention d'essayer quoi que ce soit de ce qui est proposé là. Si ces solutions étaient efficaces, tout le monde les adopterait : il n'y aurait pas de forum et pas de problème.

Alors qu'est-ce que je fabrique devant l'ordinateur ? Je ne m'amuse pas, je ne vais nulle part, mais je ne peux pas m'arrêter. Cela paraît un mal largement partagé. Tous ces malades surfent interminablement sur le Net.

J'ai entamé une recherche très approfondie et très complète sur les douleurs de la prostate et les problèmes de prostate. Vu que la médecine moderne me disait qu'"au fond je n'avais rien", j'ai décidé d'explorer toutes les autres voies qui se présentaient.

N'est-ce pas là une version mise à jour de "l'individu agité, contrariant et insatisfait" décrit dans le manuel de l'urologue, il y a tant d'années ? "Traînant ses souffrances" de site Web en site Web. Je suis ramené à cette histoire, celle qui finit sur la table d'opération. Immanquablement ou presque, les types qui ont les mêmes symptômes que moi sont du type obsessionnel, pesant avec angoisse le pour et le contre du recours à la chirurgie. Certains continuent à revenir inlassablement sur la question même après avoir fait le grand saut.

J'étudie des données pour gagner ma vie. Je crée des programmes d'information et des systèmes pour aider les décideurs à faire leur travail. Je suis habitué à étudier des informations incomplètes et contradictoires et à en tirer des analyses. Je me croyais donc bien placé pour procéder au choix d'une méthodologie chirurgicale, et je continue à penser que j'ai fait du bon boulot. Mais quand il s'est agi des résultats – en combien de temps je redeviendrais continent et retrouverais mes aptitudes sexuelles – je peux maintenant me souvenir combien ceux que j'ai questionnés se sont montrés circonspects, combien leurs réponses étaient biaisées. Pourtant, à l'exemple de tant d'autres, je suppose, je me suis laissé prendre par les meilleurs cas de figure et les récits les plus optimistes.

“Tu devrais quand même te faire opérer”, me dit Carlo.

C'est à peu près quinze jours après la cystoscopie. Il boit un jus d'orange et il n'y a pas de beignet.

“Je sais que ça irait mieux”, insiste-t-il.

Je vois bien que mon ami cherche à m'aider, et, si aveugle ait-il pu être s'agissant de sa propre maladie, le fait est que ses confrères et lui traitent chaque année des centaines de patients tels que moi. Ils en savent long. Je commence à lui parler de recherches japonaises récentes utilisant l'imagerie 3D, qui montrent qu'un débit médiocre pendant la miction peut être causé par une mauvaise interaction entre les deux sphincters urinaires, plutôt que par une réelle occlusion physique dans la prostate.

Carlo hoche la tête.

“Voilà pourquoi nous ouvrons le sphincter supérieur de façon permanente, ensuite il n'y a qu'un seul sphincter qui doit fonctionner.” Il hésite. “A vrai dire, si tu continues comme ça, la paroi de la vessie va s'épaissir à cause des efforts que tu fais chaque fois que tu vas aux toilettes. Elle vieillira prématurément.”

Je n'ai rien vu sur Internet concernant la détérioration de la paroi vésicale. Après un silence, je soupire.

“C'est vraiment dommage qu'on ne puisse pas procéder à tous ces examens la nuit, tu sais, parce que c'est tellement différent de…

— Ecoute, me coupe Carlo. Choisis. C'est à toi de décider.”

Il a compris que je ne vais pas le faire. Il n'est pas particulièrement vexé, mais quelque chose dans sa voix me dit que désormais je ne dois plus lui demander de conseils. Je ne suis plus son patient.

LE PILOTÓN

"Il faut que je m'arrête. Toi vas-y, continue."

Ce que nous faisons le plus ensemble, ma femme et moi, c'est marcher. Nous habitons dans les collines, juste en dehors de la ville. En quelques minutes vous êtes sur des sentiers passant entre vignes et vergers de cerisiers, longeant des murs en pierre chargés de lierre. Un sentier franchit une ravine escarpée qui contourne un lieu appelé le Puits aux Sorcières, puis grimpe sur une crête. Au sommet se dresse une colonne en pierre blanchâtre, le Pilotón. C'est là que tous les sentiers se rejoignent, et la vue s'étend à des kilomètres dans toutes les directions.

Je prends appui sur la pierre.

"Je suis désolé. Je suis en trop petite forme."

Nous sommes sortis de chez nous il n'y a pas plus d'un quart d'heure.

"Il faut que tu règles ça d'une manière ou d'une autre, me dit Rita. Il y a des mois que cela dure, maintenant.

— Ce n'est pas un bon jour, voilà tout."

Elle continue à marcher pour faire faire de l'exercice au chien, et je me repose sur l'herbe. Ce n'est encore jamais arrivé. Nous avons toujours marché, depuis notre première rencontre il y a trente ans. Notre relation *c'est* marcher. Maintenant c'est pour moi trop inconfortable.

Le Pilotón fait à peu près soixante centimètres de diamètre et trois mètres de haut, et date du temps des Romains. Autrefois il était deux fois plus haut, mais au Moyen Age on l'a surmonté d'un crucifix en fer qui a été frappé par la foudre. La pierre s'est brisée. De façon ridicule, la circonstance me rappelle le mot *prakruti*, la fusion compliquée de traits innés et acquis. Affectée à la chrétienté, la colonne phallique païenne se fend. La tension était trop forte. Maintenant c'est une relique, sans la croix à son sommet, ni la poussée virile qu'elle avait autrefois.

Depuis l'opération, j'ai une sensation de chatouillis et de plénitude, mais je n'ai pas réussi à avoir une véritable…

C'est idiot. Comme quand je me suis mis à voir une prostate dans la figue du marchand d'eau. Pourtant, je remarque que mon esprit est plus à l'aise avec ces analogies farfelues qu'avec les informations matraquées sur Internet. J'ai l'impression qu'elles me permettent d'approcher d'une vérité concernant ma maladie, mais à la façon dont les rêves le font. Quelque chose d'important vous crève les yeux, seulement vous ne savez pas décoder le message. Qui refuse de s'exprimer en mots. C'est ce qui est fascinant dans les rêves. Et certains tableaux. Il y a des vérités que l'on ne peut pas dire, des connaissances auxquelles on n'a pas accès ou dont on ne peut pas faire usage. Mon esprit vagabonde parmi ces énigmes et au bout d'un moment je découvre que je me sens un peu mieux. Est-ce l'effet placebo ? Un jour, je suppose, je découvrirai le sens du tableau de Vélasquez. Ou peut-être qu'alors il me plaira moins. C'est si bon, si paisible, d'être étendu les yeux fermés, à essayer de se souvenir de ce verre d'eau claire et de sa figue sombre.

Je m'assois et regarde Vérone, de l'autre côté de la vallée. Je vis ici, ou à quelques kilomètres d'ici, depuis bientôt trente ans. Se pourrait-il, me vient-il à l'esprit, que l'Italie, l'italien, soit le trait acquis qui est incompatible avec mon héritage anglais originel ? Est-ce cette longue tension qui a eu raison de ma santé ? Un sourire envahit mon visage.

Je suis venu en Italie parce qu'aux Etats-Unis j'ai rencontré une Italienne. Elle m'a juré qu'elle ne retournerait jamais vivre en Italie. Un an en Angleterre lui a fait changer d'avis. Quand nous sommes arrivés tous les deux à Vérone, je ne parlais pas un mot d'italien. Je savais depuis l'école que les langues ce n'était pas mon truc. Je me suis battu. Maintenant je fais des conférences *en* italien. Sur la traduction, *vers* l'italien. Et à chaque instant, à chaque mot que je prononce, je suis sur mes gardes pour éviter de commettre des fautes, je tends l'oreille pour corriger mon accent. Il ne sera jamais tout à fait juste.

Est-ce le genre de conflit structurel dont parlaient les médecins ayurvédiques ? L'Italie contre l'Angleterre (un match toujours impossible pour moi). J'adore l'italien. Il est devenu mon destin. Ma vie tout entière est liée à l'Italie. Et je le déteste. Je le déteste parce qu'il est devenu mon destin. Parce qu'il prend tant de place. Irais-je mieux, songé-je, si je rentrais en Grande-Bretagne et menais une existence anglaise monochrome ? Ou aurais-je simplement le même problème mais à l'inverse ? Je me languirais de l'Italie. Très probablement le mal, comme les avantages, est à présent irréversible.

C'est agréable, par une matinée d'avril, de suivre le fil de pensées bizarres et de finir par secouer la tête et pouffer de rire. Il me revient à l'esprit deux essais sur lesquels je travaille, l'un terminé et l'autre en cours d'écriture. Thomas Hardy était né plus mort que vif dans une famille de maçons, de bâtisseurs. On le jugea trop faible pour prendre la suite de son père. Comme il était brillant, on le poussa dans ses études. Il s'éleva dans le monde et devint architecte. Mais pour cela il fallait quitter le village où il était né afin de poursuivre ses études à Dorchester. Finalement il partit à Londres, travailla dans le bureau d'un architecte et ses plans lui valurent des récompenses. Alors que tout semblait bien se passer, il tomba malade, ou, selon sa formule, "se sentit faible", et abandonna sa carrière pour retourner chez lui. Apparemment une catastrophe, sauf qu'au pays il finit un roman qu'il avait commencé à Londres. Ecrire lui permit d'associer ses ambitions pour la célébrité de la ville à la sécurité de ses racines villageoises.

Plus tard, ayant épousé une femme du monde originaire des Cornouailles, Hardy se mit à balancer entre vie à Londres et vie à Dorchester. Il ne sut jamais véritablement où il voulait s'établir. Et ses livres parlent souvent de jeunes gens qui quittent leur foyer, toujours à la campagne, trop tôt, se sentent submergés, effrayés, exploités, et battent tristement en retraite vers leurs racines, vers leur mère. Jusqu'à quel point sont-ils victimes de la société ou ont-ils eux-mêmes des défauts, ce n'est jamais clair. Les personnages de Thomas Hardy, un grand marcheur (comme ma femme !), vont et viennent continuellement entre village et ville, petite enfance et âge adulte, sécurité et aventure. Il semble souvent qu'ils aimeraient autant marcher éternellement plutôt qu'arriver à destination.

La femme de Hardy se retrouva associée à ce trait de caractère agité. S'étant marié en 1874, le romancier se mit à la traîner entre Londres et Dorchester. Sept déménagements en huit ans. Les enfants qu'ils désiraient ne vinrent pas. Encouragée à l'aider dans son travail d'écriture pendant le temps romantique des fiançailles, Emma, sans enfants, était à présent tenue à l'écart de la vie professionnelle de son époux. Elle fréquentait peu de monde à Londres, où elle aimait mieux vivre, personne à Dorchester, qu'il paraissait à présent préférer.

Mais en 1880 leurs rapports se transformèrent soudain quand Hardy, étant tombé malade, garda le lit pendant de longs mois et laissa Emma diriger sa vie à sa place. Sa mystérieuse maladie récurrente, vaguement décrite comme une "inflammation de la vessie", ne l'empêcha pas de répondre aux exigences éreintantes de la publication de romans en feuilletons. Il écrivit des tartines. Quand il se rétablit, Emma était suffisamment rassurée sur son rôle dans leur partenariat pour accepter la construction d'un domicile permanent non loin de Dorchester. Ou bien : quand Emma fut suffisamment rassurée sur son rôle dans leur partenariat pour accepter la construction d'un domicile permanent non loin de Dorchester, Hardy se rétablit.

Etait-il alors possible, me suis-je demandé, que le but secret de l'inflammation de la vessie de Hardy – et les rares symptômes décrits dans les biographies ne paraîtraient pas déplacés parmi les six millions et plus d'entrées trouvées sur Google à douleur de la prostate – eût été de relancer sa relation avec sa femme, la faisant passer du rôle d'encombrante aide littéraire en puissance à celui de femme responsable du foyer ? Et de régler en même temps la perpétuelle question du lieu où vivre, en ville ou à la campagne ? De nouveau utile, quoique autrement, Emma était disposée à repartir à Dorchester, pourvu qu'ils se fissent bâtir une maison chic. Hardy confia la construction à son père et à son frère, d'après ses plans, dans un lieu proche mais tout de même à l'écart du village familial. En terme de relation et d'emplacement, il réalignait les aspects innés et acquis de sa personnalité.

Par le biais d'une maladie.

Alors, de quelle façon ma mystérieuse maladie a-t-elle modifié ma relation avec ma femme ?

Ou ma situation en Italie ?

Je fronce les sourcils et arrache deux ou trois touffes d'herbe à côté du solide Pilotón. Il est facile de tirer des conclusions quand il s'agit de quelqu'un dont on peut étudier la biographie. Sans parler des romans, des poèmes et des lettres que Hardy a laissés. On peut aller et venir au fil des pages, en vérifiant dates et événements. Mais comment puis-je espérer comprendre ma situation personnelle alors que je ne me souviens même pas quand ces douleurs ont commencé ? Etait-ce peu après mon arrivée en Italie ? Est-ce possible ? A mes yeux, il est sûr que mon état n'a rien changé au rôle de ma femme, de quelque façon que ce soit. Elle n'est pas de ces femmes angoissées qui écrivent dans les forums au nom de leur mari. Et je ne le voudrais pas. Elle n'a pas plus de pouvoir parce que je ne me porte pas bien. Ni moins. Le problème n'a pas non plus changé l'endroit où je travaille, où je vis, ni où j'ai l'intention de vivre. Il a peut-être *figé* certaines choses, pourtant. Toutes les décisions – vacances, réaménagement de la maison – semblent avoir été repoussées jusqu'à ce que j'aie recouvré la santé. Nous vivons dans des sortes de limbes. Maintenant nous ne pouvons même plus marcher ensemble.

A un kilomètre environ de l'endroit où je suis assis, vers le nord, alors que la chaîne de collines s'élève en douceur vers les Alpes, il y a un couvent. Et vers le sud, là où le sentier descend en serpentant en direction de la plaine, se dressent les trois tours de Castello di Montorio, qui, au Moyen Age, était un monastère. Apparemment, la nuit il y avait pas mal d'allées et venues de religieuses et de moines lascifs le long de ce sentier de crête ; il n'est pas difficile, même aujourd'hui, de les imaginer dans leurs habits et sous leur capuchon, filant vers des liaisons amoureuses baignées par le clair de lune. Finalement, le scandale prit de telles proportions que les moines furent jetés dehors et envoyés ailleurs. Je me demande si au passage les religieuses posaient leurs doigts frais sur le viril

Pilotón, si les moines somatisaient en problèmes de prostate le conflit entre vœux et libido. Un site psycho sur Internet prétend que les douleurs pelviennes sont souvent une réaction de culpabilité à l'adultère, un péché, curieusement, qui devint une véritable obsession chez Thomas Hardy. "Les idées orientales du mariage envahissent secrètement ses pensées", écrivit Emma, l'ironique. Mais bien que l'auteur échangeât presque continuellement une correspondance passionnée avec de jeunes admiratrices, tous les renseignements dont nous disposons laissent entendre qu'il ne donna jamais des coups de canif dans le contrat.

Souffrir de la prostate pouvait-il être une façon de rester fidèle ?

L'autre essai que j'écris a pour sujet Mussolini. Cet homme-là ne pourrait être plus différent de Thomas Hardy, pourtant, comme toujours, j'ai l'habitude d'établir des liens. Les parents de Mussolini étaient, comme chacun sait, aux antipodes l'un de l'autre. Son père était un forgeron, un militant socialiste forcené, emprisonné maintes fois, maire d'un village, pratiquement le seul homme de la communauté à ne jamais aller à la messe, même pas le jour de Noël. Sa mère était une maîtresse d'école catholique très dévote et très aimée. Le jeune Benito balança entre des périodes de piété exemplaire et des épisodes de violence révoltée. Vers la fin de l'adolescence, il prit l'habitude de violer plus ou moins une fille, puis de faire tout ce qu'il pouvait pour qu'elle l'aime. Il voulait bien être sentimental, s'il pouvait dominer. Finalement, après la mort de sa mère, il épousa la fille de celle qui depuis fort longtemps était la maîtresse de son père. Epousa n'est pas tout à fait le mot. Ils s'engagèrent l'un envers l'autre pour toujours, mais sans être mariés officiellement. Benito ne croyait pas aux formalités. Entre-temps, toutes les institutions dans lesquelles il jouait un rôle – écoles, journaux, partis politiques – le flanquèrent à la porte, jusqu'à ce qu'il crée son propre mouvement auquel toute l'Italie serait forcée d'adhérer.

Prônant la violence, Mussolini n'y a jamais participé. Sur son bureau il avait toujours un pistolet chargé, dont il ne se servit jamais. Il préférait lire, écrire, traduire. Menaçant le Parlement de réformes draconiennes, dissertant sur la façon dont il finirait un jour par imposer sa volonté à l'Italie, pendant plus d'une dizaine d'années il ne changea pas grand-chose. Sa femme l'accusait de ne pas être à la hauteur de la sévérité de ses discours, de reporter à une date indéterminée une manifestation plus brutale de lui-même, et pendant ce temps-là de fiche la paix à ses ennemis. "Tu devrais être plus dur, Benito !" lui disait-elle. De temps à autre, il suivait son conseil : en 1924, peu après l'assassinat du député socialiste Giacomo Matteotti, le premier assassinat politique à un haut niveau de l'ère fasciste, le Duce souffrit de violents maux d'estomac. Il en fut réduit à se tordre par terre. Il était hors service. Il fit alors en sorte que l'Etat verse une pension à la veuve de l'homme assassiné.

Ces douleurs se manifestèrent et disparurent de façon intermittente pendant tout le reste de la vie de Mussolini. Des médecins diagnostiquèrent un ulcère et il se mit à un régime composé presque exclusivement de lait chaud. Comme un bébé. Une autre crise violente se déclencha après sa visite à Berlin, en 1937. Il avait vu de ses propres yeux la réussite de Hitler et sa nature implacable. C'était un homme qui n'hésitait pas à tenir ses promesses de violence, qui ne remettait pas à plus tard ses purges et ses massacres, ni ne revenait à une piété maternelle et sentimentale. De retour à Rome, Mussolini prit les choses en main et instaura les lois raciales et le pas de l'oie. "En faisant de grands efforts pour être méchant", écrit son biographe, Richard Bosworth. Il fut aussitôt paralysé par des maux d'estomac. Après sa mort, une autopsie ne lui trouva rien à l'estomac. Il n'y avait pas eu d'ulcère.

C'est là une des curiosités de la vie de Mussolini : comment ce type tyrannique finit de façon abjecte et globale par abandonner pouvoir et prestige à Hitler, un homme qu'il avait auparavant méprisé, et à laisser au sein de leur alliance les Allemands prendre toutes les décisions importantes. Cet abandon lui évita peut-être quelques maux d'estomac. Toutefois, et bien que sa survie en fût venue à dépendre de Hitler, Mussolini se réjouissait toujours quand l'armée allemande était vaincue. Au fond de lui, il ne pouvait espérer que le mauvais côté de sa personnalité triomphe. C'était une lutte mentale qu'il ne résolut jamais. Fait prisonnier et exécuté sommairement, il n'offrit aucune résistance.

"Qu'est-ce que tu fabriques ?"

C'était la voix de Rita. J'ai ouvert les yeux et l'ai trouvée me dominant de toute sa taille.

"Je me disais simplement qu'un type qui a des douleurs à la vessie a peu de risques de devenir un violeur en série."

En rentrant à pied à la maison, je me suis aperçu que la douleur avait disparu. Je me sentais bien. C'était bizarre.

Peut-être une semaine après cette randonnée avortée, j'ai vécu ma première expérience d'impuissance.

HARLEY STREET

Un jour du mois de mai, j'ai commandé en ligne un manuel de développement personnel américain. Ce n'est pas le genre de Tim Parks, et j'ai eu bien du mal à faire valoir à ma femme que le livre était *médical*, rien de barjo ni de mystique. Je l'avais déniché pendant un de mes petits matins de purgatoire sur le Net. Il s'intitulait : *Un mal de tête dans le bassin.* Le titre paraissait d'abord absurde, et même idiot, en tout cas d'une nature à garantir qu'il n'apparaîtrait jamais sur la première page des réponses à quelque question que ce soit tapée dans le moteur de recherche Google. Plus tard, j'ai compris que c'était précisément cette superposition de tête et de ventre qui m'avait attiré.

Mon enquête ayurvédique avait été un caprice de voyageur. C'était une chose de conjecturer vaguement sur la notion de *prakruti*, et tout à fait une autre de s'embarquer dans un programme de lavements à l'huile de sésame ou de suivre les recommandations basées sur une étude des corps célestes depuis le 19 décembre 1954 à vingt-trois heures. Prêt à être fasciné, je nourrissais une profonde méfiance à l'égard de tout traitement qui n'était pas garanti par la science occidentale.

Pourtant la science occidentale me laissait tomber. J'en ai eu plus ample confirmation quand, devant aller à Londres pour une conférence, j'ai pris contact avec des amis qui m'ont recommandé un urologue de Harley Street. Une fois encore, je ferais appel *in extremis* à la plus prestigieuse combinaison de science et de tradition aristocratique que l'Angleterre peut offrir.

En l'occurrence, la rencontre s'est avérée tellement semblable à celle de vingt ans plus tôt que c'en était troublant. La salle d'attente de la clinique londonienne était astiquée et silencieuse. La secrétaire discrète, polie. On m'a fait entrer dans le cabinet du docteur seulement trois ou quatre minutes après l'heure convenue. Mon siège était confortable et le médecin âgé, sur l'autre rive d'un bureau remarquablement démodé, était mince, affable et bienveillant.

Il a écouté mon histoire avec attention. Il a regardé avec soin les divers résultats d'examens que j'avais apportés et apprécié l'excellente qualité des radios. Ayant assimilé les faits, ou autant que faire se peut en l'espace de quelques minutes, il m'a emmené dans une petite pièce, m'a invité à retirer mon pantalon et a procédé à l'exploration des testicules et de la prostate. Le doigt qu'il a introduit était expérimenté et respectueux. Puis il m'a demandé de m'allonger pour pratiquer une échographie. Bien équipé et sérieux, il faisait tout ce que peut faire un homme en un seul rendez-vous. Pourtant quand nous sommes revenus nous asseoir, de part et d'autre de son bureau recouvert de cuir, je savais qu'il n'avait rien à me dire et que j'étais venu, en vérité, précisément pour confirmer que cet homme d'expérience au sommet de sa profession n'aurait rien à me dire. Ou alors au cas où, en quelque sorte. J'étais venu *au cas où* par quelque miracle il aurait quelque chose à me dire.

Il n'en était rien.

J'avais raison, m'a déclaré le médecin, d'hésiter avant de me faire opérer. Excepté quelques calcifications bénignes, la prostate semblait saine. Mon *problème*, à en juger par son échographie et les radios de l'hôpital, était *très probablement* une histoire de dyssynergie du col vésical, une incapacité, disons, du sphincter urinaire à se relâcher et à se dilater entièrement pendant la miction. Comment ceci provoquait ensuite les nombreuses douleurs que j'éprouvais, il n'en savait rien. Il a souri. La solution, a-t-il poursuivi, malgré mes mauvaises expériences précédentes, était un alphabloquant ; qui inciterait le sphincter à se relâcher ; et il a proposé que j'essaie d'abord l'Alfuzosine puis, si ce produit ne me convenait pas, la Tamsulosine. Il a rédigé une ordonnance lisible. Les deux médicaments pouvaient entraîner l'éjaculation rétrograde, une hypotension orthostatique bénigne (appelons-la vertige), mais qui passeraient, et je pourrais les prendre indéfiniment. Je pouvais aussi prendre du palmier nain, si je le désirais, et devrais avoir un orgasme quotidien “d’une façon ou d’une autre”. L’impuissance occasionnelle, m’a-t-il rassuré, était un phénomène passager, typique de ces états de santé et des angoisses qu’ils créaient. Grand et droit comme un *i*, il m’a serré la main avec fermeté et m’a recommandé de ne pas hésiter à le contacter si mon état changeait de façon visible. C’est probablement le rendez-vous le plus raffiné que j’aie jamais eu avec un médecin. Et le plus cher.

Dehors, plutôt que de me diriger vers la pharmacie dont sa secrétaire m’avait courtoisement indiqué le chemin, j’ai traversé Euston Road et trouvé un banc dans Regent’s Park ; je me sentais mal. “La réponse n’est pas dans les médicaments”, ai-je dit tout haut. J’étais déprimé et résigné. A aucun moment, dans mon souvenir, le médecin n’avait laissé entendre que les médicaments qu’il prescrivait réduiraient les douleurs que je ressentais, uniquement les allées et venues nocturnes aux toilettes. Sans preuve de lésions organiques, les douleurs étaient peut-être sans importance. Du moins, pour les médecins. “C’est la dernière fois, ai-je dit, encore plus fort, *la toute dernière fois* que je vais voir un médecin pour ça.” Tout ce que j’avais lu sur Internet n’avait-il pas confirmé l’inutilité de ces visites ? N’était-elle pas bizarre, en fait, cette façon que nous avions tous de penser que lorsqu’on est malade il suffit d’aller voir un médecin et de se faire prescrire un médicament ? D’où cela vient-il ? Dr Piggott, c’était le nom de notre médecin de famille à Blackpool. Il portait un vaste pardessus et tirait un stéthoscope étincelant de la traditionnelle sacoche noire. Je me souviens du contact froid de l’instrument sur ma poitrine. Quand on avait la rougeole, la varicelle ou la bronchite, il prescrivait un médicament et on récupérait. Récupérait-on *à cause* du médicament, c’est là une autre histoire, mais la suite des événements était garantie. Même mon frère avait récupéré de sa polio, d’une certaine façon, malgré les séquelles qu’il en avait gardées. La raison en était que le corps pouvait être représenté par des schémas dans des manuels scolaires et que les médecins avaient tout compris de sa nature.

Mes évangéliques parents avaient renforcé cette foi en la science et la médecine conventionnelles. Mon père, en particulier, désirait ardemment que ses enfants étudient les sciences et fut terriblement déçu quand, la première, ma sœur abandonna ses études, puis mon frère laissa tomber les maths et la physique pour l'art, et finalement je lâchai toutes les matières scientifiques après le brevet pour me tourner vers la littérature. Croyant et prosaïque, mon père se méfiait de la littérature. La science était une manifestation des lois rationnelles et infaillibles de Dieu ; il était respectable d'étudier ces lois et de s'en servir au profit de l'humanité. La littérature, bien trop souvent, était le produit de l'éternel plaisir qu'avait l'homme à se regarder le nombril et à discourir sur son état d'être déchu. "Nombrilisme !" fulminait-il. C'était le mot qu'il employait pour écarter toute tentative d'ergoter sur la perfection de la Création. Je me demandais si, vivant aujourd'hui, papa rapprocherait ce qui se passait en dessous de mon nombril de mon agnosticisme.

Il y avait, bien sûr, un autre genre d'intervention qui pouvait guérir une maladie en cas d'échec de la science médicale. Quand j'avais entre dix et quinze ans, mes parents s'étaient engagés dans le "mouvement charismatique". Ils avaient reçu "le baptême dans le Saint-Esprit", ils "parlaient en langues", on leur faisait "don de prophéties" et de "paroles de sagesse" ; ils pratiquaient des exorcismes et l'imposition des mains. Peut-être que, croyant fermement en la science, ils étaient bien disposés à reconnaître les miracles, ne serait-ce que pour rendre compte des événements que la médecine officielle ne peut expliquer. A l'instar des sirops du docteur, la guérison divine n'exigeait de la part du malade ni effort ni connaissance de soi ; pas plus mon père que ma mère ne prêtaient grande attention à son corps. D'ailleurs, celle-ci n'était ni fournie par la Sécurité sociale ni livrée sur demande. C'était l'affaire de Dieu. Vous pouviez prier, intercéder, supplier (quels jolis mots), mais vous ne pouviez pas *compter* sur l'intervention de Dieu, ni ensuite ériger celle-ci en système. Le truc avec un miracle c'est qu'il laisse les lois (rationnelles) de la nature inchangées. "Rationnel" était un mot qui comptait beaucoup pour mon père, et au-dessus de toute critique. Tout comme la foi. Dans la meilleure tradition cartésienne, ces deux dispositions mentales se partageaient le monde, sans avoir besoin de communiquer l'une avec l'autre : la science n'était pas invitée à questionner le miraculeux, pas plus que le miracle ne cherchait à s'imposer dans les publications universitaires de quiconque. Chacun régnait en maître dans sa propre dimension. Tout le reste – astrologie, yoga, hypnotisme, interprétation des rêves, méditation, mesmérisme, marijuana, musique rock, style psychédélique, tout le paranormal ou le simplement oriental – était l'œuvre du démon.

A ce propos, je me souviens qu'un jour, dans un élan d'enthousiasme juvénile, j'avais tenté de lire à ma mère quelques vers des *Quatre Quatuors*.

"Communiquer avec Mars…" ai-je commencé – elle tricotait sur le canapé et moi je faisais mes devoirs à la table –, "… converser avec les esprits,

Rapporter le comportement du serpent de mer,
Tirer des horoscopes, lire dans le cristal,
Déceler des maladies dans les signatures…"

J'avais soigneusement choisi les passages, convaincu que lorsque nous arriverions aux derniers vers

Passe-temps et drogues communes, rubriques à l'usage de la presse

elle apprécierait l'ironie d'Eliot aux dépens des superstitions païennes et serait ainsi réconciliée avec l'étude de la littérature. Je cherchais l'approbation de maman, tentais de rapprocher nos mondes, je ne cherchais pas la provocation.

Nous n'avons jamais atteint ces vers. "… décrire la biographie", j'ai continué à lire :

d'après les rides de la paume,
La tragédie d'après les doigts ; pronostiquer
Par sortilège ou grâce à des feuilles de thé, scruter*…

"C'est n'importe quoi", a coupé ma mère. Elle a secoué la tête face à une maille perdue. "Très malsain, Timothy." Non, elle ne voulait pas entendre davantage de T. S. Eliot, merci bien. Rien que la mention de ces pratiques irrationnelles l'avait chamboulée. Je n'aurais jamais dû étudier la littérature.

Sur le banc de Regent's Park, j'ai souri en repensant à l'intolérance de ma mère et à ces années charismatiques agitées. Ne réussissant pas à l'école, ma sœur avait pris le parti de mes parents, elle était plus intégriste qu'eux. Cheveux à la hippy et rebelle, mon frère se moquait d'eux avec férocité, affectant d'être démoniaque, lançant des malédictions et des sorts d'un

* T. S. Eliot, *Poésie*, traduction de Pierre Leyris, Le Seuil, p. 199.

geste du bras. Je restais indécis. A l'école on ricanait beaucoup devant la page 3 du *Sun** ; en rentrant à la maison je jouais au football dans la pénombre, en suant et jurant. Et puis, quand je refermais la porte, il y avait le vacarme d'un exorcisme au salon, ma mère parlant en langues, mon père priant bruyamment, les doigts de ma sœur martelant une foi aveugle sur le piano. Soit je me joignais à eux, soit je filais au premier étage jouer au Subbuteo** avec un copain et écouter Leonard Cohen. Quand j'ai pris mes distances avec tout cela, à seize ou dix-sept ans, la science m'a paru l'unique explication du monde qui soit sensée. La littérature était notre réponse au fait que, expliquée ainsi, la vie n'avait pas de sens. J'étais tombé amoureux de Beckett. Il m'avait l'air d'un homme vacciné contre toute religion.

Les dons charismatiques n'ont pas été fort utiles à mes parents. Ils ont tenté d'exorciser mon frère et de le guérir de sa polio. Il n'a pas été transformé. Ma sœur a donné naissance à une fille gravement handicapée. Le pouvoir de la prière ne l'a pas transformée. Pas plus qu'un voyage à Lourdes. Le cancer de mon père n'a pas été guéri par l'imposition des mains. Il a perdu l'esprit et il est mort dans les souffrances. Effrayés par tout ce qui nous rappelait leur aberration spirituelle, mon frère et moi comptions entièrement, peut-être avec hargne, sur le savoir officiel, la médecine officielle ; l'unique opinion que nous partagions à présent avec ma mère et ma sœur était peut-être que toutes les médecines alternatives étaient des âneries. Même aujourd'hui, si vous parlez d'acupuncture à mon frère athée, il dira que c'est n'importe quoi. Tout comme ma mère.

Alors de quel côté devais-je me tourner, maintenant que je me souciais comme d'une guigne des médecins, et réciproquement ? La semaine précédente, à l'université, j'avais dû interrompre un cours ; pour la première fois la douleur avait empiété sur mon enseignement. Le dimanche après-midi, au stade – car j'étais encore un grand fan de football –, j'avais à peine pu m'asseoir pendant la deuxième mi-temps. Il fallait

* La page 3 est l'une des gloires de ce tabloïd britannique. Chaque numéro présente la photo d'une ou plusieurs jeunes femmes au buste dénudé.

** Inventé en 1947, ce football de table se joue sur un tapis de 1,35 x 0,90.

que je bondisse sans arrêt sur mes pieds comme si j'étais enthousiasmé par ce qui se passait sur le terrain. Je criais : *"Arbitro di merda !"* quand il ne se passait pas grand-chose. Mes amis du stade riaient, mais quelqu'un derrière moi m'avait demandé de m'asseoir.

Sur le banc de Regent's Park, au milieu des beaux arbres et des jolies pelouses, j'ai hurlé : "Il faut que ça change ! Par pitié !" et un jeune homme s'est retourné, m'a lancé un regard et a pressé le pas.

Ce soir-là je suis sorti avec un vieil ami, j'ai bu comme un trou, discuté des deux petites amies qu'il jouait l'une contre l'autre, je ne suis pas allé une seule fois aux toilettes, ni n'ai parlé de mes ennuis pendant trois ou quatre heures.

C'était un autre trait de cette étrange maladie, presque un symptôme : j'étais absolument résolu à *ne pas en parler.* Je voulais me sortir de là *sans que personne ne l'ait su.* Excepté Carlo à Milan. Avec un "casier vierge", pour ainsi dire. Ma virilité intacte. Il n'y avait qu'à ma femme que j'avais tout avoué, en lui faisant jurer de ne pas en parler aux enfants. L'attirance qu'exerçait Internet, me disais-je souvent, était tellement forte parce que c'était le seul endroit où les gens pouvaient, dans l'anonymat, se réunir pour *se regarder le nombril.*

IL BELL'ANTONIO

Tout conspirait contre moi. A mon retour en Italie, ayant atterri à Milan et filé directement à l'université pour donner mes cours, j'ai ouvert un courriel me proposant d'écrire une préface à la nouvelle édition anglaise du roman de Vitaliano Brancati, *Il bell'Antonio.* J'aurais dû refuser. Entre écrire et faire des allées et venues entre Vérone et Milan, non seulement pour enseigner mais pour diriger tout le niveau de licence, j'en faisais trop. Je me demandais quand, avec ce mal croissant, quelque chose lâcherait : je raterais une importante date butoir, commencerais à oublier des rendez-vous, devrais garder le lit comme Thomas Hardy, me tordrais par terre de douleur comme Benito. Mais non, j'ai accepté aussitôt. J'adore ces commandes. Elles me permettent d'élargir mes connaissances sur des sujets italiens tout en gagnant un peu plus d'argent. J'avais conscience qu'*Il bell'Antonio* était tenu pour un chef-d'œuvre. Je savais que Marcello Mastroianni et Claudia Cardinale avaient été les vedettes du film, mais j'ignorais totalement de quoi il parlait.

D'impuissance.

Qui aurait pu penser qu'il existait un roman italien sur l'impuissance ?

Avec un mélange d'amusement et de désarroi, j'ai lu le livre dans le train, la semaine suivante, pendant mes allers et retours entre Vérone et Milan. Le Sicilien Antonio est superbe. Envoyé par ses parents pour faire fortune dans la Rome de Mussolini, il s'aperçoit qu'hommes et femmes s'attroupent autour de lui ; les femmes pour baver d'admiration, les hommes pour être près des femmes qui bavent d'admiration. Tout le monde suppose qu'Antonio mène une vie sexuelle débridée, ce qui explique son échec à faire carrière dans la bureaucratie fasciste. Finalement, ses parents le rappellent à Catane ; ils lui ont trouvé une jeune fille à épouser. Antonio n'est pas content, il voulait choisir sa fiancée. Mais Barbara est ravissante et il en tombe amoureux. Au grand chagrin des autres prétendantes, ces deux-là se marient et partent vivre à la campagne.

Elevée chez les sœurs, Barbara est aussi innocente qu'elle est irrésistible. Un an passe avant qu'elle comprenne pourquoi les bébés ne viennent pas. Finalement le scandale éclate : Antonio ne peut pas l'avoir en l'air. Les parents de la mariée sont indignés et demandent une annulation. Le père d'Antonio a tellement honte qu'il fait des visites très notoires à des prostituées pour "laver l'honneur de la famille." Le livre est une comédie brillante et, pour chaque homme, un rappel inquiétant de tout ce qui peut dépendre de sa puissance sexuelle. Une fois la vérité connue, Antonio peut tirer un trait sur une carrière politique. "Je l'ai dit, et je l'ai même écrit, Antonio Magnano n'a pas l'étoffe d'un vrai fasciste", remarque un fonctionnaire local. "Mon fils est mort", lui assure le père d'Antonio.

Mais pourquoi Antonio a-t-il ce problème ? Ce n'est pas qu'il n'a *jamais* fait l'amour. Physiquement, rien ne cloche chez lui. Est-ce parce que les femmes qui le poursuivent sont tellement prédatrices et exigeantes, ses parents et beaux-parents toujours sur son dos, ou parce que la culture sicilienne est imprégnée d'un indécrottable orgueil masculin ? "Mon fils a une tarière qui ferait des trous dans la pierre !" s'extasie le père d'Antonio en présence de son épouse embarrassée ; un de ses amis affirme : "Je soutiens le régime parce qu'à sa tête il y a un homme qui a des couilles." Le beau corps d'Antonio (et son bel esprit) refusent-ils de prendre part à cette laideur ? Ou faut-il tenir en partie pour responsable l'Eglise et son insistance sur la pureté et la virginité ? Quand, à la messe, Antonio encore adolescent tourne la tête de toutes les femmes, le prêtre invite sa mère, qui est soucieuse, à prier pour que Dieu "le rappelle à Lui rapidement". Antonio fera des dégâts.

Brancati ne gâche pas le roman à coups de réponses faciles. Quand Antonio sort d'une position de repli honteux pour s'expliquer avec son oncle agonisant, ce n'est pas une critique de tel ou tel aspect de la société qu'il apporte, mais une histoire longue, compliquée, extrêmement personnelle, pleine d'incidents et de liaisons étranges. Il décrit une occasion où il avait commencé à faire l'amour à une belle Allemande qui avait enfin décidé de tromper son fiancé avec lui.

> Nous ne dîmes plus rien et, la lumière éteinte, nous nous étreignîmes. Peu après, elle était presque évanouie de bonheur et s'ouvrait tout doucement comme une rose au soleil ; moi, transporté hors de moi-même par un bonheur plus grand que le sien, déjà je m'efforçais mentalement à retenir le cri que je sentais dans ma gorge, et que sous peu j'allais pousser, lorsque… lorsqu'un froid soudain et une terreur gagnèrent mon corps, à commencer par la partie que j'aurais voulu voir atteinte la dernière*.

Le moment n'était vraiment pas bien choisi pour lire *Il bell'Antonio* ; les descriptions de libido perdue allaient jusqu'à me décourager d'essayer de faire l'amour. Je ne parvenais pas à me sortir Antonio de la tête. Que disait Brancati ? Peut-être que lorsque la maladie d'une personne est indissociable de sa psychologie, on ne peut jamais clairement se prononcer sur sa cause, comme on pourrait le faire pour un virus ou une infection : vous ne pouvez pas dire, oh, c'est le surmenage, ou la tension interculturelle prolongée, ou un traumatisme remontant à l'enfance, ou telle ou telle relation difficile. Non, une maladie de cet ordre-là est un amalgame unique d'une histoire qui n'appartient qu'à elle ; c'est une énigme sur laquelle se pencher, et donc, d'une certaine façon, assez semblable à une œuvre d'art.

* Traduit de l'italien par Armand Pierhal, éditions Robert Laffont, Paris, 1950, 2006, Pavillons poche, p. 237.

Quelque chose à considérer avec attention, dans la durée. Un mystère sans solution. *Le Marchand d'eau de Séville.*

L'idée d'une maladie qui est une œuvre d'art m'a aussitôt fasciné. *La Métamorphose* de Kafka n'était-elle pas un cas de maladie et d'esthétique superposées ? Il en allait de même de centaines de récits de déclin dans les romans gothiques. N'étaient-ils pas nombreux à se repaître d'un héros atteint d'un mal mystérieux qui, dans un certain sens, *est* le livre ? J'avais peut-être *créé* ma maladie chronique au fil des ans, tout comme j'avais écrit mes romans, ou pris place dans une nouvelle famille, ou changé de domicile, de langue et de culture.

Il y avait là une certaine logique et tout paraissait plus intéressant.

Et puis je me suis mis en rogne. Quel était l'intérêt, mais bon sang quel était l'intérêt, de se féliciter d'une telle association malsaine de nombrilisme et de réflexion littéraire ? Il y avait, je m'en rends compte maintenant, parvenu au pire moment de cette histoire, une forte tentation de capituler. Accepte. Fais-en une esthétique. C'est toi. Ta vie sera toujours ainsi. Les nuits interrompues. Les douleurs abdominales continuelles. Cesse de chercher un traitement, et assume. Et puis si cela t'aide de prétendre que c'est fascinant, ne te gêne pas.

Derrière tout cela il y avait aussi une curieuse fusion – confusion – de complaisance et de culpabilité : tu le *mérites.*

Pourquoi ?

J'atteignais un état de résignation, étrangement dorée par un sentiment de suffisance, et puis d'un bond j'étais debout, je bourrais le mur de coups de pied et criais non ! Non, non, et non ! Une maladie n'est *pas* un mystère à méditer pour l'éternité. Je veux guérir. JE VEUX PASSER À AUTRE CHOSE ! Je veux avoir une vie sexuelle, merde alors. Tu n'as aucune des excuses d'Antonio pour être impuissant, me disais-je en posant le roman : tu n'as ni la beauté stupéfiante ni les femmes qui ne cessent de se jeter à tes pieds, ni le père sicilien indécrottable qui se vante de ses prouesses sexuelles ni une mère et une épouse vouant une adoration à la Vierge. Pourquoi ce froid aurait-il gagné *mon* corps ?

Les amis d'Antonio adorent lui donner des conseils. Souviens-toi, lui disent-ils, de l'époque où tu faisais l'amour et essaie de te représenter comment c'était. Pour te donner de l'assurance. Les pouvoirs de guérison de la visualisation positive.

Revenant à Internet, sous l'effet de la frustration, j'ai trouvé en ligne des gens qui, pour les douleurs du bassin, proposaient des solutions très semblables :

> *Salut tout le monde,*
> *Voici un problème masculin courant qui est facilement soulagé par l'*EFT* *! Ni médicaments ni opérations chirurgicales.*

EFT ? *Electronic funds transfer ?* Certainement pas. "*Emotionally focused therapy,* m'a appris Wikipedia, la thérapie axée sur les émotions laisse entendre que celles-ci ont un potentiel d'adaptation naturel qui, s'il est activé, peut aider les clients à transformer des états émotionnels difficiles ou des expériences vécues importunes."

"Clients" semblait de mauvais augure. N'empêche, j'ai pensé qu'il y avait peut-être quelque chose là-dedans. Le post du Net se poursuivait par une anecdote.

> *Mon mari et moi sommes allés récemment voir un de ses vieux amis et nous avons passé la nuit chez lui. "David" (qui a 59 ans) est allé se coucher tôt parce que ses ennuis de prostate le faisaient souffrir.*

Inquiète, la narratrice "travaille" avec David pour établir une série de formules encourageantes qu'il peut se répéter quand cela va mal. Tristement planté devant les toilettes, par exemple, il doit dire :

> *Il se peut que mon urine sorte lentement, pourtant je m'aime et m'accepte totalement, moi et mon pénis. Je me pardonne, moi et mon pénis, pour tout ce que j'ai pu faire.*

Il y avait là quelque chose de très drôle. Je n'ai jamais vu mon pénis comme une entité séparée que l'on doit aimer ou pardonner. Mais étais-je dans une position où je pouvais me montrer ironique ? J'ai poursuivi ma lecture.

> *Formules de rappel (j'ai demandé à David d'employer alternativement une formule ou une autre tout en se représentant des images positives) :*
>
> *Même si l'urine sort en mince filet*
> *Et d'ailleurs il se peut qu'elle sorte comme un cheval de course*

* Le plus souvent traduit (!) en français par "emotional freedom techniques" ou "technique EFT", mais "techniques de libération émotionnelle" est également employé.

Et parfois juste en un mince filet
Je me détends et la laisse couler comme les chutes du Niagara
Et parfois elle coule lentement et je me détends
Et je la laisse couler comme une bouche d'incendie
Je la laisse couler et je ne me mets pas la pression
Si je suis furieux parce qu'elle ne coule pas, je laisse la colère s'écouler tranquillement de mon pénis

Au bout d'environ une semaine, David tire d'immenses bienfaits de tout ce cirque. Sa douleur diminue, son débit urinaire s'améliore, il se supporte beaucoup mieux, autant de réactions conciliables avec les améliorations à court terme souvent décrites en cas d'administration de placebos aux hommes souffrant de la prostate. Tout à fait à l'encontre de mes idées, j'ai décidé de prendre cette approche au sérieux. Ou du moins d'*essayer* de le faire. C'est une voie plus facile que la guérison par la foi, ai-je songé. David est incité à ouvrir les robinets de la salle de bains à fond, pour visualiser au mieux un flot d'urine exubérant. Malgré tout mon scepticisme, sans parler du fiasco pendant l'urogramme, j'ai ouvert les robinets. Plutôt que le Niagara (qui pour moi évoque des images de catastrophes en kayak), je me suis souvenu du joyeux clapotis de mon fils urinant le matin précédant notre départ en vacances. Et j'ai inventé quelques formules résolument optimistes à répéter…

Je vous épargnerai ces formules. Tout ce que je peux dire, c'est que faire ces trucs-là à deux heures du matin et puis à trois heures et *encore* à quatre heures et certainement à cinq heures n'est pas drôle. Il faut se sentir l'étoffe d'un fonceur. Pour ne pas laisser tomber, il faudrait obtenir des résultats rapides. Malheureusement, le seul effet que cela a produit sur moi a été de me réveiller au point que j'ai eu du mal à me rendormir. De retour au lit, je me suis demandé si David n'avait pas exagéré les effets positifs de l'EFT parce qu'il aimait bien que la femme de son ami s'attarde à la salle de bains avec lui, le bruit des robinets couvrant tout batifolage auquel ils auraient pu se livrer. L'impuissance ne figurait pas au nombre des symptômes de David.

Dans les dernières pages d'*Il bell'Antonio*, après que Catane a été bombardée et le fascisme renversé, Antonio retrouve sa libido. Plus ou moins. Outré d'apprendre que Barbara a épousé un vieillissant mais riche coureur de jupons, il songe à lui donner une bonne correction. Et finalement quelque chose s'agite. Mais je n'avais pas ce genre de sentiments violents pour m'exciter. Et je n'en voulais pas. Avais-je quelqu'un contre qui être en colère ? Pourquoi faut-il être en colère pour faire l'amour ? La vérité, c'était qu'après tout ce temps, tous ces médecins, toutes ces recherches, *je n'avais pas la moindre idée de ce qui m'arrivait.*

DES VIES DE DÉSESPOIR SILENCIEUX

J'étais sur la plage de Blackpool avec des amis. Ils hésitaient. Vas-y, montre-leur comment on fait ! J'ai reculé d'un pas, ôté mes vêtements en quatrième vitesse et me suis lancé dans une course héroïque vers la mer. Mais j'avais oublié mon maillot de bain. J'étais tout nu ! Loin de les impressionner, je me rendais ridicule. Plonge dans la mer, alors ! Mes pieds martelaient le sable. Pas de mer. La marée devait être à des kilomètres de là. Soudain, de façon incongrue, dans la vaste étendue, je fonçais droit dans une petite barrière, de celles que les ouvriers installent sur les routes autour d'un trou. Elle a surgi du néant, je suis passé par-dessus et tombé dans le trou. Il était profond et plein d'une vase noire, froide et humide, à l'odeur infecte. Je me suis réveillé et précipité aux toilettes.

Je rêvais beaucoup. Presque chaque fois que je me réveillais, j'avais rêvé. Six fois par nuit. Et de plus en plus, ces paysages oniriques semblaient me dire quelque chose. Pourquoi rêvais-je toujours d'eau ? Ou plutôt d'eau qui s'en était allée, de vase, de sable et de limon. Et pourquoi ce perpétuel élément de gêne ? Je plonge tout excité dans un lac, mais seulement pour trouver sous l'eau des algues si drues et ligneuses que je peux marcher dessus, encore que de façon ridicule et maladroite. Ces scènes d'eau s'infiltraient dans mes nuits. Plus d'une fois, en me réveillant, je me rappelais la vue hivernale de la Yamuna, coulant en un mince filet à travers les larges bancs de sable derrière le Tâj.

C'est un de ces matins-là, dans l'état vaguement hallucinatoire dans lequel vous laissent les rêves, que le vaste océan qu'est Internet a rejeté une page sèche que j'ai presque cru avoir écrite moi-même, tant elle décrivait avec précision ma maladie et mon état d'esprit. Elle était de la main des auteurs d'*Un mal de tête dans le bassin*.

En quelques centaines de mots, ils donnaient leur point de vue sur la douleur pelvienne ou prostatite. Ce qu'ils proposaient n'était ni la médecine officielle des hôpitaux ni les alternatives New Age. Ce point de vue n'était ni psychosomatique ni étranger à la psychologie. Ni mécanique ni mystique. Il n'accordait pas d'importance aux rêves, aux cartes du ciel ou aux œuvres d'art, mais ne proposait pas non plus de faire passer une autoroute par mon urètre ou de modifier radicalement ma chimie corporelle. Il n'y avait ni herbes mal connues ni médicaments hors de prix. Ni régimes compliqués. On ne promettait pas une prompte guérison. On ne *promettait* pas du tout de guérison. Une guérison était possible, jusqu'à un certain point, si je m'en donnais la peine. Surtout, on y décrivait mes symptômes *précisément.* Absolument tous. Même ceux que les urologues avaient exclus comme étant hors de propos. On prenait les douleurs *au sérieux.* Et c'était le premier truc écrit par des médecins diplômés de la faculté de médecine qui acceptait l'écart manifeste entre les explications officielles de cette affection et la réalité. Il s'adressait aux femmes comme aux hommes. Ce n'était donc *pas* un problème de prostate. En bref, en quelques minutes à peine, j'ai compris que j'étais tombé sur une histoire tout à fait nouvelle, une version des faits différente, à laquelle je pourrais éventuellement croire, et qui serait peut-être même vraie. Ou du moins efficace. Cela dit, je n'avais pas la moindre idée, à ce moment-là, de ce que cela signifierait d'adhérer à cette vision des choses, ni jusqu'où on attendrait de moi que je change. Je ne comprenais pas non plus comment j'avais pu mettre si longtemps pour trouver cette page ; si cette approche était vraiment valable, pourquoi n'était-ce pas le premier résultat dans toutes les recherches sur la douleur pelvienne ?

Leurs noms n'inspiraient pas confiance. David Wise et Rodney Anderson. Accolés, ils sonnaient comme ceux d'un duo de charlatans inventé par *Mad Magazine.* Et quelle erreur de surnommer leur traitement le protocole de Stanford, qui faisait immédiatement penser à une pompeuse tentative de statut déposé, pour mieux vendre. Mais peut-être était-ce simplement une résistance naturelle de ma part ; je ne fais pas confiance facilement. Sur le Net, ils écrivaient :

> *95 % des patients chez qui les médecins ont diagnostiqué une prostatite n'ont ni infection ni inflammation qui puissent justifier leurs symptômes... la prostate n'est pas en cause.*

La simple lecture de ces mots apportait un soulagement considérable. Non seulement je n'étais pas devenu fou, mais je n'étais même pas un cas exceptionnel.

Une fois le mal installé, les symptômes ont tendance à avoir une vie qui leur est propre.

Je n'avais jamais tout à fait formulé l'idée de cette manière, mais il y avait vraiment quelque chose de capricieux : des douleurs intenses apparaissaient et disparaissaient sans lien aucun avec les circonstances extérieures ; la fréquence urinaire variait énormément quoi que l'on puisse boire. Les médecins n'avaient jamais voulu entrer dans les détails à ce sujet, semblant craindre qu'une description exhaustive des symptômes ne les entraîne dans un labyrinthe de sensations extrêmement nuancées, mais hors de propos, dans lequel ils s'égareraient. De façon inévitable, vous vous sentiez d'autant plus seul face au problème. Vous vous plaigniez de maux qui n'avaient ni référent objectif ni la moindre conséquence apparente en dehors de la douleur en soi, vous ne dépérissiez pas. Au regard des autres, vous pouviez très bien tout inventer. Vous appreniez donc à garder le silence. Il y avait des semaines que je n'avais pas embêté ma femme avec les derniers rebondissements. Elle commençait à se lasser de toute cette histoire. A juste titre.

“Les symptômes peuvent être intermittents ou continuels, écrivaient Wise et Anderson, et peu de gens les ressentent tous.” Ils en dénombraient vingt-trois. J'en avais seize. Et il n'y avait aucun de mes symptômes dont ils ne parlaient pas. Ce qui m'a le plus impressionné, c'était qu'ils mettaient au nombre de ceux-ci le “soulagement après être allé à la selle”. Personne d'autre n'avait confirmé cette impression que j'éprouvais ; j'ai eu envie d'imprimer la page sur-le-champ et de foncer en voiture à Milan pour la flanquer sur la table d'opération du service d'urologie.

“L'effet produit sur la vie d'une personne, poursuivaient les auteurs, a été comparé à ceux d'une crise cardiaque, d'une angine de poitrine ou de la maladie de Crohn… Les malades ont tendance à vivre des vies de désespoir silencieux.” Dépression, anxiété et “pensées catastrophistes”, affirmaient-ils, étaient la norme.

Il peut paraître étrange de dire que la lecture de cet aperçu désolant m'a remonté le moral. Je n'aurais certainement jamais osé de pareilles comparaisons avec mes douleurs, pas plus que je ne me jugeais désespéré, pas encore. Mais il y avait un côté positif à ce qu'on m'assure que je n'avais pas follement exagéré. Mon père, je m'en souviens, m'avait confié quelque chose dans ce genre quand les médecins avaient fini par lui apprendre que la radiothérapie n'avait pas fait disparaître son cancer et qu'il était en phase terminale. D'abord informé, pour "qu'il garde le moral", qu'il était guéri, il avait été deux fois plus malheureux parce que tout ce qu'il pouvait dire de ce qu'il ressentait passait pour des pleurnicheries. Quand on lui a appris qu'il allait mourir, il savait que tout le monde cesserait de se demander pourquoi il n'était pas plus gai. En littérature aussi, j'en suis convaincu, un pessimisme lucide apporte toujours plus de griserie et de libération que les caresses dans le sens du poil et le déni.

Mais Wise et Anderson n'étaient pas porteurs de mauvaises nouvelles. Ils avaient une théorie totalement nouvelle sur les causes de cette maladie. Là, j'ai commencé à douter. C'était apparemment trop simple pour être vrai. Et cela paraissait aussi mener tout droit à ce que je dépense de l'argent pour acheter leur livre, et fasse un séjour dans leur clinique californienne sans nul doute hors de prix.

Au fond, ils adoptaient le point de vue qu'à l'origine le *problème tout entier était musculaire*, puis, par conséquent, neurologique. C'était une réaction humaine instinctive bien connue, assuraient-ils, surtout chez les sujets masculins, de relever les muscles entourant le pelvis en réaction à l'excitation ou au stress. Une défense des organes génitaux. Certaines personnes le faisaient sans arrêt, de façon compulsive, avec pour résultat que les muscles du "plancher pelvien" ne se relâchaient jamais. Une vie sédentaire et, en particulier, un travail amenant à rester jour après jour assis à un bureau aggravaient le problème en restreignant l'apport sanguin à ces muscles contractés, qui par la suite se fatiguaient et perdaient finalement leur élasticité naturelle, rétrécissant et tirant sur des zones où ils ne devraient pas le faire, comprimant le faisceau compliqué de nerfs qui formaient un lacis à cet endroit.

Je ne savais trop quoi en penser. Je n'avais encore jamais rencontré l'expression "plancher pelvien". De quoi s'agissait-il donc ? Tous les schémas médicaux que j'avais examinés se limitaient à montrer les organes en rapport avec le problème

– vessie, prostate, reins – flottant dans une peau transparente et simplement reliés par de minces tuyaux transportant les fluides de l'un à l'autre. Aucun des médecins auxquels j'avais parlé n'avait rien dit sur la façon dont ces organes étaient maintenus en place, ni sur ce qui s'étendait entre eux. Ils ressemblaient davantage à des corps célestes, miraculeusement attachés dans le vide. Ayant des difficultés à visualiser de quoi il était question, je suis allé sur Google Images, j'ai tapé “plancher pelvien” et trouvé ceci :

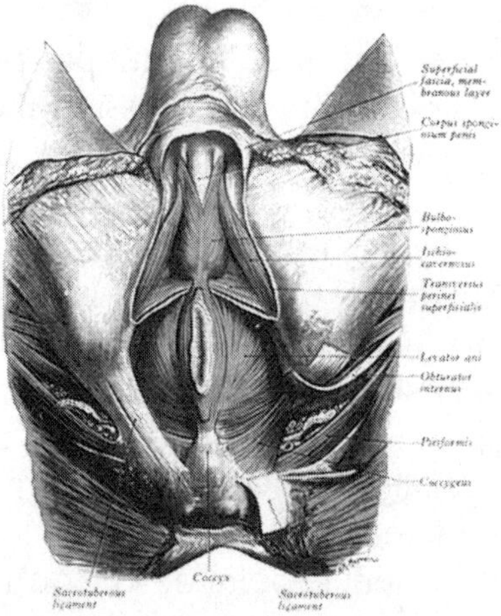

C'était franchement peu attrayant et sans grande utilité. D'un autre côté, cette histoire de ressentir un soulagement après avoir été à la selle devenait soudain logique : le gros muscle entourant l'anus se relâchait, laissant toutes sortes d'autres éléments se déplacer et se remettre en place. Chaque muscle, chaque zone musculaire, soutenaient Wise et Anderson, s'ils étaient fréquemment et inutilement contractés pendant de longues années, pouvait déclencher des douleurs dans des endroits pouvant être assez éloignés.

J'y ai réfléchi. Il était vrai que j'avais passé tant d'heures, de tant de jours, de tant d'années, assis sur mon derrière. De l'avis général, j'étais un type tendu. Quand j'écris, par exemple, mon corps est loin d'être décontracté. Il arrive que j'aie une main bien enfoncée dans mes cheveux – dans ce qui me reste de cheveux – pendant que le bout de mon pied fait inlassablement tressauter mon genou droit et que ma mâchoire s'ouvre et se ferme, s'ouvre et se ferme ; car je suis exalté par ce que je suis en train d'écrire, et frustré quand cela ne va pas comme je veux. D'autre part, je n'avais pas la *sensation* que les muscles de mon corps étaient tendus. Tout me paraissait très normal.

Mais si la cause était une fatigue musculaire chronique, quel était le traitement ? Une fois de plus, la réponse était d'une simplicité suspecte.

Relaxation et massage.

Rien d'autre. Pas de médicaments. Pas d'opérations. *"Nous n'avons jamais vu d'intervention chirurgicale satisfaisante pour ces douleurs"*, affirmaient les auteurs. Rien que de la relaxation et des massages. Il est vrai qu'ils affublaient ces choses-là de noms sophistiqués – *relaxation paradoxale* et *massage de relâchement myofascial des points déclencheurs* – mais c'était là, craignais-je, simplement pour donner le sentiment que l'on ne pouvait pas s'attendre à trouver le soulagement sans une aide directe achetée chez Wise et Anderson Inc. Le massage était vraiment très particulier. *Et comprenait le massage anal.* Il fallait pour cela des praticiens expérimentés. Les procédures de relaxation étaient si compliquées, insistaient les auteurs, qu'ils se refusaient à vendre des enregistrements pour vous guider parce que vous ne seriez jamais capable de vous en servir sans une aide spécialisée ; la dernière chose qu'ils voulaient, c'étaient que les malades, frustrés, fassent une croix sur le protocole de Stanford et l'abandonnent avec tous les autres traitements qu'ils avaient vainement essayés. C'était un traitement qui prenait de longs mois, et même des années, et exigeait un effort et un engagement considérables de la part du patient.

J'étais terriblement méfiant. Que pouvait-il donc y avoir de si compliqué (ou de "paradoxal") dans la relaxation ? Quel pouvait être l'effort nécessaire à fournir pour se faire masser ! Un effort financier, très certainement, l'EFT bien sûr. J'ai parcouru les éloges concernant le livre, la plupart émanant de praticiens, et de médecins. Des amis, sûrement.

> *Un mal de tête dans le bassin* est une lampe éclairant l'obscure souffrance humaine des douleurs pelviennes chroniques.

S'il y a un virus contre lequel un écrivain est naturellement immunisé, ce sont bien les baratins de présentation.

> *Un mal de tête dans le bassin* apporte une contribution essentielle à la compréhension et au traitement des douleurs pelviennes. C'est également une discussion éclairante sur les rapports de l'interaction mentale et physique dans la production des affections, et une approche d'un traitement véritablement complet de la maladie qui touche à toute une gamme de morbidités modernes.

Voilà qui semblait plus intéressant. Particulièrement les "morbidités modernes". Je me suis aperçu que ce qui me plaisait dans ce nouveau paradigme, c'était la façon dont il rendait compte d'un élément psychologique – les années de tension et de mauvaises habitudes de vie – sans affirmer que mon état de santé était une réaction manipulatrice face à un besoin psychologique particulier (je tombe malade pour modifier mes rapports avec ma femme, par exemple, ou pour avoir un prétexte à rentrer en Angleterre). Il y avait aussi quelque chose de fascinant dans ce titre maladroit – *Un mal de tête dans le bassin* – comme si la cause première de la douleur avait pu être précisément de trop penser pendant des années. Ce qui m'a rappelé le beau vers de Leopardi sur les pensées se noyant dans l'immensité. Ces rêves desséchés me disaient peut-être qu'ils ne trouvaient pas assez d'eau pour balayer mes élucubrations arides.

Mais parmi une douzaine d'éloges, c'est celui-ci qui a emporté l'affaire.

> Voici le livre qu'il faut lire avant d'envisager de vous faire opérer, de prendre des médicaments ou de vous résigner à continuer à souffrir de douleurs pelviennes chroniques. Retrouver la santé est possible. Les Drs Wise et Anderson ont établi un protocole de soins innovant qui fonctionne.

J'avais besoin d'y croire et j'ai cliqué sur le bouton d'achat en ligne.

UN CHAT À BORD

Il faut à peu près dix jours pour qu'un livre arrive des Etats-Unis par la poste. Avant qu'il n'arrive et que ma vie ne se mette à changer, je tiens à chanter les louanges du seul produit qui m'ait apporté un peu de soulagement pendant cette triste période. La benzodiazépine.

C'est un détail que j'avais oublié. Quand j'avais vu le médecin de Harley Street, le premier, il y avait plus de vingt ans, il avait prescrit, en même temps que les antibiotiques, un milligramme de benzodiazépine par jour, matin et soir. Je m'étais offusqué. Pourquoi prescrivait-il un tranquillisant pour une maladie de la prostate ? "Nous avons découvert que cela soulage", avait-il assuré. Je n'ai jamais songé à suivre son conseil. Comment un écrivain peut-il travailler sous tranquillisants ? L'esprit doit crépiter comme un feu d'artifice. Il faut être un déchaînement d'attention créatrice. Mais au pire moment, durant ce printemps 2006, j'ai essayé.

La fréquence de mes allées et venues nocturnes aux toilettes avait augmenté. Sept. Huit. Neuf ! J'ai commencé à souffrir d'insomnie. Je restais au lit une demi-heure, avec mes pensées qui passaient et repassaient sur tel ou tel sujet, et ensuite je retournais aux toilettes sans avoir dormi. Et de nouveau après une autre demi-heure. Et encore une autre. Il y a une particularité dans notre maison que je n'ai pas signalée. Elle est mitoyenne et, de temps à autre, sortant du mur qui nous sépare de nos bons et paisibles voisins, nous entendons comme qui dirait une voix électronique profonde qui parle pendant quelques secondes à peine. Elle a tout à fait le son de ces jeux pour les tout-petits fonctionnant sur piles où l'on appuie sur différents boutons pour entendre des comptines, des cris d'animaux ou des blagues. Mais les paroles sont assourdies par le mur et je ne les comprends jamais. Mes filles rient et se disputent. Ça dit : *"Un gat-to è sa-li-to a bor-do"*, prétend Lucy, en imitant les sons mécaniques. Un chat est monté à bord. Mais Stefi, qui a été la première à remarquer le phénomène, est convaincue que la machine dit parfois : *"Tro-va la chia-ve !"* Trouve la clé. Ou un indistinct : "Miaou miaou miaou." Les voisins affirment n'en rien savoir.

J'avais, de temps à autre, entendu cette voix en pleine nuit. Elle démarre très brusquement, comme ces instructions de robots qui vous surprennent dans les ascenseurs ou dans les voitures japonaises, répète ses six ou sept mots assourdis, et s'arrête. Là, j'ai commencé à l'entendre plus souvent. Comme je ne dormais pas, j'ai tenté de comprendre ce que disait la voix. Les gamines s'étaient trompées. Elles imaginaient ce qu'elles entendaient. Nous inventons tous des choses que nous n'avons comprises qu'à moitié. Pourquoi la voix produirait-elle des mots absurdes ? La maison était peut-être hantée. Stefi avait lancé cette idée. Le fantôme s'efforçait de me faire passer un message ; *tro-va la chia-ve*, trouve la clé. De mes rêves ? De ma maladie ? Sauf que je n'étais pas certain qu'elle disait vraiment *"tro-va la chia-ve"*, et pas quelque chose d'autre. Je tendais l'oreille. L'ennui c'était qu'elle ne parlait que rarement, brièvement, et sans avertir. Impossible de se préparer.

Dans mon lit, j'étais sur le qui-vive, mal à l'aise. L'horloge de l'église sonnait les heures et les demi-heures. Réverbère et clair de lune donnaient du brillant à l'obscurité. Sur la colline, un scooter vrombissait. Ma mère avait été tout à fait disposée à croire aux fantômes, me suis-je souvenu. Elle était persuadée d'avoir vu mon père après sa mort. Dans son costume ecclésiastique. Pendant un moment, elle avait accueilli avec enthousiasme l'idée d'exorciser les maisons hantées. Il faut guérir l'esprit des morts pour leur permettre d'aller de l'avant. Peut-être est-ce là un fantôme postmoderne raffiné, me suis-je dit, qui joue avec ma paranoïa, se moque de mon obsession pour la langue, prononce des mots assourdis qui pourraient avoir un sens mais qui sont impossibles à déchiffrer. En bref, un poète.

Si quelqu'un avait besoin d'aller de l'avant, c'était bien moi.

Certaines nuits je devenais extrêmement agité. Ma femme, qui respirait doucement à côté de moi, ne m'avait jamais paru plus lointaine, plus solide. Je devenais renfermé. Je n'avais plus d'intérêt pour l'intimité. Combien de déjeuners et de dîners avais-je annulés parce que je trouvais inconfortable de rester assis ? On me reprochait d'être distant. J'avais des difficultés à me justifier. Il y avait une part cruciale de mon existence qui ne pouvait être abordée, sauf par allusion, peut-être, dans mes romans. Mes personnages eux aussi devenaient cyclothymiques et distants. De façon inexplicable, Harold Cleaver abandonne sa vie cyclonique pour se retirer dans la solitude de la montagne. De façon inexplicable, Albert James se replie sur ses idiosyncrasies et son attitude suicidaire. Ces histoires n'étaient pas entièrement satisfaisantes. Ou du moins, elles ne l'étaient pas pour moi. Elles n'exprimaient pas réellement ma *situation*. Rien ne le pouvait.

Au lit, ma jambe se contractait convulsivement. Je n'arrivais pas à dormir. Là. Un nerf juste au-dessus du genou. Et maintenant j'avais soif. Il me fallait de l'eau. Mon père, je m'en souvenais, avait toujours eu un faible pour l'air, l'air frais. Chaque fois qu'il allait à la campagne, il faisait un numéro assez loufoque, respirant à fond, soupirant et s'exclamant que l'air frais était absolument merveilleux. Peut-être se sentait-il coincé dans sa vie ecclésiastique. Mon père, qui avait voulu être missionnaire en Afrique ou en Asie, avait fini suffoquant dans l'atmosphère confinée d'une vilaine église de banlieue en faux gothique. "Ah ! De l'air frais, enfin !" s'écriait-il à notre descente du train dans une station de vacances ou une autre. "Quelle merveille ! L'air marin ! L'air de la montagne !" Nous nous moquions de lui. Et il est mort d'un cancer du poumon, mort de suffocation, alors qu'il n'avait jamais fumé. "Souffle sur moi, souffle de la vie", il adorait ce cantique. Mourrais-je desséché d'une façon quelconque, me demandais-je ? Privé d'eau, à la marée basse de mes rêves ? Je m'étais mis à boire beaucoup, la nuit. Chaque fois que j'allais aux toilettes, il me fallait une gorgée d'eau. Au robinet. C'était nouveau. J'avais la bouche sèche tout le temps.

Est-ce le sens que donne le Dr Wise à "pensées catastrophistes" ?

Après tout, tu aurais peut-être dû te faire opérer, ai-je alors pensé. Les médecins de l'hôpital avaient peut-être parfaitement raison. Anderson et Wise n'étaient pas urologues. Wise était psychothérapeute, et Anderson neurologue. Que savaient-ils de tout cela ? Carlo était un type capable, spécialisé en urologie, qui voyait tous les jours des dizaines de patients tels que moi. Je n'arrivais pas à croire que ses confrères et lui opéraient les gens inutilement. C'est ton orgueil imbécile qui t'a empêché de le faire, me suis-je dit. Une sorte de vanité masculine insensée envers l'intégrité de ton attirail conjugal. Dans quel but, si nous ne faisons jamais l'amour ? C'était aussi l'orgueil qui m'avait empêché de demander à ma mère d'essayer la guérison par la foi. Tente le coup. Pourquoi pas ? Plonge !

Mais comment peux-tu, me suis-je demandé – et de nouveau j'étais furieux contre moi-même –, comment peux-tu avoir des interprétations tellement différentes de ta situation, *simultanément* ? Comment pouvais-je penser que j'avais eu tort pour la RTUP *et* la guérison par la foi ? "C'est un trouble dont vous ne guérirez jamais, *mister* Parks, tant que vous n'aurez pas affronté la contradiction profonde qui affecte votre caractère !"

"Un gatto è salito a bordo."

Derrière le mur, brusquement, la voix a parlé. Un chat est monté à bord. Je devenais cinglé. La vérité c'est que nous ne savons rien de nos corps, ai-je songé. Rien. Qu'y a-t-il là, que s'y passe-t-il ? Chaque article scientifique contredit le suivant. Toutes les disciplines se montrent virulentes à l'égard des autres. Un deuxième avis. Un troisième. Internet est un océan de confusion. Et surtout, chaque histoire racontée avec des mots, chaque cas médical en particulier, est toujours mille fois plus clair que la réalité. Si triste soit-il, le récit est, par sa nature même, rassurant, il donne l'impression de savoir, quand tout ce qu'on sait vraiment c'est comment on se sent maintenant, maintenant, maintenant et *maintenant*, à l'instant.

Je me sentais affreusement mal.

Je me suis levé, je suis allé à la salle de bains et j'ai pris trois milligrammes de benzodiazépine.

Ce qui peut paraître relativement facile, mais en Italie ce médicament est principalement présenté sous forme de gouttes, et distribué sous le nom commercial de Lexotan. Dix gouttes par milligramme. Au beau milieu de la nuit, chaque goutte a mis une éternité à tomber de la petite bouteille brune brillant sous l'éclat de la lampe fixée au-dessus du miroir de la salle de bains, pour finir dans le verre à dents bosselé. Trente fois j'ai regardé les gouttes se former. Encore plus lentement que lorsque je fais pipi.

Trente fois.

L'effet était hypnotique. Mais je ne devais pas détourner les yeux, sous peine de perdre le compte. Et tout le temps ma main tremblait en tenant la bouteille. Tu es vieux vieux vieux, me suis-je dit. Plus vieux que le marchand d'eau.

Pensées catastrophistes.

J'ai tapoté le fond du flacon. Dépêche-toi ! Dépêche-toi ! La goutte tremblotait mais ne tombait pas.

Vingt et un – pause – tremblement – vingt-deux – pause – tremblement.

Pourquoi cela doit-il être si douloureusement, douloureusement lent ?

Pour décourager le suicide. Avec le Lexotan, on meurt d'ennui avant de se donner la mort.

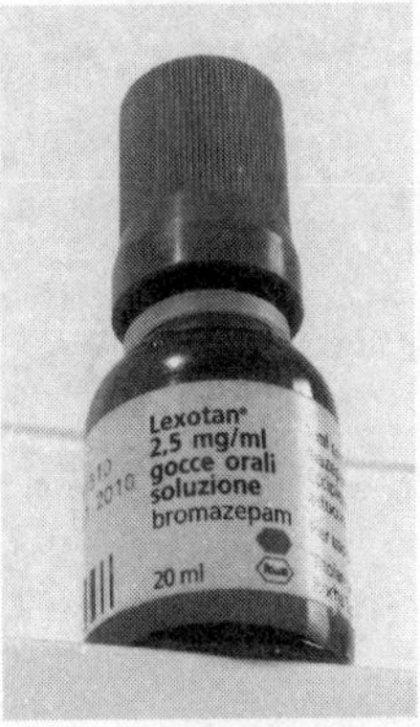

De retour au lit, j'ai réfléchi que j'essayais peut-être de me servir de cette insomnie pour qu'il arrive quelque chose de grave. Je m'étais mis à envier les gens indiscutablement malades. Je voulais être gravement, *gravement* malade, pour qu'on se rende compte de mon état, que la vérité éclate au grand jour et que quelqu'un soit enfin obligé de *faire quelque chose.*

Finalement, une paix narcotique s'est insinuée en moi. C'était un plaisir immense, comme de se glisser dans un bain chaud. Et puis j'ai dormi quatre bonnes heures. C'était plus, me suis-je rendu compte au réveil, que tous mes moments de sommeil depuis un an et même davantage.

Merci, la benzodiazépine. Merci, la recherche pharmaceutique.

L'unique inconvénient, c'était que si vous preniez le médicament trois nuits de suite, l'effet se dissipait. Mais pas la somnolence matinale. A chaque nuit, donc, son insaisissable antidote.

DEUXIÈME PARTIE

QUE TOUTE CHAIR FASSE SILENCE

Une fin d'après-midi de juin, j'ai fermé une porte, glissé deux oreillers sous mes genoux, je me suis allongé et j'ai respiré à fond. J'avais un livre dans les mains. Il était ouvert au chapitre : ENTRAÎNEMENT À L'ARYTHMIE SINUSALE RESPIRATOIRE EN PRÉPARATION À LA RELAXATION PARADOXALE.

Intimidant.

C'était un livre étrange que j'avais sorti deux jours plus tôt de son carton d'achat par Internet. A l'écran, il m'avait semblé que la couverture n'était que le titre pesant inscrit en toutes lettres. Maintenant je voyais que derrière les mots l'arrière-plan marronnasse était en fait une reproduction aux couleurs passées d'un tableau de la Renaissance – un truc célèbre que j'avais déjà vu sans me souvenir où – représentant un saint à la barbe splendide, assis, et plongé dans un livre. Au-dessus de l'épaule du lecteur, apparemment tout aussi intéressés par ce qui était écrit là, il y avait deux angelots blonds.

Quelle idée saugrenue avait donc eue les médecins de soutenir leurs idées avec une image pareille ? Etait-on censé voir un parallèle entre le livre que l'on avait en main et le gros volume que le saint lisait, vraisemblablement un ouvrage sacré, peut-être même la Bible ? Etait-ce la raison pour laquelle l'autocollant orange annonçant "TROISIÈME RÉÉDITION RÉVISÉE" était placé juste sous le livre ancien ?

Même les auteurs les plus ambitieux n'auraient certainement pas cette prétention-là.

Ou bien Wise et Anderson suggéraient-ils que c'était là, précisément, le genre d'homme illustrant à la perfection le mal de tête dans le bassin : un lecteur passionné et âgé qui se tient mal et a les épaules voûtées ? Il n'était pas facile de voir sur quoi le saint était assis, mais apparemment rien de bien confortable. Si ce n'était pas du marbre, du moins était-ce du bois. Toujours incapable de me rappeler où j'avais vu cette peinture, je me suis demandé s'il ne s'agissait pas de saint Jérôme, le saint patron des traducteurs, vu qu'il est souvent décrit mortifiant sa chair à force de labeur mental. Saint Jérôme était-il atteint de douleurs pelviennes chroniques ? Etait-il obligé de se voler un moment d'inattention avant de pouvoir uriner ? Assurément, le peintre de la Renaissance ne professait pas *mens sana in corpore sano*. J'ai regardé de près les crédits, mais on n'y voyait pas autre chose que "maquette de couverture, Bob Lee Hickson".

De toute façon, je comprenais que l'idée avait été de mettre au premier plan le monde mental obsessionnel du malade atteint de douleurs pelviennes chroniques, un point sur lequel les auteurs revenaient souvent. Leurs patients, disaient-ils, étaient des gens ultra-performants qui disposaient de peu de temps pour s'occuper d'eux-mêmes, et contractaient leur plancher pelvien d'un bout à l'autre de l'année pendant qu'ils se cassaient le cul pour satisfaire des aspirations qui n'avaient rien à voir avec une vie saine. Dès la première page, il apparaissait que le Dr Wise, en personne, avait autrefois été ce genre d'homme. "Ayant souffert pendant vingt-deux ans de douleurs pelviennes et de dysfonctionnement..." commençait sa préface. Et il poursuivait : "Plus souvent que je n'en ai le souvenir, je me réveillais en pleurs au milieu de la nuit tant la douleur était grande et me paraissait sans solution."

Vingt-deux ans ! Chapeau.

Il décrit ses recherches obsessionnelles à l'ère pré-Internet : "Je me rendais à la bibliothèque de l'hôpital local, ou à celle du centre médical de l'université de Californie, et je me plongeais dans de vieilles revues de médecine..."

Le saint peint à fresque était-il donc l'archétype du malade souffrant de prostatite à la recherche d'un traitement, et le livre un antique traité de médecine ? Le Dr Wise énumérait tous les traitements qu'il avait essayés en vain : antibiotiques, régimes et renoncements (alcool, café, épices), réflexologie, suppléments de zinc, "acupuncture, psychothérapie, visualisation et imagerie mentale guidées, guérison par l'imposition des mains et prière".

Du coup, je me suis assis. Du début à la fin d'*Un mal de tête*, le Dr Wise, qui semble en être l'auteur principal, fait allusion à un aspect de son caractère qui doit avant toute chose demeurer caché pour éviter que les sceptiques ne quittent le navire. J'ai commencé à me prendre de sympathie pour lui. Il semblait y avoir des contradictions profondes chez ce type-là.

Comme dans son approche. De façon répétée, le livre entreprend la double démarche de commencer par vous expliquer en détail comment guérir, puis de vous avertir que la procédure recommandée est bien trop compliquée pour que vous vous lanciez seul. C'était beaucoup plus difficile que d'étudier le piano, insistait-il. Donc impossible sans professeur. Ce n'était pas, ou pas uniquement, ai-je alors compris, pour vous attirer dans sa clinique, mais l'expression de l'angoisse réelle de quelqu'un qui veut tout régenter et qui pensait que si lui, le Dr Wise, n'était pas là en personne, il n'y avait aucune chance pour que vous, Tim Parks, vous vous en sortiez bien. C'était une attitude que je comprenais. J'ai souvent la même impression quand je donne des conseils à mes étudiants.

"Ce type-là pense comme moi, ai-je annoncé à Rita. Pourvu que ce soit une vraie découverte.

— Je peux voir ?" a-t-elle demandé. Elle a pris le livre, a regardé la couverture et aussitôt énoncé : "Michel-Ange, la chapelle Sixtine, le prophète Zacharie."

L'érudition naturelle de ma femme peut parfois être humiliante. Alors, pendant qu'elle jetait un coup d'œil au livre, et en dépit du fait que ce portrait devait être sans rapport avec le sujet, j'ai tapé le bon Zacharie dans Google et découvert qu'il était célèbre surtout pour son obscurité.

> La prophétie de Zacharie est extrêmement abstruse, car elle contient des visions oniriques qui font l'objet d'une interprétation, mais nous sommes incapables de nous prononcer de façon définitive quant à cette interprétation avant l'avènement d'un "vrai professeur" *(moreh tzedeq)*.

C'était étrange. Le Dr Wise se présentait-il comme le vrai professeur qui interpréterait mes rêves ? Ou le prophète qui apporterait des vérités difficiles à entendre à un peuple récalcitrant à la nuque raide ? Ou à un peuple à la vessie raide ? Et pourquoi me souciais-je tant de la couverture et ne cessais-je d'y voir une allusion à ma personne ? La paranoïa était-elle un trait de caractère commun aux personnes qui souffraient de douleurs pelviennes ? Ouvrant ma Bible abîmée, cadeau de mes parents pour mon baptême et qui porte, griffonnée de la main de mon père, la menaçante dédicace/exhortation : "Retiens dans la foi et dans la charité qui est en Jésus-Christ le modèle des saines paroles que tu as reçues de moi (II Timothée, I, 13)", j'ai cherché Zacharie et lu le premier chapitre en entier jusqu'à ce que ce verset m'arrête net :

> Que toute chair fasse silence devant l'Eternel.

De saines paroles et le silence. C'étaient là des impératifs ardus et contradictoires. En attendant, je souffrais et j'étais impatient de mettre *Un mal de tête* à l'essai ; si je ne pouvais pas bénéficier du massage anal myofascial californien, décrit en détail et illustré de façon quelque peu grotesque, j'essaierais tout de même la technique de relaxation proposée par le livre.

Maintenant.

Sans attendre, le Dr Wise élevait un obstacle. Le paradoxe, dans "relaxation paradoxale", ne tardait pas à être expliqué : une fois allongé sur le lit, et calme, vous vous concentrez sur un point de tension dans votre corps *sans* chercher à le relâcher. Vous vous concentrez simplement dessus. Et vous l'acceptez. De cette façon, il finira par se relâcher tout seul. Mais seulement si vous *n'essayez pas* de le relâcher. Paradoxe.

D'accord, je vais essayer, ai-je songé.

Ou plutôt, ne pas essayer.

Je vais essayer de ne pas essayer.

Toutefois, insistait le docteur, il me fallait auparavant atteindre un état d'"arythmie sinusale respiratoire", et ce processus compliqué devrait, bien entendu, être mené “sous la conduite d’un professionnel”.

Merde.

Le Dr Wise donnait pourtant des instructions précises sur la façon de faire, bien conscient que vous n’auriez pas de “professionnel” dans votre chambre à coucher. De toute façon, au cas où cela ne marcherait pas, vous sauriez qu’il n’y était pour rien.

Au fond, l’idée consistait à faire correspondre les battements du cœur avec la respiration afin que le pouls soit un peu plus rapide à l’inspiration qu’à l’expiration. Six profondes respirations abdominales par minute produisaient l’effet optimum, suggérait Wise.

Je n’avais jamais vraiment réussi à comprendre ce qu’étaient des respirations abdominales.

Il y avait maintenant neuf paragraphes d’instructions numérotés.

“Prenez votre pouls”, commençait le paragraphe 1.

Ça me fiche toujours la frousse de me prendre le pouls.

Au paragraphe 4, on lisait :

> … comptez cinq battements (si votre rythme cardiaque est de 60, comme dans l’exemple ci-dessus) pendant que vous inspirez en soulevant l’abdomen, puis comptez cinq battements en expirant. Si votre rythme cardiaque est de 72, vous compterez six battements en inspirant, puis en expirant.

Cela m’était impossible. Tout ce cirque m’a rappelé une fois de plus le Molloy de Beckett, qui compte le nombre de ses pets à la minute pendant vingt-quatre heures. Comment pouvait-on commencer à se détendre tout en se prenant le pouls, en comptant les battements de son cœur et en tâchant de respirer en fonction de ces calculs ? Plus difficile que d’étudier le piano, en effet. Je n’étais jamais arrivé à rien au piano. Et j’avais eu un professeur. Découragé, j’ai reposé le bouquin.

Je devrais peut-être dire ici que la seule expérience préalable que j’avais eue des techniques de respiration pour la relaxation avait été un fiasco amusant. A l’époque où ma femme était enceinte de notre premier enfant, une vingtaine d’années plus tôt, nous avions suivi des cours de training autogène ; ils étaient censés aider les mères à faire face aux douleurs de l’accouchement. Le médecin était un charmant excentrique de presque soixante-dix ans, dont le large sourire et le regard perdu cherchaient à irradier un calme jovial. Il rassemblait une douzaine de couples, nous faisait asseoir, les yeux fermés, sur des chaises en bois à dos droit, et entonnait d'une voix sonore et hypnotique : "*Ognuno si dica, io sono calmo, io sono tranquillo* – chacun se dit, je suis calme, je suis détendu."

J'ai eu du mal à ne pas éclater de rire.

Dès que le brave docteur a jugé que la classe avait atteint l'état de respiration profonde, il nous a invités à faire mentalement le tour de notre corps, comme si nous étions tous de futures mères, ce qui m'a valu l'expérience troublante d'être encouragé à partir à la découverte de mon utérus et de mon bébé. Après le troisième cours, me semble-t-il, au moment où nous partions, le type m'a pris à part et a dit, avec l'air d'avoir besoin de s'épancher : "*Signor* Parks, je ne crois pas avoir jamais vu quelqu'un d'*aussi totalement incapable de se détendre que vous.*"

C'était comme la fois où le charmant et élégant retraité au chapeau de cow-boy blanc m'avait arrêté dans la rue et enjoint de "me tenir droit, que diable !". J'ai eu la vive impression d'être considéré comme un phénomène. Les gens ne pouvaient pas s'empêcher de me dire que j'étais tendu.

En évoquant ces deux occasions au moment où je me dérobais devant l'obstacle de l'arythmie sinusale respiratoire, je n'ai pu m'empêcher de voir qu'elles confirmaient la théorie du Dr Wise selon laquelle mes ennuis étaient liés à une tension excessive et continuelle. Je devrais donc peut-être essayer au moins la technique de relaxation, même si je ne parvenais pas au préalable à exécuter les dix minutes du numéro complexe de respiration. Sans doute était-il d'autant plus improbable que je m'en sorte sans un voyage à Stanford. N'empêche, deux conseils simples et efficaces, dans les premières pages du livre, m'avaient incité à croire qu'il pourrait du moins valoir la peine d'essayer de suivre le programme du Dr Wise. Pour vérifier la position du plancher pelvien, *Un mal de tête* disait ceci : faites comme si vous uriniez, mais sans uriner, et sentez si les muscles bougent. Timidement, car je n'avais encore jamais fait semblant d'uriner sans uriner, je me suis plié à cette demande. Brusquement, une ceinture de muscles serrée entre le nombril et le pubis a glissé vers le bas, comme si elle reprenait sa place. Je me suis aussitôt senti mieux.

C'était bizarre.

J'ai attendu cinq minutes et j'ai recommencé.

Là.

A la cuisine, en préparant le déjeuner, je me suis pris sur le fait et j'ai recommencé.

Oui !

J'étais ébahi. Vous allez voir trois ou quatre urologues, vous déboursez des sommes considérables, et le premier conseil utile, *la première indication qui change un petit quelque chose*, c'est un manuel de développement personnel qui vous le donne. Et cela faisait vraiment du bien.

Votre réaction de défense face à la douleur, poursuivait le Dr Wise, c'est de vous en éloigner. C'est particulièrement vrai dans la région abdominale, où les muscles remontent pour défendre les organes génitaux et s'éloigner de la douleur. Ne le faites pas. Allez *vers* elle. Poussez.

Je n'étais pas en manque de douleur pour mener des expériences. J'ai poussé, attendu, continué à pousser. La sensation avait vraiment changé. La douleur sourde qui m'élançait était toujours là, mais elle semblait d'une certaine façon moins dangereuse, plus maîtrisable.

J'étais tout excité. C'était la première fois que j'avais réussi à ce qu'il se passe quelque chose. Plutôt que la respiration arythmique, ai-je décidé, je ferais une douzaine de respirations profondes et régulières, et puis je commencerais la relaxation, paradoxale ou non.

Je me suis allongé sur mon lit, j'ai glissé des oreillers sous mes genoux, comme indiqué. Etais-je prêt ? Non, le chien du voisin aboyait et Stefi jouait de la guitare. J'ai trouvé mes bouchons auriculaires. Bon.

J'ai enfin fermé les yeux.

J'ai respiré à fond.

FEUX FOLLETS

Silence.

Plus ou moins.

Comme c'est étrange, ai-je songé, après la quatrième ou cinquième respiration spectaculairement profonde, cette façon de s'enfermer dans son corps, non pas pour dormir ni piquer un roupillon, mais pour faire attention.

Attention à quoi ? Les yeux fermés, j'étais désorienté.

J'avais une démangeaison au coin de la bouche et je me suis gratté.

Tu n'es pas censé bouger, me suis-je souvenu. Tes mains doivent être immobiles. Mais où ? Wise avait signalé qu'elles devaient être ouvertes, paumes vers le haut, ce qui semblait bizarre. De toute façon, j'étais de mon côté du lit, et un bras pendait vers le sol. J'ai posé les mains l'une à côté de l'autre sur mon abdomen.

Maintenant j'avais une démangeaison à la base de l'oreille. Je me suis efforcé de ne pas y penser ; la démangeaison s'est faite plus violente. Wise n'avait pas parlé de démangeaisons. J'étais censé faire attention, à la tension.

Attention, tension !

Mais sans verbaliser.

Ne verbalise pas.

Je ne sentais aucune tension. Rien que la démangeaison. Sinon, ce qui m'étonnait, c'était une sensation grandissante de l'espace. Très réveillé, à l'intérieur de moi-même, résolu à faire attention à je ne savais trop quoi, j'avais l'impression d'être entouré par une vaste étendue, mais que je ne verrais pas. J'étais seul dans un paysage étrange, maussade ; sous un ciel bas, ai-je songé, des collines humides peut-être, mais invisibles.

De façon ridicule, je me suis souvenu du Tardis du Dr Who* : petit à l'extérieur, vaste quand on y entre. Si seulement je pouvais ouvrir un œil intérieur je découvrirais que, dedans, mon corps était spacieux.

Tu n'es pas censé être en train de penser.

Silence. Les yeux fermés.

Que toute chair fasse silence devant le Seigneur.

Apparemment, Michel-Ange avait donné à Zacharie le visage du pape pour le flatter, le pape, s'entend. Bien sûr, chacun sait que la chapelle Sixtine tout entière est un message codé compliqué qui…

Tu es censé être en train de te concentrer *sans mots et sans pensées* sur la tension.

Concentre-toi sans pensées.

Il n'y avait pas de tension.

Dont je sois conscient.

Les minutes ont passé. Non, elles ne passaient pas. J'avais réglé l'alarme de mon téléphone pour qu'elle sonne au bout d'une heure, mais il était impossible que je tienne une heure ainsi. J'avais tellement de *travail* à avancer ! La démangeaison à l'oreille ne diminuait pas. Mes mains ne demandaient qu'à s'y attaquer, ne demandaient qu'à *bouger.*

Et la douleur. La douleur était un feu qui couvait sous la boue, comme dans un terrain brûlant et volcanique. De la boue ventrale brûlante. La douleur était devenue plus régulière qu'avant ; moins rebelle, moins pyrotechnique, sombre.

Sombre sombre sombre.

Elle a jailli au premier plan. Elle était violente. On combat la douleur en restant sans cesse en mouvement, ai-je soudain compris. C'était la vérité. Même quand j'étais immobile, je bougeais. Mon genou s'agitait. Je me grattais. Mon poing se serrait et se desserrait. Ce qui tenait la douleur à distance. Et quand mon corps était immobile, mon esprit remuait. Mon esprit était constamment en mouvement. Toute la journée et tous les jours. Les pensées s'agitaient en tous sens comme le genou qui gigotait. La difficulté, quand j'écrivais, n'était pas de trouver des

* Le Tardis est une machine à voyager dans le temps et l'espace dans la série britannique de science-fiction *Doctor Who.* Son nom est l'acronyme de *Time and relative dimension in space,* ou Temps à relativité dimensionnelle interspatiale).

idées, mais de leur donner une direction et une certaine modération.

A l'instar d'une plante grimpante qui doit être taillée et domestiquée, taillée et domestiquée. Taillée, surtout.

Tu es censé ne pas être en train de penser.

Ou pas censé être en train de penser.

Ou censé être en train de ne pas penser.

J'ai déplacé le pas. Le langage bouge tout le temps.

Même quand je dormais, je bougeais. Pour dormir, j'avais besoin d'être sur un côté avec un genou pointé en avant. Et puis je changeais de côté. Chaque fois que j'allais aux toilettes je me retournais, comme un steak sur un gril en fonte. Et je passais mon bouchon auriculaire d'une oreille à l'autre. Je ne supporte pas d'avoir un bouchon auriculaire pressé contre l'oreiller.

Je retirais le bouchon, me retournais, enfonçais le bouchon. Six fois par nuit.

Dans le silence, les yeux fermés, je me suis souvenu d'un documentaire que j'avais vu, des années auparavant, sur un genre de lézard du désert qui, pour éviter que ses pattes ne grillent sur le sable brûlant du Sahara, levait et laissait retomber à toute vitesse et sans arrêt la patte avant droite et la patte arrière gauche, puis la patte avant gauche et la patte arrière droite. Alternativement. Elles se soulevaient et retombaient en un clin d'œil, presque trop vite pour que la caméra le voie. Une sorte de supplice, m'étais-je dit, quand j'avais vu les images.

En bas, quelqu'un a répondu au téléphone. Même les meilleurs bouchons auriculaires ont leurs limites.

Alors, où était donc cette fameuse tension dont j'étais censé être envahi ?

Pas trace d'elle. *Niente di niente di niente.*

Le Dr Wise avait peut-être raison, il était inutile d'essayer tout seul.

Devrais-je abandonner ?

Si vous n'arriviez pas à trouver de la tension quelque part, disait-il à un certain moment, essayez de contracter un muscle pendant un instant, puis relâchez-le. Il y aurait une tension résiduelle que vous pourriez identifier.

Je n'étais pas certain de savoir à quoi tout cela rimait. J'avais commencé à trouver que j'aurais été beaucoup plus détendu en lisant quelques pages pour un essai que je devais rendre.

La douleur devenait plus violente.

Les Drs Wise et Anderson ont établi un protocole de soins innovant qui fonctionne.

Tu es ici à cause de la douleur.

Wise avait dit de ne pas se concentrer sur la douleur. Je chercherais avec trop d'empressement à la faire disparaître. Je ne serais pas capable de me concentrer sur elle sans essayer de la transformer.

Il avait raison.

Ne laissez pas toute espérance avant d'avoir déployé vos efforts les plus sincères pour donner leurs meilleures chances à ces méthodes. Signé de quelqu'un qui affirmait être guéri.

Que faisait là le mot "sincère" ? Pourquoi ne serait-on pas sincère en pareil cas ? Est-ce que ce "Laissez toute espérance" était une allusion délibérée à Dante ? Est-ce que l'homme guéri…

Arrête de penser !

J'ai contracté le muscle au-dessus d'un genou. Celui qui s'agitait. Et l'ai relâché.

Alors ?

Rien.

Et puis mon esprit a saisi un rayonnement. Oui, il y avait bien un faible rayonnement, un bourdonnement émanant du muscle. Ce devait être la tension résiduelle. Elle était assez agréable. Concentrez-vous dessus, disait Wise. Facile.

Là.

Et j'ai commencé à me féliciter. Ça y est, j'ai déjà pigé. Et réussi le vieux tour consistant à associer des mots – "tension résiduelle" – à une expérience – le rayonnement au-dessus du genou. Et puis j'y ai attaché mon esprit. Bien joué, Tim !

Que voulait donc dire Wise, que c'était trop difficile ?

Je l'avais déjà perdue. La douleur dans mon ventre s'est enflammée.

Recommence.

J'ai répété le tour, contracté le muscle, l'ai relâché, ai retrouvé la tension. Ne pense pas. Ne te félicite pas. Et puis de l'autre côté le muscle correspondant s'est mis à tinter lui aussi. Sans que je commence par le contracter.

Intéressant.

Je me suis accroché au rayonnement. Cette sensation. Cette sensation. Cette sensation. Plutôt que de s'évanouir, la tension a augmenté. D'un coup et très vite. En fait, elle a augmenté énormément, monstrueusement. Soudain, les muscles de ma jambe étaient bourrés de tension. Merde, alors. Il faudrait que je les fasse bouger. Ils étaient en feu.

Pourquoi Wise n'en avait-il pas parlé ?

D'autres feux se sont allumés un peu partout dans mon corps. Tout près dans mon cou. Loin dans un mollet. Non pas des feux, mais des clignotements de points chauffés au rouge dans l'obscure étendue de la chair. Le dos de mes mains fumait. Un muscle de ma joue jetait des étincelles. L'obscurité qui avait paru déserte était pleine de vie. De lutins. De confusion.

J'étais sous le choc. C'est moi, là. Feux de joie sous un ciel nocturne. C'était tellement étrange. Et puis j'ai repensé à la scène dans *Le Désert des Tartares* de Buzzati, où l'un des soldats, tellement impatient de trouver un ennemi dans l'immensité alors qu'il scrute le désert entourant le fort isolé, commence à voir des feux de camp s'allumer le long de l'horizon. En quelques instants à peine, il a comme par magie fait apparaître l'armée tartare.

Le Désert des Tartares, me suis-je souvenu, était un autre livre sur la paralysie mentale, sur le désir de bouger et l'incapacité à le faire. L'ennemi qui restait introuvable.

Les feux ont diminué. Je les avais perdus dans le désert des Tartares.

Essaie encore.

L'esprit faisait donc la navette, se concentrant sur la tension, la regardant s'embraser et croître, la perdant dans des pensées incontrôlables. Rien n'indiquait qu'elle s'évanouissait comme l'avait promis le Dr Wise. Parfois, elle était trop intense. Elle me rendait fou. L'esprit se détournait. Je l'obligeais à revenir.

Et puis j'ai remarqué que la douleur dans mon ventre était *partie*.

Quoi ? Vérifie.

Evidemment, elle n'était pas partie. Elle était là, mais comme une ombre, un fantôme d'elle-même.

Très soupçonneux, je suis allé mener mon enquête. Elle a réapparu dans un grondement.

Mais elle était vraiment partie, *avait été partie*, sans se faire remarquer, comme qui dirait. Pendant un petit instant. Comme lorsque je dormais. Mais je n'avais pas dormi. J'avais été réveillé avec ces feux follets dans l'obscurité, et la douleur s'était calmée.

Sans attendre que le réveil sonne, j'ai sauté du lit. La douleur avait repris normalement.

“Alors ? a demandé Rita.

— Intéressant”, lui ai-je répondu.

INEFFABLE

Deux choses. Quoique brièvement, j'avais fait partir la douleur. A moi tout seul, sans médicaments. Il était vraisemblablement possible d'y arriver de nouveau. Peut-être plus longtemps.

Secundo. Mon corps était différent de ce que j'avais imaginé. Le problème était : le temps.

"Nombre de nos patients sont simplement trop occupés pour se consacrer à notre traitement", remarquaient Wise et Anderson. Ces personnes, hommes et femmes, ne souffraient pas encore suffisamment. A leurs yeux, leurs douleurs représentaient encore une perte de temps agaçante, un élément de distraction à reléguer au plus vite dans le passé. Ils étaient donc attirés par des comptes rendus de leur maladie qui voyaient une solution rapide par le recours aux médicaments, ou à une opération chirurgicale. Il était inutile de dépenser son énergie. On pouvait payer. Avec un peu de chance, l'Etat rembourserait.

Voilà qui décrivait ma pensée, du moins jusque très récemment, avec une précision inquiétante.

"Nous conseillons fortement aux malades, poursuivait Wise, d'accepter que ces douleurs s'inscrivent dans le programme constitutif de leur vie."

Le programme constitutif !

Devrais-je cesser de qualifier mes douleurs d'"imbéciles" ?

La position de Wise, un rien moraliste selon moi, était que cette maladie chronique et évolutive tentait de me dire quelque chose sur moi-même, sur la façon dont j'avais vécu jusque-là, et j'étais censé écouter. Ne pas snober mes douleurs. Je devrais payer de mon temps.

Donner une heure pour être précis. Chaque jour. Du moins pendant les deux ou trois premiers mois.

Où vais-je trouver une heure par jour ?

“Mais du temps, tu en as énormément”, s’est écriée Rita en riant. Pour ma femme qui s’était toujours plainte que j’étais trop “polarisé”, trop concentré à longueur d’année sur mon “cher travail”, c’était l’occasion rêvée de me rappeler qu’elle m’avait prévenu. Elle était aux anges.

“Tu en as des éternités !” a-t-elle insisté.

Rita avait raison. J’avais de la chance. En dehors de l’université, je n’avais personne sur le dos. Je n’étais pas à la tête d’une grosse multinationale, ni candidat au Parlement, je ne travaillais pas à la pièce avec une famille nombreuse à nourrir. Je n’avais qu’à sacrifier une heure d’écriture par jour. Refuser quelques commandes pour des essais.

Le programme constitutif de votre vie. Je n’avais pas plus tôt lu cette expression que je n’ai cessé de me la répéter, de la retourner dans ma tête. Wise avait touché juste. J’ai vu tout de suite que, bien plus que le temps lui-même, le nombre d’heures, ce qui était en jeu ici c’était un principe essentiel. Au lieu d’emporter mon travail dans les salles d’attente d’hôpitaux, de m’occuper de mes ennuis de santé comme si je faisais réparer la voiture, l’œil sur ma montre et la main sur le portefeuille, il faudrait que j’accepte *un changement radical de priorités.* La douleur devrait être autorisée à monter à bord et à occuper une place égale au côté de mon travail d’écrivain, au côté de ma famille, dans le programme constitutif.

Un chat était monté à bord.

Six mois plus tôt, je n’aurais pas été prêt à l’accepter. Même maintenant, c’était irritant.

Bon, d’accord, peut-être après le déjeuner, ai-je songé, je pourrais trouver une heure, quand d’habitude je parcours en bâillant les journaux en ligne.

Ou un peu avant de me coucher, quand je feuillette…

“Pour que ce soit efficace, vous devez lui accorder votre meilleur moment de la journée, prévenait Wise. Sinon, vous n’aurez pas l’attention et la concentration exigées pour détendre correctement le plancher pelvien.”

Chaque fois que je revenais à *Un mal de tête*, il me semblait que le bon docteur m’avait jaugé. Il me fermait au nez tous mes refuges. J’ai emporté une couverture et deux oreillers dans mon bureau et j’ai fait le lit.

La première heure de travail.

Jour après jour, l'heure démarrait avec un sentiment de perte de temps et d'humiliation. Pourquoi me fallait-il si longtemps pour m'installer ? J'avais oublié d'ôter mes lunettes. Ma montre. J'avais oublié de mettre le réveil. J'avais sommeil. Mon slip me serrait. Enlève-le. Recommence. Maintenant le drap – parce que je m'étais glissé entre les draps – m'irritait le menton. Mes orteils voulaient remuer. A ce stade, autant abandonner. A ce stade, c'était une cause perdue.

Mais je restais allongé sans bouger. En repensant à “vos efforts les plus *sincères*”.

Je me rendais compte maintenant à quel point j'avais toujours eu du mal à me tenir tranquille, à *être* tranquille de quelque façon que ce soit. “Tiens-toi tranquille, Timothy !” La voix de ma mère. Je me tortillais à côté d'elle sur le banc d'église. J'étais incapable de me tenir tranquille d'un bout à l'autre des sermons de mon père. (Pourquoi est-il toujours si tentant d'imaginer que mes ennuis ont commencé avec les sermons de mon père ?) Ou même pire, ses longues prières. Je *détestais* les prières. Je ne pouvais pas me tenir tranquille pendant le service, ni assis ni à genoux. *“Parks !”* Un morceau de craie passe en sifflant à côté de ma joue. C'était en classe. “Arrêtez de gigoter, mon garçon. Tenez-vous *tranquille !*” Epoque bénie où un prof pouvait lancer un bout de craie sur un gamin. Et s'il m'avait touché à l'œil ? Plus tard, ce seraient les cours magistraux, les conférences, les lectures, les réunions du conseil de faculté. J'étais incapable de me tenir tranquille pour écouter mes collègues. Je gigotais pendant la lecture d'un autre écrivain. Nul doute que j'en ai vexé plus d'un. Parks n'écoute pas. Il attire l'attention sur lui. Quand j'enseigne, il faut que je bouge. C'est fondamental. Autrement je suis complètement sec. Je ne peux pas enseigner assis. C'est drôle qu'en Italie, me suis-je toujours dit, on puisse gesticuler en parlant. On n'arrête pas de bouger.

“Vous pouvez bouger un peu pendant les quelques premières minutes, concédait le Dr Wise, pour vous assurer que vous êtes confortablement installé. Mais ensuite nous vous conseillerions de tenter de rester absolument immobile pendant toute la durée de votre relaxation paradoxale.”

Voilà, les quelques premières minutes se sont écoulées. Si insoutenable cela soit-il, je dois rester allongé immobile. J'ai respiré à fond et repensé à Eliot. “Apprenez-nous l'amour et le détachement / Apprenez-nous à rester en repos.”

Ne verbalise pas.

Et puis, au bout d'un petit moment, il se passait souvent quelque chose. Une respiration s'installait toute seule, et après une glissade je tombais dans ce sombre paysage avec son ciel bas et ses collines humides. Aussitôt les muscles de mon visage bourdonnaient et tintaient sous l'effet de la tension.

Je dis "il se *passait* quelque chose", comme si ces séances étaient toutes pareilles. Il y avait assurément des côtés répétitifs, surtout au début : les démangeaisons, l'agitation, les petits réajustements, le grouillement de pensées défaitistes. Mais à partir de là, à partir du moment où j'entrais dans le paysage de mon corps, comme qui dirait, chaque jour était différent. Et alors qu'à la première semaine succédait la deuxième, puis la troisième, les choses sont devenues plus intenses, plus – et voilà un véritable paradoxe – *exotiques.*

Il y avait d'étranges battements. Dans mes poignets, peut-être. Pas un battement de pouls normal du genre que l'on peut prendre et compter. Il se déplaçait plutôt le long de mon poignet droit, remontait de la main à l'avant-bras, puis passait en ondulant du côté gauche. Plus rapide qu'un pouls normal. Plus fluide, plus mobile. La vague était reprise par un tic-tac au creux du ventre. Et puis aussi une jambe. Une houle marine de palpitations sillonnait les muscles. La tension dans mes joues se superposait exactement à celle de mes mollets. Les deux paraissaient identiques. Toutes deux augmentaient et changeaient, rayonnantes et bruyantes. C'était soudain tellement *intéressant* que l'esprit n'avait aucun mal à se concentrer. Plus intéressant que les pensées. Comme lorsque vous vous abandonnez à une musique inconnue. C'était tellement *animé.* Des parties du corps s'interpellaient avec de petits battements ondulants, comme si la marée passait et repassait sur des algues sous-marines.

Arrête d'en faire une description !

Concentre-toi.

Soudain mon ventre a pris une profonde inspiration, totalement inattendue, et une grande vague chaude a submergé mon corps de la tête aux pieds.

J'ai manqué me noyer. Sous le choc, crispé, je me suis assis et j'ai ouvert les yeux.

"C'était quoi, bon sang ?"

La sensation s'était aussitôt évanouie. Elle avait disparu. Mais aussi avec elle, je m'en rendais compte, la douleur. La douleur avait carrément disparu. Même pas une ombre de douleur. Pas un fantôme. J'étais allongé immobile, *sans douleur.*

J'ai ensuite passé une demi-heure à tout faire pour que ce truc bizarre recommence. Ce doit être la fameuse respiration abdominale, me suis-je dit. Bien que le Dr Wise n'ait pas parlé d'effets aussi spectaculaires. J'étais tellement enthousiaste, à présent, que la disparition de la douleur me semblait presque secondaire.

Je savais qu'elle serait bientôt de retour.

J'ai essayé, encore et encore, de faire réapparaître cette vague ; impossible. J'étais horriblement déçu. Je suis une compagne beaucoup plus digne de confiance, assurait la douleur en ricanant. Le fameux pot de colle était de retour.

J'ai essayé le lendemain. Et le surlendemain. Rien. J'ai même perdu du terrain.

Peut-être une semaine plus tard, quand je l'avais pratiquement oubliée et que j'avais plutôt commencé à me concentrer sur les muscles de mon visage, commencé à m'apercevoir que les muscles de mon visage formaient un infernal tissu de tensions qui avait besoin d'être relâché d'urgence, c'est arrivé de nouveau.

Avec violence, et très brusquement. Une grande vague chaude a jailli des muscles secs et noués de mes joues et de mon front pour déferler sur ce paysage bas. Les digues ont lâché une à une sur son parcours. Rien ne résistait. J'ai été submergé, englouti de la tête aux pieds.

Cette fois-ci, j'ai réussi à rester immobile. Je l'ai sentie passer sur moi, à travers moi. Mais j'étais trop exalté. Là ! Là ! La vague, encore ! La vague ! *Tu as réussi !*

Elle a reflué.

Après, de retour à ma table de travail, j'ai repensé à un passage de *Femmes amoureuses* dont je m'étais parfois servi pour des cours de traduction. Je l'ai cherché sur Google.

> Après un laps de temps immobile*, après que les courants d'un fluide étrangement sombre et riche eurent passé sur elle, submergeant tout, emportant son esprit, coulant le long de son épine dorsale et jusqu'à ses genoux, jusqu'à ses pieds, étrange courant qui emportait tout et lui laissait un être neuf et essentiel, elle restait absolument libre, elle était libre dans une quiétude parfaite, redevenue elle-même.

Ce n'était pas exactement cela. L'expérience avait été plus soudaine. Plus violente. Mais l'histoire de l'esprit qui se trouve emporté par les flots, emporté et *nettoyé*, était vraiment le même. Et "laps de temps immobile", je m'en suis rendu compte, devait prendre laps dans son sens latin de glissement, de défaillance inattendue. Comme dans lapsus. Il fallait d'abord être immobile pour que cela arrive. Je me suis mis à lire ce qui précédait et suivait le passage.

C'est un moment bizarre et gênant dans *Femmes amoureuses*, l'un de ceux qui ont poussé les critiques à se moquer du livre. Birkin et Ursula viennent de se disputer violemment, puis ils se sont réconciliés pendant une promenade dans la campagne. Dans un très beau style mélodramatique, une bague de fiançailles va et vient, jetée des mains de l'un dans celles de l'autre. Ensuite ils trouvent un pub, demandent à déjeuner, et on les fait entrer dans une arrière-salle où la patronne les laisse seuls quelques instants pendant qu'elle prépare le repas. Là, ils vivent une étrange expérience spiritualo-sexuelle où Ursula est agenouillée, bouche ouverte, face aux cuisses de Birkin. Il est l'un des "Fils de Dieu" et elle l'une des "Filles de l'Homme".

Et donc :

> Elle suivait avec les mains la ligne de ses reins et de ses cuisses, par-derrière, et un feu vivant se transmettait, ténébreusement de lui à elle. C'était un flot obscur de passion électrique qu'elle libérait en lui et attirait en elle. Elle avait créé un circuit riche et nouveau, un nouveau courant d'énergie électrique passionnelle qui allait de l'un à l'autre, libéré depuis les pôles les plus

* Dans la traduction de 1932 que je cite – de Maurice Rancès et Georges Limbour, révisée par Antoine Jaccottet et Cécile Meissonnier, *"After a lapse of stillness"* a été traduit par "Après un moment de calme". Pourtant, si l'on conserve cette formule, la démonstration qui suit n'a plus aucun sens, j'ai donc pris la liberté de la modifier. De même pour la fin de la phrase. Folio Gallimard, 1998.

> obscurs du corps et formant un circuit parfait. C'était un sombre feu d'électricité qui jaillissait de lui à elle et les inondait tous deux de satisfaction et de paix somptueuse.
>
> "Mon amour", s'écria-t-elle, levant vers lui son visage, ses yeux, sa bouche ouverte et ardente.

Hmmm.

Et pourtant, on ne peut qu'admirer Lawrence de s'être attaqué à ce truc-là, en 1922. Mon idée, cela me revenait maintenant, lorsque je montrais ce passage à mes étudiants, avait été de le comparer avec un passage précédent où Gerald et Gudrun font l'amour pour la première fois, et ensuite Gudrun passe une nuit tourmentée aux prises avec ses pensées qui s'emballent et bouillonnent de façon destructrice. C'est le passage qui contient l'expression intraduisible "anéantie en une conscience parfaite", dont j'avais parlé en Inde.

> Mais Gudrun restait parfaitement éveillée, anéantie en une conscience parfaite. Elle restait immobile, ses grands yeux fixés dans l'obscurité, tandis qu'il sombrait dans le sommeil, les bras passés autour d'elle.

Ce que je tentais de montrer aux étudiants c'était la façon dont les états de cogitation obsessionnelle (Gudrun), d'une part, et, d'autre part, "libre de toute pensée", pourrions-nous dire (Ursula), infiltrent la syntaxe. La nature épineuse et provocatrice de cet "anéantie en une conscience parfaite", la paisible ellipse de "laps de temps immobile", le fluide réaménagement du mobilier linguistique de "dans une quiétude parfaite", plutôt que "en toute quiétude". Parallèlement à cette analyse il y avait, je l'avoue, pas mal de plaisanteries avec les étudiants aux dépens du pompeux psychodrame pseudo-spirituel du passage. Qui se poursuit ainsi :

> Il existait dans son corps des sources étranges, plus mystérieuses et plus puissantes que toutes celles qu'elle avait imaginées ou connues, plus satisfaisantes, ah, définitivement, mystiquement et physiquement satisfaisantes. Elle avait cru qu'aucune source n'était plus profonde que la source phallique. Et maintenant, voici que du corps de l'homme, ce rocher sur lequel elle avait frappé*, de ses cuisses et de ses flancs étranges et merveilleux dont le mystère était plus profond que

* Exode, XVII, 6 : "Vous frapperez la pierre et il en sortira de l'eau."

> celui de la source phallique, coulaient des flots de ténèbres ineffables et d'ineffables richesses.

Mais, prose fleurie ou non, il me semblait à présent que j'avais eu une expérience qui correspondait à celle que Lawrence décrivait. Moins le sexe, évidemment. Je ne m'étais pas senti d'attaque pour le sexe depuis un bon moment. A cet égard, j'étais le rocher qui avait été frappé, sans l'eau. Tout de même, et quoique je ne l'eusse jamais formulé ainsi : "flots de ténèbres ineffables et d'ineffables richesses" avait du sens. C'était ce que j'avais ressenti. Nous parlions de la même chose.

Ineffable.

La seule et unique fois où j'avais employé ce mot, c'était en chantant ce cantique : "Oh adorons le roi, glorieux au plus haut des cieux." L'un des vers commence par : "Oh incommensurable puissance, ineffable amour."

Quel en était le sens, pourtant ? Très proche d'incommensurable, vraisemblablement. J'ai pris le dictionnaire.

> *Ineffable* : trop fort pour être exprimé par des paroles.

Donc, quelque chose que l'on ne peut dire qu'en disant qu'on ne peut pas le dire. Et quand vous tentiez de le dire, du moins par le truchement de cette expérience, vous vous retrouviez à parler d'eau – c'était la métaphore évidente –, d'eau abondante, vive, tumultueuse, suprême antidote à la pensée, la chose essentielle pour le doux naufrage mental de Leopardi.

L'eau basse de mes rêves.

Mais ce n'était pas la fin de la scène de Lawrence. Quelques lignes plus loin, quand le repas arrive (avec un peu de chance le couple a rajusté ses vêtements), Ursula verse une tasse de thé à son amant, et nous avons :

> D'habitude, ces obligations mondaines, servir le thé par exemple, la rendaient nerveuse et elle s'y montrait maladroite. Mais aujourd'hui, elle oubliait, elle était à son aise, oubliant entièrement ses appréhensions. Le thé coulait d'un jet fier du col arrogant et frêle de la théière. Ses yeux étaient chaleureux et souriants en lui donnant son thé. Elle avait enfin appris à être calme et parfaite.

Appris à être calme et parfaite ! De telles choses sont-elles possibles ? Je n'avais pas une telle ambition. Mais j'espérais bien, un jour "oublier mes appréhensions".

Et c'est ce qui est arrivé. Mais à vrai dire, pas avant la semaine suivante. En me réveillant à cinq heures du matin, la douleur comme toujours épouvantable, je me suis fait un petit thé et j'ai décidé que, plutôt que de naviguer sur le Net, je pourrais aussi bien employer ce temps mort mais éveillé à pratiquer la fameuse relaxation paradoxale. Je me suis allongé sur le canapé. Ensuite, vers les six heures et demie, je suis retourné me coucher. Sur quoi, ma femme s'est retournée et, sans trop y penser, nous avons fait l'amour.

Parfait.

Je n'étais pas rétabli, encore moins guéri. Je n'étais ni en pleine santé ni un être nouveau et essentiel, et ne tombais pas en glissant dans une absolue tranquillité. Je n'avais pas non plus appris à rester assis tranquille, ni à me tenir droit quand j'étais debout, pas plus que je ne faisais l'amour tous les jours de façon visionnaire, ni ne surfais sur la crête d'une vague parfaite. La douleur s'éternisait. Les nuits étaient interrompues cinq ou six fois.

Mais dans ma vie le changement était immense. De petites nappes de bien-être avaient, en clapotant, commencé à s'écouler des exercices de relaxation. Je me souviens très distinctement de la première fois où je suis descendu au rez-de-chaussée et me suis aperçu que l'habituelle sensation de brûlure n'était pas revenue. Plus encore, mon ventre était miraculeusement calme, *positivement* à l'aise. Ma vessie était *à l'aise.* C'est venu comme une sorte de choc et je me suis arrêté pour la tâter. Comme celle d'un enfant. Je me suis souvenu de ce petit Indien que mon chauffeur sikh avait saisi par l'entrejambe. De son corps parfait. Et j'ai compris : *C'est la première fois que tu te sens comme ça depuis des années.*

J'étais maintenant certain que cela faisait des années.

Et j'étais arrivé à ce résultat *moi-même.* “Responsabiliser” est un verbe qui me déplaît, un mot facile pour ceux qui nous tyrannisent avec leur morale. Mais j'étais maintenant tenté de l'employer. J'avais été responsabilisé. Bien que fort imparfaitement, j'étais capable de faire quelque chose dont je n'étais pas capable auparavant. Des sentiments de profonde reconnaissance envers les Drs Wise et Anderson m'ont envahi. Il était vrai qu'ils allaient jusqu'à parler de deux ans pour se rétablir.

Deux années de persévérance, à sacrifier chaque jour un temps précieux. Et même ainsi, admettaient-ils, la guérison à cent pour cent était peu probable. “Des récidives sont toujours possibles”, prévenait le Dr Wise. Cela m'était égal. Une porte s'était ouverte ; allongé immobile, j'étais allé de l'avant. J'avais refait l'amour. Après chaque séance, pendant quelques minutes je me sentais tout à fait normal. Ou plutôt, je me sentais infiniment mieux que ce que j'avais longtemps jugé normal. Pendant un quart d'heure, et puis, une semaine plus tard, une demi-heure. Tant que la tendance était positive, cela m'était sincèrement égal s'il me fallait dix ans. Ou même si je ne touchais jamais au but.

Un mal de tête dans le bassin considérait de façon résolument pragmatique ce qui se passait à l'intérieur de mon corps. En relâchant le plancher pelvien, j'avais permis au sang de couler ; les muscles pouvaient commencer à guérir. Au fur et à mesure de leur guérison, un environnement “plus accueillant” était créé pour les nerfs qui les traversaient, et qui par conséquent cessaient de transmettre la douleur. Pendant un court moment.

Jusqu'à quel point cette description correspondait-elle à la *réalité*, je n'en ai pas la moindre idée. Il n'y a aucun moyen de mesurer ce genre de choses. Wise citait des expériences où l'on introduisait des électrodes dans les muscles en passant par l'anus afin de mesurer la tension à la façon d'une intensité électrique ; et ensuite par l'urètre pour mesurer la tonicité des sphincters. Qui ne serait pas contracté avec un paquet de câbles dans les passages de derrière et de devant ? Qui s'inscrirait pour participer à une expérience pareille ? Si la version des médecins était véridique, la seule chose à dire c'était que la nature se montrait très généreuse. Maltraité – de l'avis de Wise et Anderson – pendant des décennies, mon corps avait réagi avec un empressement exemplaire à un effort plutôt limité de ma part. Comme si un chien logé à l'étroit dans un chenil exigu devenait tout à coup un joyeux compagnon de promenade.

Quant à moi, j'avais l'impression que les changements qui avaient lieu étaient plus profonds. D'une part, j'avais été contraint de faire une concession en acceptant ces douleurs dans ma vie, auprès des choses qui me plaisaient ; en contrepartie, ma “maladie” avait été largement remise à sa place, vidée des peurs et des menaces. Quelle maladie digne de ce nom vous permettrait-elle de stopper sa progression jusque-là inexorable avec quelques profondes respirations ? J'étais à présent persuadé que le pire était derrière moi, et cette conviction modifiait mon état d'esprit et la texture de chaque journée qui passait.

Plus encore, je n'étais même plus *intéressé* par les douleurs. Ou pas en tant que telles. Je les avais fait monter à bord. J'apprenais à aller vers elles plutôt que de m'en écarter, à les ressentir pleinement quand j'étais allongé les yeux clos. Elles perdaient ainsi de leur fascination plutôt qu'elles n'en gagnaient. Elles ne semblaient plus être une énigme insondable, une construction mentale gothique et déformée renfermant des indices sur mon caractère en désaccord avec lui-même. Leur époque était révolue. Je n'épluchais plus le Net à la recherche de nouvelles perspectives, de nouveaux récits de malheur, de nouveaux traitements. Plutôt que de voir l'avenir comme une condamnation à perpétuité, à purger dans une cellule de plus en plus étroite, j'étais impatient d'aller à l'aventure, de découverte en découverte.

En l'espace de quelques semaines, le mystère de cette vilaine et épuisante maladie avait donc cédé la place au mystère positif et avenant du corps, le même corps que j'avais jusqu'ici ignoré avec une application *étudiée*. Ignoré en *étudiant*. Ignoré en faveur d'une activité mentale infinie, survoltée. Ce nouveau (pour moi) mystère ouvrait davantage qu'il n'enfermait. C'était quelque chose que l'on serait content d'explorer sans éprouver le besoin urgent d'en trouver la solution. Un océan plutôt qu'une fuite.

Il y avait là au moins deux aspects. Les petits succès que j'avais remportés avec la relaxation paradoxale du Dr Wise m'avaient ouvert les yeux sur le silence les yeux clos dans lequel l'esprit fait connaissance avec la chair. Je me suis tout de suite rendu compte qu'il y avait beaucoup, beaucoup plus à accomplir et de nombreuses découvertes à faire. Sauf que l'on ne pouvait pas simplement se mettre en route, le guide à la main, pour les trouver. A l'instar de la vague qui parfois me submergeait, les découvertes se présentaient quand *elles* le voulaient bien, quand j'étais *mûr pour elles*. Il convenait donc – et, si extraordinaire cela puisse-t-il paraître, cela ne m'était encore jamais venu à l'idée – de cultiver une discipline mentale qui pourrait permettre qu'il se passe de nouvelles choses, une discipline dans laquelle, pour le moment, j'étais absolument novice.

Et pour la première fois de ma vie c'était une tâche mentale qui n'avait *rien à voir avec les mots.* Depuis maintenant des décennies, me suis-je rendu compte, pour moi toute activité mentale voulue avait été linguistique : écrire, penser, raisonner, enseigner, parler (j'avais laissé tomber les *chiffres* le jour où l'on m'avait autorisé à passer les maths du brevet avec un an d'avance). Quand je pratiquais un sport, je traduisais tout ce qu'il avait de mental en mots. Je m'efforçais de comprendre *par les mots* comment tout faire. Comment mettre un but de la tête au football. Comment faire virer mon kayak sur l'arrière. Quelle longueur donner à mes enjambées quand je courais en descente. Et non en montée. *Idem*, même quand il s'agissait de faire l'amour. Je mettais tout en mots. Et je m'imaginais sincèrement que chacun de nous agissait de même, que chacun de nous s'expliquait chacune de ses actions en mots. Après tout, j'avais grandi en écoutant des sermons plus ou moins quotidiennement (nous y revoilà), en étudiant les Evangiles à la table du petit-déjeuner. *Exégèses !* Mon père adorait parler des exégèses. Il adorait lire la Bible au petit-déjeuner et tirer tout cela au clair. C'était une énigme inépuisable. Etymologie, philologie. Quand je voyais un tableau, ou un film, je m'efforçais aussitôt d'ordonner ses plaisirs et ses défauts *en mots.* Mon cerveau débitait à toute allure un petit compte rendu, un essai critique. La majeure partie du plaisir des films et des tableaux, c'était précisément cette activité verbale, après. Et même *pendant.* J'écrivais le compte rendu *pendant* le film, *tout en regardant* le tableau. Tout devait être vécu à travers le langage, sinon ce n'était pas vécu du tout ; au point que je n'avais pas réellement *vu* un tableau ou un film (ou un match de football, d'ailleurs) tant que je n'y avais pas pensé en mots, ou mieux que je n'en avais pas parlé, ou mieux encore que je n'avais pas écrit dessus, en mots voulus, respectueux d'eux-mêmes, soigneusement organisés. Alors je *possédais* le film ou le tableau. En ceci, j'imagine, j'étais assez proche de ces pauvres gens qui n'ont pas véritablement été en vacances s'ils ne peuvent pas s'en montrer les photos. Les photos *sont* les vacances, même quand elles sont sur la plage, ou dans la chambre à coucher. Et si je n'emportais jamais d'appareil photo en vacances, c'était seulement parce que je faisais la même chose avec des mots. L'important ce n'était pas l'expérience en soi, mais l'expérience *décrite*. Mon carnet, mon ordinateur portable. Et quand je voulais comprendre quelque chose de nouveau, j'achetais le livre, bien entendu, ou les livres. J'apprenais tout seul, avec un livre. Comme Manuel, l'homme à tout faire espagnol, dans la série télévisée *Fawlty Towers* – "Je sais parler anglais, j'apprends avec un livre". Quand je voyageais, il y avait un guide touristique. J'avais *foi* en les livres. J'avais une étagère entière d'ouvrages techniques sur le kayak. Je ne pouvais pas m'empêcher d'en acheter. Un jour, il y en aurait bien un qui finirait par m'expliquer comment exécuter cette manœuvre difficile à réussir, autour de la porte de slalom.

Une des conséquences de tout ce verbiage, c'était que je n'avais pas conscience qu'il pouvait exister un travail mental difficile qui *ne nécessite pas de mots*, un travail pour lequel, au contraire, les mots pourraient se révéler un obstacle. Et cette histoire de relaxation – mais le terme paraissait plutôt inadapté à présent – était clairement un travail, en quelque sorte. Je devais peiner dessus. J'allais par gros temps. Sous ce ciel intérieur bas. Cela demandait des efforts, du savoir-faire, de la détermination. *Plus difficile que de jouer du piano*, ne cessais-je de me répéter.

Tout aussi clairement, le gros obstacle, pour moi, dans cette discipline, c'était le bavardage continuel dans ma tête. Comment réussir à l'arrêter pour me permettre de me concentrer sur la sensation physique, ainsi que me pressait de le faire le Dr Wise ? Pourtant, malgré son côté décourageant, ce défi m'exaltait. Je sentais qu'il arrivait à *point nommé*. Je me surprenais même à penser que ces douleurs étaient apparues parce que j'en avais *besoin*. Et sans vraiment savoir où cela me mènerait, ni même m'en soucier, j'ai commencé à voir dans le silence de ces heures que j'avais accordées à ma maladie avec tant de réticence – ces heures de relaxation paradoxale – s'ouvrant devant moi au fil des mois et des années à venir, un vaste et nouveau continent, un territoire plus malaisé et gratifiant que tout ce que les voyages à l'étranger, ou même la lecture, pouvaient offrir ; un voyage qui m'emmènerait bien au-delà de la résolution, ou non, de mes douleurs pelviennes et de mes problèmes de miction.

Mais en dehors de ces séances de relaxation, j'étais en fait une véritable épave physique ! Quel paquet de nerfs agités, de mauvaises positions et d'habitudes désastreuses. La tension qu'au début je m'étais efforcé de localiser, les yeux clos dans le noir, avec la vaniteuse conviction que je n'étais *pas* tendu, s'est avérée être *partout* et *tout le temps*. Pas un centimètre en moi, pas un tendon ni un muscle, qui ne résonne de tension, constamment. Je n'étais pas plus tôt tombé sur le plus petit espace où elle se nichait, serrant et desserrant un muscle au hasard, qu'elle se cabrait et me submergeait. Je n'étais *rien d'autre* que de la tension.

Comment avais-je pu tolérer d'en arriver là ? Je me brossais les dents avec violence, comme si je voulais les limer. Je tirais d'un coup sec sur mes chaussettes comme si j'étais résolu à faire passer mes orteils au travers. Je nouais mes lacets comme si j'étais déterminé à les casser. Quand j'appuyais sur un bouton, je le faisais comme si c'était ma propre force qui devait propulser l'ascenseur au sixième étage, ou soulever la porte du garage. Quand je me rasais, je contractais ma mâchoire, quand je lisais je contractais ma gorge, quand je mangeais (trop vite) je contractais mon front, quand je parlais je contractais mes épaules, quand j'écoutais je contractais ma nuque, quand je conduisais je contractais *tout*. J'agrippais le volant comme pour le broyer. Ma colonne vertébrale était arrondie et raide. Mon ventre dur comme un roc. Et oui, mon plancher pelvien était remonté, bien fermé telle une trappe servant à contenir une armée assiégeante postée en dessous. C'était comme si, pour ce qui était de mon corps, je ne cessais d'accélérer et de freiner en première et en seconde, quand j'aurais très bien pu être détendu en quatrième, ou même rouler sans effort en cinquième. Ce qui me remet en mémoire comment, dans les années 1970, quand ma mère est passée de la vieille Morris 1100 à une Datsun plus grosse, il lui a fallu plus d'un an pour s'apercevoir que la voiture *avait* une cinquième vitesse, et même après elle ne s'en servait pas. J'avais fait pareil pendant trente ans.

Mais pire encore, j'avais l'habitude, je le découvrais à présent, de *monter une partie de mon corps contre une autre*. En lisant, les jambes croisées aux chevilles, je tirais une cheville *contre* l'autre. A ma table de travail, je repoussais ma tête *contre* des mains entrecroisées qui la rejetaient en avant. Ou je poussais mon front en avant *contre* des doigts qui le renvoyaient en arrière. En m'endormant sur le côté, la main du bras du dessus formait un poing *contre* le bras du dessous et s'y enfonçait. Les deux côtés de mon corps ne cessaient de se combattre. Il était fort possible que je dorme toute la nuit dans un état de tension continuelle.

Et ce n'est là que le plus bref résumé de mon état d'inadaptation chronique. Tout ce que je faisais, je le faisais avec plus d'effort que nécessaire. C'était un soulagement de trouver une activité qui requérait tout l'effort que j'y mettais : remonter le courant dans mon kayak, par exemple, ou contraindre mon corps à gravir en courant la longue colline entre notre maison et le Pilotón. C'étaient vraiment les seuls gros efforts qui établissaient une sorte d'équilibre entre la dépense d'énergie et le résultat. Et même dans ce cas, quand un des moniteurs de kayak était dans les parages, on ne cessait de me répéter de donner moins de coups de pagaie. "Plonge-la dans l'eau en faisant plus attention. Sans précipitation. Ne lutte pas contre l'eau." "Parks, tu y vas trop fort !" C'était ce que l'entraîneur me disait toujours quand nous jouions au football. "Du calme, Parks, ou il y aura un blessé."

S'il y avait une consolation à ce douloureux processus de reconnaissance de soi auquel mes exercices de relaxation m'avaient amené de façon imprévue, me forçant à rester tranquille et à sentir la tension qui brûlait là-dedans, c'était que beaucoup de ceux qui m'entouraient n'étaient pas tellement mieux lotis que moi. Fort peu de gens, ai-je commencé à remarquer, étaient véritablement à l'aise. Au moins, je ne me goinfrais pas de nourriture dont je n'avais pas besoin, comme Carlo continuait à le faire malgré son diabète. Au moins, je ne me rongeais pas les ongles comme mes filles, ni n'arrachais la peau qui les entourait comme ma femme. Je ne fumais pas.

Au moins, je prenais conscience de la situation.

Aussi, laissant de côté les préoccupations résiduelles concernant les douleurs tenaces qui avaient pris le contrôle de ma vie, la question qui dominait dans mon esprit devenait à présent : serait-il possible de changer *profondément*, en moi ? Serait-il possible, à cinquante et un ans, de désapprendre ce comportement tendu et d'une certaine façon, me semblait-il, *induit par le langage* ?

Et si oui, comment ?

Je savais que cette question revenait à demander : mon père, Harold James Parks, chez qui les nerfs et l'anxiété provoquaient souvent des vomissements le matin, aurait-il pu apprendre à peler une orange *calmement*, sans plonger ses doigts dans la chair et la mettre en lambeaux ? Cela aurait-il été possible ? Il me semblait également que si jamais je parvenais à une transformation de cette ampleur, si jamais j'apprenais à me tenir droit et à garder en main un verre d'eau avec la même immobilité sereine que le marchand d'eau de Séville, alors les douleurs qui avaient déclenché tout ce processus ne seraient plus qu'un lointain souvenir.

Ce lien entre posture et douleur n'était plus simplement une idée fantasque. *Un mal de tête dans le bassin* comprenait, naturellement, une longue section sur le massage thérapeutique proposé à la clinique californienne, ainsi que des cours guidés de relaxation paradoxale. Ils avaient découvert, assurait le Dr Wise, un certain nombre de muscles qui, chez les malades de ma catégorie, dissimulaient souvent ce qu'on appelait les points déclencheurs. A savoir, au fur et à mesure que le muscle s'atrophiait et ne fonctionnait presque plus, ou mal, une partie devenait tendue ; puis à l'intérieur de cette bande tendue certaines zones devenaient particulièrement nouées ou sensibles. Si l'on appuyait sur ces “nœuds de contractures”, les douleurs habituelles du patient seraient aussitôt déclenchées ou intensifiées, souvent dans des organes ou des zones situés à bonne distance du muscle en question, et ceci grâce à la façon dont les nerfs passent entre les couches de muscles. Si l'on découvrait les points déclencheurs et les massait avec douceur pendant plusieurs semaines, redonnant ainsi une forme de santé aux muscles, les douleurs se calmeraient.

Système de points déclencheurs

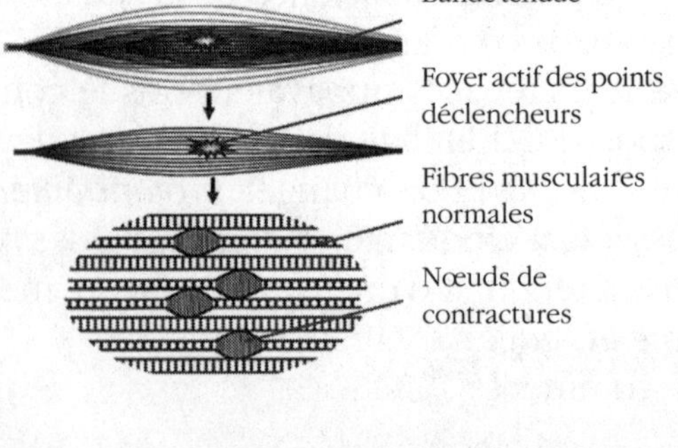

Ainsi parlait le Dr Wise.

Les muscles impliqués étaient essentiellement ceux du plancher pelvien, au-dessus du délicieusement nommé *levator ani*, et le livre comprenait des illustrations inquiétantes d'un doigt, comme vu de l'intérieur du corps et du haut vers le bas, glissé dans l'anus et remontant pour explorer et masser ces muscles. Chaque schéma expliquait où le muscle en question avait tendance à "répercuter la douleur".

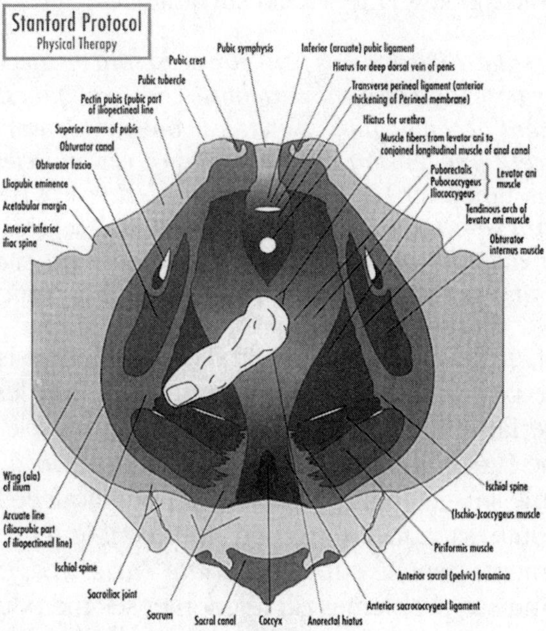

Une fois les points déclencheurs découverts et agités par les masseurs spécialisés de la clinique de Stanford, on fournissait aux patients un bâton spécial ou "baguette" (l'Anéros, peut-être) pour leur permettre de masser ces points eux-mêmes. A la maison.

Je me suis demandé si j'étais capable d'aller aussi loin, ou de tomber aussi bas, et d'entreprendre un pareil traitement à se prodiguer soi-même. Sur le dos, les genoux relevés, une baguette magique dans le derrière. Ou à quatre pattes…

Mieux valait ne pas y penser.

Certains des muscles incriminés, toutefois, étaient plus aisément et modestement accessibles du dehors, dans les cuisses, autour de l'entrejambe, entre les fesses et juste au-dessus. L'un de ceux qui répercutaient le plus la douleur à la vessie, mon point chaud favori, était le *quadratus lumborum*, le muscle qui, de chaque côté, rattache le bassin à la colonne vertébrale. En allant voir à *quadratus lumborum* sur Wikipedia, j'ai trouvé une description détaillée de sa prédisposition à la détérioration à la suite d'une contraction continuelle pendant de longues périodes de station assise, particulièrement à un bureau, et plus particulièrement encore devant un ordinateur. Le contributeur Wiki ajoutait la réflexion suivante :

> *Cette suite d'événements peut être et est souvent accélérée par la cyphose (une colonne vertébrale convexe) qui est invariablement accompagnée "d'épaules voûtées", deux choses qui exercent une tension accrue sur les QL (les muscles du* quadratus lumborum*) en déplaçant le poids du corps vers l'avant, forçant l'*erector spinae*, les QL, et surtout le* levator scapulae *à travailler davantage, à la fois en station assise et en station debout, pour maintenir le torse et le cou à la verticale.*

En bref, en ne me tenant pas droit en position assise ou debout, mais plutôt en tendant le cou pour y voir, avec les épaules rondes, je faisais, entre autres, travailler un muscle qui une fois abîmé était *connu pour répercuter la douleur à la vessie.* Etait-ce, me suis-je demandé, la raison pour laquelle Leopardi au dos voûté, sa jeunesse gâchée, comme il le regrettait magnifiquement, penché sur ses *"sudate carte"* (pages suées), avait connu ses problèmes de miction et ses maux de ventre à un âge si précoce ? Avec une scoliose à un stade avancé à dix-huit ans, il avait déjà fichu en l'air son *quadratus lumborum.* Et qu'il était étrange qu'une idée qui m'était soudain venue alors que je marchais un jour dans la rue – si seulement tu marchais en te tenant droit, Tim, tu irais mieux –, une idée que j'avais vite écartée en la jugeant ridiculement fantaisiste, ait pu se révéler une véritable intuition.

Comme si mon corps savait des choses que je ne savais pas ! Ou si je savais des choses que mon esprit ne savait pas.

Mais comment peut-on apprendre à se tenir droit à la cinquantaine ?

Jour après jour, je m'allongeais sur le dos, les yeux fermés, en respirant, en me concentrant sur la tension là où je la trouvais. Au pire c'était ennuyeux, démoralisant, peu convaincant. Mon attention glissait de son objet comme un homme grimpant le long d'une paroi de glace en chaussons de danse. Pour m'accrocher, j'avais besoin de mots. Mais les mots ne peuvent que *décrire* la sensation, pas la vivre. Ici, en fait, les mots relâchaient ma prise, la paroi de glace se brisait sous leur pression, petites avalanches filant avec mon attention. Privé de mots j'avais besoin d'un but, d'une activité : me concentrer sur ce muscle pour le contracter, le faire bouger. Mais pour me détendre j'étais censé me concentrer *sans faire d'effort pour bouger ou changer quoi que ce soit*, en restant parfaitement immobile.

J'en étais incapable. Je m'énervais. Je maudissais le Dr Wise de refuser ces mystérieuses bandes audio qui m'auraient peut-être aidé. Certains jours, je capitulais.

Mais quand, par quelque miracle, j'arrivais à prendre pied sur la glace, quand mon esprit tenait et s'accrochait, ne serait-ce que quelques instants, sans essayer de pousser ou de tirer, restait simplement suspendu, attentif et sans faire usage des mots, alors la séance était positive, enthousiasmante ; et puis, avec un peu de chance, la vague chaude finissait par me passer dessus, avec davantage de douceur que les premières fois, davantage de bienveillance, comme si le paysage avait déjà été adapté à sa trajectoire. Et je découvrais soudain que mes mains s'étaient enfoncées dans mon abdomen. L'eau qui m'inondait leur avait permis de descendre en frétillant dans le fond marin, mon ventre, comme le font les anguilles dans le sable. Mes mains, plongées dans mes entrailles, rayonnaient. Elles changeaient parfois de côté. La main gauche était à droite. Dans quel but, je n'en ai pas la moindre idée. J'étais en émoi. La tension s'amplifiait et se dissolvait, chauffait et fondait. Dans mes cuisses, mes mollets, mes épaules. A deux ou trois reprises, mon corps a semblé se détacher du lit, flotter. Je flottais, la tête renversée en arrière, dans une eau chaude et salée. Ces jours-là, la douleur disparaissait de façon spectaculaire, comme des rochers que submerge la marée d'équinoxe. Il arrivait alors que j'aie deux ou trois heures sans la moindre douleur. Et il m'arrivait d'espérer qu'elle ne reviendrait jamais.

Mais la marée montait et la souffrance dressait ses arêtes pleines de sable.

Ne vous réjouissez pas quand vous passez une bonne journée, prévenait Wise.

Ne désespérez jamais quand vous en passez une mauvaise.

Tout de même, le temps était venu d'aller plus loin que ces séances de relaxation. Repousser la douleur ne me suffisait plus. J'avais besoin de regarder au-delà.

Je ne savais ni où ni comment.

Et puis, un matin je me suis réveillé en sursaut, je me suis assis dans mon lit et j'ai prononcé les mots : *Tu es deux personnes différentes.* C'était déconcertant. Ce n'était pas la faute d'un rêve. Ni d'un récit. Simplement ce réveil soudain, à l'aube, ces mots donnés comme une révélation. Deux personnes différentes, Tim.

Je suis allé aux toilettes.

D'accord, mais qui ?

UNE PASSOIRE

Nous étions en juillet et il était temps pour moi de partir faire du bateau. Des mois auparavant, j'avais réservé trois jours avec un guide de kayak en Autriche. J'avais plus d'une fois songé à annuler. Je souffrirais trop. Mais ne jamais rien annuler avait fait partie de ma stratégie du déni.

Comme la vie allait mieux, j'ai décidé de partir. Ces quelques jours étaient un rare moment d'évasion loin du travail et de la famille. C'était la première fois que j'avais réservé un guide pour moi tout seul : un apprentissage, et un luxe. J'ai exhumé mon équipement de kayak en eau vive, chargé la voiture et roulé vers le nord.

Deux personnes différentes. Qu'il était étrange de me réveiller avec des mots à la bouche, un message pour moi.

Mes moi.

Ou d'un moi pour l'autre.

Non pas Médecin, connais-toi toi-même, alors, mais, Parks, connais tes toi-même !

Probablement dangereux de prendre des trucs pareils au sérieux.

J'ai décidé de partir tôt et de m'offrir un petit crochet par le Tyrol du Sud pour faire une descente de rivière avec mon ami Roland. Un échauffement. C'est un petit gars maigre, au teint mat, dont la langue maternelle est le dialecte allemand local ; ce doit être amusant, pour les Italiens, de nous entendre parler leur langue, lui avec son accent tyrolien, et moi anglais. Pourtant nous sommes tous les deux italiens, en réalité, Roland grâce à la folie du tracé des frontières de Versailles, moi, de ma propre volonté. Nous nous sommes retrouvés à la sortie de la bretelle d'*autostrada* menant à Brixen, nous avons remonté la vallée de l'Eisack, laissé ma voiture à son débouché, et fixé les kayaks sur sa camionnette pour monter au point d'embarquement.

"Comment est l'eau ?" ai-je demandé.

Il a haussé les épaules, il se roulait une cigarette tout en conduisant sur des routes étroites et sinueuses qui passaient devant des *Weinstuben* et des crucifix.

"Rapide, lente, sans risques, dangereuse ?"

Un petit sourire a retroussé sa lèvre mal rasée. Loin d'être de type aryen, Roland a une allure de gitan au visage grêlé. Des cheveux hirsutes dépassant d'un bandeau, des colliers, des tatouages. Tout ce que je sais de son passé, c'est qu'il s'était trouvé un boulot à Milan, à la télévision italienne, dans le service public, il a donc dû suivre une quelconque formation. Six mois plus tard, il était de retour dans son village natal, un trou perdu de l'Ahrntal. Peut-être avait-il peur qu'une plaie ne s'ouvre entre ses deux moi : l'homme de la ville italien et le petit campagnard tyrolien. Maintenant il donne des cours de kayak et emmène des touristes en rafting. Il semble merveilleusement bien dans sa peau.

"Alors, elle est difficile ou pas ?"

Il a ri, en soufflant de la fumée. Roland se moque toujours de mon trac prérivière.

Finalement, il m'a demandé ce que j'avais fait cette année.

Je venais de publier un roman qui se passait ici même, dans le Tyrol du Sud, lui ai-je répondu.

Il a haussé un sourcil.

"C'est l'histoire d'un gros bonnet des médias, une célébrité de la télé londonienne, qui s'enfuit ici, disons, pour se vider la tête. Qui choisit volontairement un endroit où on parle une langue dont il ne connaît pas un traître mot, en altitude dans les montagnes, où de toute façon il n'y a personne à qui parler. Au-dessus de Luttach", ai-je ajouté.

Luttach était le village de Roland. Son sourire est revenu. Tout autour de nous des pentes abruptes couvertes de sapins s'élevaient vers de vertigineux sommets de bleu et de gris.

Et puis, à l'instant même où nous tournions dans un chemin pour rejoindre le bord de la rivière, j'ai exprimé quelque chose qui ne m'était jamais apparu aussi clairement pendant que j'écrivais *Le Silence de Cleaver*.

"C'est une sorte de désir de mort, en réalité. Il aimerait regarder les rochers et les arbres avec une telle intensité qu'il deviendrait l'un d'eux."

Cette fois, Roland a hoché la tête.

"C'est bien ce que fait la télé."

Une heure plus tard, environ, j'ai presque connu la fin que désirait Cleaver. Quel choc. L'Eisack est un torrent fougueux dégringolant entre les rochers d'une gorge profonde qu'enjambe ici et là, très haut, l'*autostrada* vers le Brenner. C'est bizarre avec de l'eau glacée sur les mains, des nuages de gouttelettes sur le visage, des clapotements et des glouglous dans les oreilles, de penser à ces véhicules, trente mètres plus haut, qui traversent le paysage en vrombissant comme s'il n'était pas véritablement là. Je suppose que si je vais pagayer c'est pour me relier au monde, ai-je songé. Un instant plus tard, j'étais sous l'eau.

J'avais commis l'erreur, encore plus impardonnable sur la rivière que pendant la relaxation paradoxale du Dr Wise, de me laisser aller à mes pensées : de ne pas me relier au monde, donc, mais de réfléchir à cette notion. Près de la rive droite, Roland est monté en pagayant sur un petit barrage puis il est retombé lourdement sur des rochers en contrebas. N'étant pas concentré, j'ai supposé que c'était une erreur et je suis parti à gauche dans le courant principal. Roland criait, maintenant, mais je n'entendais pas quoi. Et puis j'ai vu que si un quart du courant de la rivière passait effectivement par-dessus le barrage situé au centre, la veine d'eau principale m'entraînait irrésistiblement vers une barrière en fer gris sur la gauche. En dessous, ai-je compris aussitôt, il y aurait une grille pour recueillir les débris. Une passoire. A éviter à tout prix. Mais il était trop tard. En un instant je me suis retrouvé en travers, coincé contre la barrière, et en train de basculer sous la pression de l'eau.

La vie va vite. Ce ne serait pas une vague chaude qui au passage nettoierait l'esprit et le laisserait dans une quiétude parfaite. C'était un piège. Dès que je passerais par-dessus bord, je serais projeté contre la grille de la canalisation en dessous, et fini, terminé. Pas deux moi, mais aucun.

Coincé entre courant et barrière, le kayak a commencé à chavirer. Ignorant les cris de Roland, perdu dans le grondement de l'eau, d'une secousse j'ai détaché la jupe et me suis élancé hors du bateau dans une nage libre frénétique pour rejoindre le barrage au-delà de la barrière. Pendant un instant je suis resté étrangement immobile, pris entre deux tensions égales, la traction vers le bas m'entraînant vers la grille et le flot impétueux en biais m'attirant vers le barrage. Et puis j'ai été libéré, en direction du barrage. Je soupçonne mon gilet de sauvetage de m'avoir sauvé.

L'accident a rendu Roland bavard. Il n'arrêtait pas de s'excuser. Il aurait dû me prévenir. Il n'avait pas réfléchi. Il s'émerveillait que mes blessures soient si légères.

“Remue le poignet, ça va ? Tu as une coupure à la main. Ton cou ? Tourne la tête.”

J'avais fait une chute de trois mètres par-dessus le barrage, atterri sur des rochers, et je m'en sortais avec un bon coup au genou et une violente claque sur mon casque. Libéré de mon poids, le kayak avait flotté derrière moi.

“Je suis vraiment désolé”, répétait Roland. Il m'a serré dans ses bras. “Repose-toi. Tu trembles. Couvre-toi.”

Une demi-heure plus tard, j'ai eu besoin de faire pipi. Une fois, deux fois, trois fois. Dans la voiture, mes douleurs ont surgi. Mais j'étais euphorique. Je m'en suis sorti ! Et optimiste aussi. Le besoin de faire pipi et la douleur devaient être une réponse à la tension d'un million de volts, à l'adrénaline. Cette réaction le prouvait. J'avais beau avoir besoin de changer ma vie, j'avais le sentiment intense que je l'aimais ; j'aimais mon corps, j'aimais Roland, j'aimais les bateaux, les montagnes, l'odeur de mousse et de résine, et par-dessus tout l'eau, j'aimais l'eau folle, tumultueuse, dangereuse. Pas de désir de mort pour Timmy, ai-je songé. Et quand nous nous sommes arrêtés pour manger un sandwich et que j'ai eu besoin de faire un *quatrième* pipi, j'ai tout simplement raconté à Roland ce qui m'arrivait. C'était la première fois que je racontais mon odyssée de santé à qui que ce soit, excepté femme et médecins. C'était une libération. Et je savais que cela avait été rendu possible par les exercices de respiration, par mon nouvel état d'esprit, et maintenant par ce brusque surgissement d'émotion. Je n'étais pas gêné du tout.

"Ouais, j'ai un problème de vessie."

L'accident faisait maintenant partie de mon rétablissement.

Les personnes qui souffrent du syndrome de douleur pelvienne, disait le Dr Wise, ont tendance à passer de façon spectaculaire de pensées catastrophistes à l'opposé : un excès d'optimisme exalté.

Que faire sinon savourer les hauts ?

Je ne me suis pas étendu sur le sujet. Quand j'en ai eu terminé, Roland m'a raconté qu'il avait une hernie à l'aine qui avait besoin d'être opérée. Pour la troisième fois. C'était très douloureux. Il a souri. Sa femme était prof de yoga, a-t-il ajouté. Il en savait long sur la respiration. En allumant une cigarette, il a secoué la tête.

"Rudement content qu'il ne te soit rien arrivé."

Nous nous sommes dit au revoir, et après j'ai trouvé une petite route, un pré vide, et je me suis allongé avec le rouleau de mon sac de couchage sous les genoux. On se sent plus vulnérable quand on fait ce genre de choses dehors. J'ai fermé les yeux, et puis je les ai rouverts. Personne n'arrivait à pas de loup. Un nuage avait voilé le soleil. Une petite brise passait sur ma peau. L'herbe drue crissait vaguement. La douleur était régulière et forte.

Impossible de me vider la tête. Chaque fois que j'essayais de respirer profondément et de me concentrer sur une tension, je me retrouvais brusquement là-bas, coincé contre la barrière en fer, avec le kayak qui basculait, le courant qui tirait fort. Je voyais mon corps aspiré dans la passoire, mon visage mort plaqué contre la grille. Je frissonnais et chassais cette image. Elle revenait. Elle revenait comme la douleur, ai-je songé. Coincée contre la grille, elle ne pouvait pas couler. *Vata* bloqué. Au bout de cinq ou dix minutes, je me suis rendu compte qu'il ne servait à rien de lutter. Va donc vers elle, comme vers la douleur. Va sous l'eau.

Pendant un moment, j'ai examiné mon moi mort contre la grille, dans l'obscurité de la canalisation à l'endroit où la rivière plongeait sous la barrière. C'était moins effrayant qu'il n'y paraissait. Il y aurait deux trois minutes de panique et de suffocation, puis le calme définitif. Les tableaux de noyés, ai-je songé, ont tendance à les représenter sereins. L'Ophélie de Millais est transformée en quelque chose de plus beau qu'elle ne l'était vivante. Les algues et l'eau de l'étang lui vont bien. Et maintenant je me souvenais d'un cauchemar récent dans lequel je trouvais mon fils noyé dans la baignoire. Dites-moi que ce n'est pas vrai, ne cessais-je de répéter. Il était tout habillé, noyé dans la baignoire. Pitié, cela ne doit pas être vrai ! Ne peut pas l'être ! Mais en même temps je me disais qu'il était si beau, si calme et plein de gravité, avec ses grands yeux paisibles. Ophélie est belle parce qu'elle a cessé de se déchirer le cœur au sujet de Hamlet. Nous sommes au désespoir en la voyant, mais elle est libre de ne faire qu'un avec le monde de la nature. Détendue, même. Phlébas le Phénicien oublia les profits et pertes. Un courant sous-marin lui picora les os en chuchotis*.

* C'est une référence au poème de T. S. Eliot *Death by Water* ("Mort par eau", traduction Pierre Leyris).

Pourtant, ai-je réfléchi plus sagement, ce serait tellement mieux si on pouvait se débarrasser de son tourment sans arrêter de respirer pour toujours, si on pouvait cesser de se ronger les sangs à propos du prince de Danemark, ou de l'indice des prix à la consommation, sans être mort. Ce qu'avait voulu Cleaver, mon héros, ai-je alors mis au clair, n'était pas précisément mourir, mais *"mourir au monde"*, aux clameurs dans sa tête.

Une expression religieuse.

Bien sûr, plus on réfléchit intensément à tous ces trucs, moins on a de chance de décompresser. Je n'arrivais pas à faire que les douleurs s'apaisent. Elles avaient pris pension chez moi. La relaxation paradoxale du Dr Wise n'était pas un pansement d'urgence. J'avais une fois de plus besoin d'aller pisser.

De retour dans la voiture, la seule station de radio que j'arrivais à capter était une émission politique à ligne ouverte. Au téléphone, les gens s'indignaient au sujet de Guantánamo. Il y avait aussi la question de savoir si la Haute Cour accorderait le droit de mourir à un homme dans un poumon d'acier. Le présentateur avait plusieurs spécialistes au bout du fil, apparemment choisis pour leurs points de vue violemment contrastés. Un auditeur de Bari avait le sentiment que nous devrions accepter les souffrances car elles faisaient partie du plan de Dieu. Il se montrait agressif. Tout le monde paraissait agité. Mais moi aussi les nouvelles me rendent agité. Il y a des jours où je suis plus préoccupé par les élections américaines que par tout le reste, des jours où je passe mon temps en ligne à consulter les sondages d'opinion. Un auditeur a téléphoné pour dire qu'on devrait castrer les violeurs. Le viol semblait être le sport principal des immigrants slaves, a-t-il assuré.

Il était temps de tourner le bouton.

Ma voiture, une vieille Vectra, doit être un des derniers modèles construits avec un lecteur de cassettes plutôt qu'un lecteur de CD. J'emporte toujours quelques livres audio quand je voyage. *Moby Dick* est depuis longtemps un de mes préférés. J'ai dû l'écouter une douzaine de fois. Mais avant de le mettre, je me suis essayé à un bref résumé. Donc :

Tu as des difficultés pour uriner et des douleurs qui y sont liées. Tu rêves de fleuves et de plages où l'eau s'est retirée, ne laissant qu'une vase mélancolique. Pour le sport, tu vas là où l'eau est abondante, violente, dangereuse. Cela te fascine. Et tu es attiré par la littérature qui décrit l'eau emportant l'esprit, les pensés se noyant dans l'éternité. Tu imagines ce même genre d'expériences quand tu te relaxes, couché sur ton lit. Mais quand tu es *vraiment* emporté par l'eau, ton esprit réagit à la vitesse de l'éclair pour te maintenir en vie. Et en train de penser.

Ce qu'il y avait de curieux concernant *Le Silence de Cleaver*, ai-je alors conclu, c'était que le roman avait prévu plusieurs évolutions dans ma vie, un an et même davantage avant que je n'en sois conscient. Me croyant créatif, j'avais simplement griffonné un exposé des mois à venir sous forme de métaphore. Une fois de plus, une partie de mon être avait possédé et même exprimé une connaissance qui demeurait inaccessible à la voix qui parle dans la tête et se nomme *Je*. Les deux moi qui avaient été signalés à mon réveil, ce matin-là, étaient peut-être celui qui écrivait sur les problèmes de Cleaver et celui qui niait l'existence des miens. Le premier moi, littéraire, ne se donne pas beaucoup de peine pour aider le second, le malade. Le moi littéraire aime trouver des formes et des mots pour parler des choses de façon métaphorique, pour les rendre plus spectaculaires et fascinantes qu'elles ne le sont. Pour lui c'est de l'art, et il se félicite quand quelqu'un le paie pour le faire. Entre-temps, le malade tente d'ignorer les douleurs. Les deux moi n'ont aucun rapport l'un avec l'autre.

Je m'appelle Ismaël.

J'ai passé le reste du trajet en voiture avec Melville. Ce n'était pas le silence, mais au moins cela me reposait de *mes* pensées. Je traversais le Brenner au moment où Ismaël va se coucher avec Queequeg, et l'Europabrücke quand il fait la connaissance du capitaine Peleg sur le pont du *Pequod*. Malgré toute sa fièvre, le récit m'a détendu. J'ai commencé à me sentir mieux. Et, une fois de plus, il était étrange de réfléchir aux dislocations de la littérature, l'esprit et la chair : Melville écrivant à New York, les chasseurs de baleines partant de Nantucket, moi filant à travers l'Autriche, mais bien loin dans ma tête. Et puis une heure après, ou un peu plus, en remontant la vallée de l'Inn vers la Suisse pendant que le *Pequod* était encalminé sur la ligne, tout s'est réuni. J'ai arrêté la cassette et je l'ai rembobinée pour réécouter. C'était un passage sur la vigie de grande hune.

> Vous vous trouvez perdu dans les espaces infinis de la mer, que rien ne trouble sauf les vagues. Le bateau extasié roule avec indolence ; les alizés ensommeillés soufflent ; tout vous incite à la langueur. La plupart du temps, dans cette vie baleinière des tropiques, vous êtes sublimement paisible ; vous n'écoutez point de nouvelles, vous ne lisez point de journaux ; les éditions spéciales avec de saisissants comptes rendus d'événements médiocres ne vous donnent pas d'inutiles émotions ; vous n'entendez parler d'aucune difficulté domestique, d'aucune banqueroute, d'aucune baisse des valeurs*.

Inutiles émotions ! En 1850 Melville avait déjà compris comment les médias peuvent rendre un homme tendu et muet. Il poursuit :

> Bercé, dans un état de rêverie inconsciente, indifférent à tout, il avait perdu son identité dans la cadence des vagues opiacées et de ses pensées. Il prenait l'océan mystique à ses pieds pour l'image bleue de l'âme profonde de l'univers, humanité et nature mêlées. Et chaque fois qu'il apercevait furtivement une belle forme étrange glissant sous la mer, ou qu'il entrevoyait un fanon coupant la vague, il croyait que c'était la matérialisation des pensées qui volaient à travers son âme. Dans cet état d'enchantement l'esprit se retire dans le grand tout, se dissout dans le temps et l'espace comme les cendres éparpillées du panthéiste Cranmer, faisant finalement partie de tous les rivages de ce globe rond**.

La cadence des vagues opiacées et de ses pensées. C'était tellement proche de certaines des sensations que j'avais éprouvées. Mais dans cette transe le guetteur rate la baleine qu'il cherchait sur la mer. L'équipage le maudit. Et moi j'ai raté le virage menant à mon camping. J'ai roulé dix kilomètres de trop et il a fallu que je revienne en arrière.

"Qu'est-ce que ça fait là dans la voiture ?"

Ce sont les premières paroles d'Andy. Mon guide s'est révélé être un grand échalas du Yorkshire. J'ai la paresseuse habitude de replier la banquette arrière de la voiture pour y glisser mon kayak.

* Traduction de Lucien Jacques, Joan Smith et Jean Giono, p. 225-226, Folio Gallimard.

** *Ibid.*, p. 230.

"Freinez un bon coup et il défoncera le pare-brise, s'il ne vous emporte pas la tête d'abord, a-t-il râlé. Attachez-moi ça sur le toit !"

Apparemment je pense tout le temps, mais je ne fais jamais attention à rien.

Le lendemain matin, après avoir descendu notre première rivière ensemble, Andy m'a avoué :

"Bon, je suis content que tu saches pagayer. J'étais inquiet, hier, quand tu es sorti de la voiture et que je t'ai vu avec ton horrible dos voûté."

LE SYNDROME DE SCAFELL

Les personnes qui souffrent de douleurs pelviennes, remarque le Dr Wise, ont également tendance à souffrir du syndrome du côlon irritable. C'était une des observations, dans *Un mal de tête dans le bassin*, me portant à croire fermement que ses auteurs en savaient un peu plus long que l'urologue moyen dont les pensées ne s'écartent jamais de l'appareil urinaire. J'avais moi-même, de temps à autre, souffert de ce syndrome du côlon. Mais jamais autant que pendant mes sorties en kayak. On se lève vers six heures du matin, en sachant qu'on va descendre une rivière pas facile, et aussitôt on a besoin de chier. On a besoin de chier deux, trois, et même quatre fois. Pas la courante, non, du sérieux. Vers sept heures et demie, satisfait de n'avoir rien de plus à offrir, on rigole et on plaisante en attachant les kayaks sur la galerie de toit, mais pour découvrir, au moment où la rivière apparaît, grondant au-dessus d'un rapide escarpé, qu'on a absolument besoin de chier encore une fois !

C'est un sacré problème si on a déjà enfilé sa combinaison.

Et son haut étanche.

Et la jupe.

Andy a une petite pelle de plage en plastique dans sa camionnette.

"Enterre ton truc et brûle le PQ, mon pote", lance-t-il en reniflant d'un air sévère et en me tendant aussi un briquet. Il s'inquiète de voir que les abords des rivières deviennent des terrains minés de merde humaine. Les Allemands sont les pires, m'assure-t-il.

"Ils se lâchent juste au point d'embarquement."

Je m'aventure dans les buissons et découvre invariablement que d'autres sont passés là avant moi. Sans la pelle et le briquet.

Est-ce purement et simplement de la peur, ce besoin répété de se soulager ? Il y a tant de choses qui me fichent vraiment la frousse : l'escalade, le saut en parachute, le deltaplane, le saut à l'élastique, tout ce qui a un rapport avec le vide. Et vous ne me surprendrez jamais à faire de la spéléologie. Mais quel que soit le nombre de fois où j'ai besoin de chier avant une descente de rivière, j'ai toujours très envie d'être sur l'eau. S'il y a quelque chose qui me fiche la frousse, c'est de me couvrir de ridicule.

Le deuxième jour, nous sommes montés en Suisse pour faire la gorge de Scuol, un des tronçons de l'Inn situé le plus haut. Comme il avait plu toute la nuit, la rivière devait avoir gonflé. J'étais curieux de voir si, en me réveillant tôt et en casant une heure de relaxation paradoxale avant le trajet en voiture, je pourrais surmonter ce souci de syndrome du côlon que je soupçonnais maintenant d'être une autre manifestation de tout le problème tension/adrénaline.

Le plan a fonctionné. Après quarante-huit heures loin de la famille, de l'université, des journaux, des livres, des textos et des courriels, il était déjà plus facile de se concentrer sur les sensations physiques et de tenir les mots à distance. Réveillé à six heures, installé dans la tente avec sous les genoux un sac rond contenant du matériel, je me suis aperçu que j'ai presque aussitôt respiré profondément et régulièrement. Les diverses tensions – visage, avant-bras, cuisses – ont répondu à l'appel comme autant d'élèves ponctuels. Je les ai cochées une par une, j'ai pris mon petit-déjeuner, fait mon tour habituel aux toilettes, et puis… rien. Il y avait les douleurs accoutumées, évidemment, mais à l'arrière-plan, atténuées. Je me sentais bien.

Jusqu'à ce que je voie la rivière.

Plus qu'aucun autre guide avec qui j'avais été, Andy s'assurait qu'avant de commencer nous repérions depuis la berge chaque portion difficile. Il connaissait tous les sentiers et les pistes menant aux meilleurs points de vue d'où l'on pouvait apercevoir la rivière qui tourbillonnait en décrivant un S entre parois et rochers, ou plongeant dans une gorge entre de grosses pierres. Au bout de celle de Scuol, juste avant le débouché, la rivière s'incline et glisse vers la gauche, va s'écraser contre un haut escarpement, si bien que sur une vingtaine de mètres le seul passage existant prend la forme d'une vague furieuse qui revient en bouillonnant vers vous, rejetée par la paroi rocheuse.

Quelque chose a remué dans mes intestins.

Il y a trois chutes difficiles sur le parcours. Naturellement, on fait le repérage à partir du bas en remontant le long de la rivière en voiture jusqu'au point d'embarquement. La première chute, que nous avons donc repérée en dernier, doit être affrontée deux ou trois minutes après la mise à l'eau. C'est trop tôt. La rivière se rétrécit par la gauche pour se déverser pardessus un seuil d'environ un mètre tandis que sur la droite un éperon rocheux dépassant de l'escarpement y forme en plus une vague portefeuille qu'il faut éviter. Dès qu'on descend et qu'on entre là où ça chahute sous le seuil – et il faut arriver pile au bon endroit –, il y a à votre droite une paroi rocheuse en surplomb dont vous n'avez pas la moindre envie de vous approcher. Pour compliquer les choses, juste avant de pouvoir atteindre la chute vous devez passer en frappant à grands coups de pagaie deux rouleaux assez semblables à des lames déferlantes, avec le résultat que, même si vous l'avez bien vu, vos chances d'avoir pris la bonne trajectoire pour atteindre ce coin de rêve ne sont pas bonnes.

Nous étions à peine à l'eau que j'ai déconné. Mon esprit était super concentré, mais mon corps semblait raide, pas loin de prendre avec rancœur cette préparation survoltée et cet état d'hyper-conscience. Les bras étaient réticents. Hanches et cuisses faisaient la grève. Au fur et à mesure que le

grondement de la chute approchait, je savais ce qui allait se passer. Les rouleaux m'ont fait dévier de ma trajectoire. La vague portefeuille m'a retourné d'une chiquenaude. J'ai été emporté comme une merde dans la chute, la tête en bas, et je suis allé me coincer le crâne contre le bateau d'Andy au moment où j'essayais de me redresser – il tentait désespérément de m'attraper – et puis je me suis lancé dans une vilaine nage pleine de coups et d'égratignures qui a sérieusement entamé les jointures de mes doigts. C'était décevant. Je respirais bruyamment.

"Allez, on recommence", ai-je dit.

Andy me l'a déconseillé. Je devais être secoué, pensait-il. L'eau était glacée. Ce ne serait pas une mince affaire de remonter les bateaux. Pourquoi ne pas s'échauffer sur la portion suivante, qui chahutait pas mal.

"Je veux recommencer."

Nous sommes repartis à pas lourds entre rochers et broussailles, les bateaux pesant sur nos épaules, la pagaie à la main. Je déteste marcher, si peu soit-il, en combinaison. Son caoutchouc serré m'irrite. Au moment où nous passions le long de la chute, j'ai demandé davantage d'instructions précises. Comme si le problème était là. Nous avons bien regardé les rouleaux bloquant l'approche, le coin de rêve entre la vague portefeuille et le rocher. Vu de la berge cela paraissait assez clair, mais je savais qu'une fois de retour sur l'eau tout serait plus gros, plus violent, plus compliqué, et, par-dessus tout, la vitesse serait fulgurante.

Il n'y a pas de bouton "pause" avant une chute.

Andy a insisté pour que je fasse quelques étirements, et puis nous avons embarqué. Comme prévu, j'étais désorienté. Les vagues se soulevaient, retombaient, s'enflaient, se brisaient. Il y avait des pierres, invisibles depuis la berge. La rivière accélérait avec une impitoyable détermination, le bruit allait crescendo jusqu'au grondement. Pourquoi ai-je toujours la tentation, dans ces moments-là, d'abandonner le contrôle, de laisser la rivière agir à sa guise ?

"Pagaie ! a hurlé Andy. *Pagaie*, bordel !"

Mon corps a réagi, mais à Andy, apparemment, pas à ma propre volonté. Mon poignet a planté un bon coup de pagaie dans le deuxième rouleau. Ma cuisse s'est fichée dedans. Brusquement, j'étais *présent.* J'étais arrivé. J'ai trouvé le coin de rêve, j'ai maintenu le bateau bien droit dans le chaos et foncé dans le calme du gros tourbillon s'enroulant au-delà.

"J'ai réussi ! ai-je hurlé. J'ai réussi !"

Andy a secoué la tête.

"Tu te crispes, a-t-il dit. Tu as arrêté de pagayer."

Tout le reste de la matinée, je me suis crispé en attendant la fameuse vague en tirebouchon le long de l'escarpement, en fin de parcours. Il y a un endroit merveilleux au plus profond de la gorge de Scuol où, alors que les parois rocheuses s'élèvent à une trentaine de mètres à la verticale de chaque côté, on peut échouer les bateaux dans une sorte de renfoncement et gravir un escalier de pierre pour atteindre un café perché sur une terrasse au-dessus de la rivière. L'endroit était ravissant ce matin-là, un rayon de soleil jouait dans les géraniums posés sur des nappes blanches et il semblait étrange d'être assis là dans nos tenues humides. Andy, je l'ai vu, cherchait à draguer la serveuse et avait du mal à faire attention à mes questions sur la façon de s'attaquer à la dernière chute.

"Détends-toi, a-t-il lancé d'un ton plaintif. Admire le paysage."

Parlait-il de la montagne environnante, ou des courbes superbes de la blonde se penchant pour nous servir ? Il lui a dit en dialecte du Yorkshire qu'elle avait l'air très gaie. Elle a souri et répondu quelque chose sur *das Wetter*. J'ai demandé selon quel angle je devrais approcher la paroi.

"Tu es tellement verbal, m'a fait remarquer Andy quand la fille est partie à une autre table. Regarde bien l'eau et vas-y, c'est tout.

— S'il te plaît, explique-moi la manœuvre en détail."

Il a soupiré et disposé les tasses à café, les cuillères et les gâteaux secs pour représenter les rochers en amont du passage. J'ai tout répété avec soin.

"T'as pigé, a-t-il dit en hochant la tête. Mais on n'y est pas encore, hein, mon pote ? On est ici, au café. Profite de l'instant."

En lui rendant la monnaie au moment où nous partions, la serveuse a souri en lançant un pétillant *Auf Wiedersehen*, mais Andy n'arrivait toujours pas à trouver le courage de lui demander son numéro de téléphone. Je ne voyais pas où était son problème. A mon avis, elle aurait sauté sur l'occasion.

A chacun ses angoisses.

Avant la chute, nous avons débarqué et grimpé à travers une brousse de rochers et de bouleaux pour y jeter encore un coup d'œil. J'avais beau être extrêmement tendu, comme avant un examen capital, je n'avais ni besoin de pisser ni de chier. J'avais dépassé tout cela.

"Ne me dis rien. Je vais te suivre, c'est tout", ai-je déclaré à Andy.

La vague venant de la paroi m'a retourné au moment du choc. Au fond, la vitesse de l'eau était ahurissante. La rivière tout entière s'engouffrait dans un passage de moins de deux mètres de large. Dès que le pire est arrivé, je me suis détendu et j'ai réalisé un esquimautage à l'aise, j'ai encore percuté la vague et me suis encore retourné, et puis, arrivé en bas, je me suis redressé sain et sauf dans un plan d'eau profond.

"Se servir de sa tête comme d'un gouvernail, ça vaut toujours mieux que nager", a été l'unique commentaire d'Andy.

La nuit a été épouvantable. Dans la tente, j'avais pris avec moi une grande bouteille en plastique pour éviter les trajets dans l'herbe mouillée jusqu'au petit coin. Toutes les demi-heures, il fallait que je me mette à genoux pour pisser dedans. Ce qui demandait de la concentration. J'avais suspendu une lampe de poche au toit de la tente et je m'agenouillais dans sa lueur jaune. La bouteille se remplissait lentement. A quatre heures du matin, j'avais la panoplie complète des symptômes. Après une autre journée sur la rivière, la dernière nuit a été encore pire.

Ce voyage m'a ramené des mois en arrière, ai-je compris à la fin du séjour, en quittant le camping au volant de ma voiture. Pourquoi est-ce que je fais ça ? Le lien entre exaltation et douleur était bien visible maintenant ; d'une façon ou d'une autre, que j'écrive ou fasse du kayak, la tension me gagnait pendant la journée et je le payais la nuit.

D'un autre côté, malgré la douleur, les jointures meurtries et les nuits agitées, je me sentais bel et bien revigoré. Tous les menus tracas de la vie domestique, les petites rivalités et la bureaucratie à la fac, le dur labeur et parfois l'ennui de l'écriture avaient été balayés. Le dernier jour, deux rivières difficiles avaient été descendues sans nager. Ni chier ! Même Andy avait eu des mots de félicitations.

Mais ne devrais-je pas être capable de profiter des bienfaits de cette activité physique sans les douleurs ? Andy était à l'aise sur l'eau. Son corps réagissait naturellement à chaque changement liquide. Une fois, il avait pagayé *à rebours* dans une chute pour me voir le suivre. Mon corps, en revanche, ne semblait être là, réellement *là*, que par intermittence. L'impression mentale que j'avais de l'eau était parfois si forte que mes facultés physiques débrayaient. On aurait dit alors que le corps était une marionnette privée de marionnettiste. J'étais emporté au loin.

En entrant sur l'*Autobahn* près d'Innsbruck, j'ai glissé la cassette de *Moby Dick* dans le lecteur mais je n'ai pas pu l'écouter. La question exigeait une réponse : pourquoi est-ce que je pratique ce sport dangereux ? J'ai éjecté la cassette et répété la question à haute voix. "Pourquoi ?"

"Tu es tellement verbal, avait remarqué Andy. Regarde bien et vas-y, c'est tout." Le dernier jour, quand j'avais fini dans un trou que nous avions prévu d'éviter, il m'avait dit que je devrais essayer les verres de contact. "Tu portes des lunettes, d'habitude, non ?" Il avait l'impression que je ne voyais pas bien la rivière. "Il faut que tu la voies *vraiment*, avait-il insisté. Tu ne vois pas. Tu te contentes de m'écouter te la décrire."

Etait-ce un problème de vue ? Quand mon corps se mettait en marche, c'était merveilleux, comme de trouver l'accélérateur sur une bagnole puissante. Après environ une demi-heure sur un parcours, mes hanches et mon dos étaient soudain là, intensément présents, se mouvant avec un savoir infaillible, souple et intuitif. Ils prenaient le commandement. L'esprit conscient cédait la place à une sensation de concentration pure. Et je pouvais tout faire.

Ce n'était pas un problème de vue.

J'ai roulé en silence jusqu'au col du Brenner, puis je suis redescendu sur l'Italie, avec sur ma gauche les Dolomites, nobles et élégantes dans la brume. En regardant les versants élevés, j'ai commencé à sentir la pression d'un fait, ou d'une idée, qui tentait de se joindre à la discussion. Quelques années auparavant, en travaillant avec un étudiant en année de thèse qui traduisait des récits d'alpinisme du XIXe siècle, j'étais tombé sur la description qu'avait faite Samuel Taylor Coleridge de sa curieuse descente du Scafell Pike dans le Lake District, en 1802, probablement le premier récit par écrit d'un grimpeur amateur.

Coleridge, me suis-je souvenu, avait été mon premier réel amour *littéraire* quand j'avais autour de quinze ans, bien qu'évidemment nos professeurs ne nous aient pas parlé du Scafell. Le premier essai littéraire que j'ai rédigé, dans un cahier d'écolier, portait sur son poème, *Gel à minuit*.

Alors pourquoi y avait-il un rapport ? Dans la voiture, j'ai tenté d'évoquer les détails. Coleridge, un intellectuel, presque toujours en mauvaise santé, un rêveur corpulent, "peu enclin aux activités physiques", se vantait que lorsqu'il marchait dans la montagne il aimait grimper ou descendre sans se donner la peine de suivre un sentier. En haut ou en bas, il y allait, voilà tout. Ce qui, sur le Scafell, lui avait valu des ennuis.

J'ai secoué la tête. S'il y avait une raison pour laquelle je m'en souvenais, je ne voyais pas laquelle.

De retour à Vérone, j'ai cherché cette histoire sur Google. Coleridge s'était senti oppressé dans sa petite maison à la campagne, avec femme et enfant, et il était parti marcher dans l'espoir de trouver un peu de soulagement. Il raconte ses aventures dans une lettre à la femme dont il était réellement amoureux, Sara Hutchinson. Il aimait les promenades dangereuses, lui disait-il, près des rivières et des chutes d'eau, les jours d'orage et de pluies torrentielles. "J'ai toujours trouvé cet état d'esprit *tendu et anxieux* favorable à l'intensité de la sensation agréable", écrit-il.

En classe, bien sûr, on nous avait parlé du sublime et du culte de la sensation. Mais en lisant ces mots intimes, les catégories grandioses ne semblaient pas compter. On se demandait plutôt quel était exactement l'état mental que Coleridge désirait vivement remplacer par cet état d'esprit "tendu et anxieux" ? J'avais certainement été tendu jusqu'aux limites de l'anxiété dans la gorge de Scuol. Mais pourquoi avais-je besoin de cela ?

Ensuite, il décrit une rivière. Je ne m'y étais pas attendu. Je ne m'étais souvenu que de l'épisode de l'escalade.

> C'est un grand torrent depuis le sommet de la montagne jusqu'en bas… l'eau folle dévale dans son lit *sineux**, ou plutôt dans sa prison rocheuse, en courbes si rapides, comme si elle prenait les virages non pas mue par la force mécanique mais avec un pressentiment, tel un habile et farouche conducteur. De grandes masses d'eau, l'une après l'autre, qu'au crépuscule on eût pu avec émotion comparer à une vaste foule d'ours blancs gigantesques, se ruant, les uns sur les autres, contre le vent – leur long poil blanc se fracassant de tous côtés dans le vent.

Drôle de truc. Aucune rivière ne *m*'a jamais fait penser à des ours blancs, bien que cette impression de masses d'eau dégringolant les unes sur les autres quand elles se bousculent dans un espace qui va rétrécissant me soit très familière. Et quel étrange mélange de références : l'eau est "folle" et en "prison" (un hôpital psychiatrique ?). Elle est personnifiée, luttant pour s'échapper, comme Coleridge de chez lui, avec un pressentiment, "un habile et farouche conducteur". De quoi, en 1802 ? Un cheval et une charrette ? Et puis ces ours avec leur "poil se fracassant de tous côtés". Les ours ont-ils le poil long ? Le poil se fracasse-t-il ? De tous côtés ? Ces trois mots avaient-ils déjà été réunis auparavant ? Ce qui se fracassait ici c'était l'usage normal, et même le bon sens. J'ai repensé à l'époque où j'avais écrit mon roman sur la pratique du kayak, *Rapides*, au défi que c'était de décrire les rivières de montagne. Coleridge allait peut-être dans ce genre d'endroits parce qu'ils poussaient au maximum sa capacité à mettre le monde en mots.

J'ai déniché ma vieille édition scolaire de ses poèmes choisis, et découvert que *Découragement : ode* avait été écrit quelques mois à peine avant cette aventure. Là, il se lamente sur son état psychologique désastreux, et sur la façon dont ses

* Le texte anglais dit *sinous* plutôt que *sinuous*, ce que l'auteur souligne par l'usage de l'italique.

nombreuses “misères” l’ont poussé à *séparer pensée et sentiment, esprit et corps*, avec l’espoir que cette “recherche abstruse” puisse “dérober à ma propre nature tout l’homme naturel”. Insomniaque, il attend avec impatience une tempête si violente qu’elle le forcera à dépasser ses ennuis. C’était là un homme plein de *vata* bloqué qui n’attendait que d’être emporté.

Scafell Pike s’en est chargé.

> Et maintenant j’arrivai devant un rocher à angle droit et à la surface lisse d’environ deux mètres de haut – ce n’était rien – je posai les mains sur la saillie et me laissai tomber – quelques mètres plus bas s’en présentait un autre tout pareil – je me laissai *tomber* de celui-là aussi, puis un autre encore ne semblait point plus haut – je n’eusse pas voulu me tenir debout ne fût-ce qu’une minute et me laissai tomber de celui-là aussi – mais l’étirement des muscles de mes mains et de mes bras, et la secousse de la Chute dans mes Pieds, jetèrent mes Membres tout entiers dans un *Tremblement*, et je m’arrêtai, regardant en bas, je vis que j’avais peu de chose à affronter sinon une succession de ces petits Précipices – c’était en vérité un Sentier qui par très grosse Pluie est, sans doute, le lit d’une Cascade des plus magnifiques.

Ainsi, Coleridge se trouve à présent là où l’eau devrait être. Sur les pierres d’une cascade. Très vite il *se* dit fou, tout comme l’eau était folle dans la description précédente. Il est parvenu à un endroit d’où il ne peut plus repartir vers le haut, mais où la prochaine saillie rocheuse en dessous est si loin que :

> … si je chutais dessus je serais nécessairement tombé à la renverse et bien sûr me serais tué. Les Membres tout tremblants – je m’allongeai pour me reposer, et commençai selon mon Habitude à rire de moi, Fou que j’étais, quand la vision des Rochers à pic au-dessus de moi de part et d’autre, et des Nuages impétueux qui les coiffaient, aux couleurs criardes et filant si vite vers le nord, m’impressionna. J’étais étendu dans un état de Transe et de Plaisir presque prophétique – et bénissais Dieu à voix haute, pour les pouvoirs de la Raison et de la Volonté, qui le danger passé peuvent nous subjuguer.

Je ne comprenais pas. Il est impressionné, et apparemment ravi de l’être – il a ce qu’il cherchait –, mais en même temps il bénit Dieu pour le pouvoir de la Raison et de la Volonté.

Parce qu'elles l'aideront à sortir de ce mauvais pas ? Ou parce qu'elles lui permettront d'écrire sur le sujet ? Il "explique" :

> Je ne sais point comment faire ni comment m'en retourner, mais je suis calme, impavide et confiant – si cette Réalité était un rêve, si j'étais endormi, de quelles angoisses aurais-je souffert ! Que de cris ! Quand la Raison et la Volonté sont absentes, il ne nous reste plus qu'Ombre, Obscurité et une déconcertante Honte et une Douleur qui est absolument le Seigneur au-dessus de nous, ou un phénoménal Plaisir, entraînant l'âme qui nage au fil de l'air en de nombreuses formes, et même celle d'un Vol d'Etourneaux dans le Vent.

C'est déroutant ; sans raison ni volonté, nous passons tour à tour, comme dans les rêves, de l'horreur au plaisir phénoménal ; mais Coleridge décrit ce dernier état avec tant d'enthousiasme qu'il semble éliminer le premier, et faire de l'esprit calme et impavide qui lui plaît tant quelque chose d'inintéressant. Dans le plaisir libéré de la raison, l'âme nage et change sans cesse de forme. *Ergo*, n'a pas d'identité ? Comme mon Cleaver, le poète ne paraît pas très bien savoir s'il veut mal finir ou non.

Un paragraphe assez ennuyeux explique alors de quelle façon Coleridge est sorti de prison en descendant une ravine qu'il n'avait pas remarquée auparavant.

Pendant quelques jours, j'ai laissé cette histoire aller et venir dans ma tête, en retournant de temps en temps sur le Net pour lire des bribes de la biographie de l'écrivain ou un poème ou deux. En particulier, j'ai cherché à me renseigner sur les nombreuses maladies de Coleridge. Il est surprenant de constater – et c'était également vrai quand j'écrivais sur Thomas

Hardy – combien de biographies se contentent de dire, Coleridge était malade et commença donc à prendre du laudanum, dont il devint dépendant. Sans vous préciser quelle était cette maladie. Comme si l'on pouvait connaître un homme sans connaître sa maladie. Un site Internet signalait qu'il avait un genou enflé. Un autre qu'il souffrait de rhumatisme articulaire aigu. A l'aveuglette, j'ai cherché sur Google “Coleridge urine” et trouvé ceci :

> *Quelle Chose magnifique que l'urine, dans un Pot, brun-jaune, pellucide, l'Image, en forme de diamant de la Bougie dedans.*

Pellucide ! Signifiant “clair”, je suppose. Mais le mot lui-même est plus apparent que transparent. En tout cas, voici quelqu'un qui avait l'habitude d'uriner la nuit, l'habitude de tenir une bougie au-dessus de son pot de chambre. J'ai repensé à la lampe de poche dans la tente éclairant ma bouteille en plastique.

Et puis j'ai trouvé un article exprimant de l'admiration pour Coleridge, qui dans son journal ne faisait pas de manières. Il parlait ouvertement de “douleurs intestinales atroces” ou de “testicules deux fois plus gros que la normale”.

Pour vingt dollars, j'ai acheté le mémoire d'un chercheur publié par la John Hopkins University Press, qui promettait d'examiner l'infinie obsession littéraire de Coleridge à l'égard de sa santé. Sa mauvaise santé. C'était un texte qui faisait réfléchir. Au vu des descriptions interminables de ses maladies intestinales, conclut l'auteur, Coleridge était probablement “l'un des plus incorrigibles hypocondriaques de l'histoire”, un homme dont l'état mental “se manifestait par des auto-diagnostics sémantiquement riches présentant de manière typique des contradictions internes qui soulevaient davantage de questions qu'elles ne donnaient de réponses”. L'auteur poursuit :

> Evidemment, le rapport dans l'histoire de la médecine entre le mauvais état de santé et l'étiquette “hypocondrie” attachée à l'intestin représente une vaste zone d'histoire culturelle à laquelle nous ne pouvons même pas songer à faire convenablement allusion ici, sinon pour dire que Coleridge était le genre de personnage sédentaire, solitaire, érudit et emblématique qui se trouve certainement assez proche du cœur de ce propos.

Voilà qui me rappelait terriblement la jaquette d'*Un mal de tête dans le bassin* du Dr Wise. Zacharie, sédentaire et érudit. C'est le genre de types qui bougonnent. Je me suis senti mal.

Le professeur de John Hopkins était impitoyable. Parce que les douleurs du poète n'avaient aucune conséquence sinon de le faire souvent aller à la selle, il conclut que cette obsession qu'avait Coleridge d'écrire sur le sujet était sans fondement, autistique, et d'aucune aide pour quiconque chercherait à comprendre les troubles intestinaux.

> Les catégories médicales, stables et instables, existaient dans son imagination surtout en tant que constructions linguistiques ; parce que tout langage est par degrés métaphorique, les catégories instables se prêtaient plutôt plus fébrilement que les catégories stables aux images aberrantes.

En bref, aussi insaisissable qu'une cascade de montagne, la douleur donnait à Coleridge l'idée d'évoquer des images étranges. Dans la mesure où la bonne opinion qu'avait de lui-même l'écrivain dépendait largement de sa capacité à faire preuve de créativité linguistique, cela valait la peine de souffrir, ou d'imaginer qu'il souffrait, comme cela avait valu la peine de risquer sa vie sur Scafell Pike, puisque son écriture s'en trouvait stimulée.

> Coleridge paraît avoir pris un plaisir intense, et même quasi morbide, à démêler les ambiguïtés sémantiques des catégories médicales.

C'est là une critique agressive. Et, bien entendu, nous ne pouvons pas *savoir*. Nous ne pouvons pas savoir s'il souffrait vraiment, ni à quel point. J'ai tenté de résumer. Craignant, cinq ans après *Le Dit du vieux marin* et *Kubla Khan*, d'avoir perdu sa créativité, son esprit étant douloureusement partagé entre une épouse et une maîtresse, Coleridge cherche à vivre, dans la nature, des expériences si intenses qu'elles engloutiront ces soucis et l'insupportable processus de pensée tout entier dont il souffre quotidiennement. Il est ensuite tellement exalté par l'expérience extrême, qu'il tente de l'exploiter pour retrouver sa créativité, pour montrer qu'il peut encore produire des images remarquables, pousser la langue jusqu'à ses limites, fracassant le poil d'ours blancs des eaux qui dégringolent. Il y a un conflit fondamental : il faut s'affranchir de la langue qui fait partie du pénible processus de pensée ("des pensées qui me torturaient", ai-je trouvé dans un poème de 1803) ; mais la langue doit aussi être glorifiée comme le (seul) moyen de communiquer l'expérience exaltante de l'évasion hors de la pensée (et du langage).

Dans *Hymne avant l'aube, dans la vallée de Chamonix*, écrit en 1802, j'ai trouvé ces mots, adressés au mont Blanc :

> … Je t'ai tant admiré
> Que malgré ta présence à mes sens corporels,
> Tu as disparu à ma conscience : la prière
> M'a ravi, m'a fait vénérer l'Invisible seul*.

Et autre part dans une note, ceci :

> Penser à une chose n'est pas la percevoir, comme "marcher" n'est pas "sentir le sol sous ses pieds".

Percevant le mont Blanc, sans le penser (en mots), Coleridge entre dans un état de transe, tout comme il était presque en transe sur Scafell Pike. Et c'était dans une sorte de transe, dans mon souvenir, que le vieux marin se rachetait en bénissant les serpents d'eau. *Sans m'en rendre compte*, c'est l'expression. J'ai cherché le vers. Il les bénit *sans s'en rendre compte*. C'était quand – après un "laps de temps immobile" peut-être – on entrait dans une perception immédiate du monde, sans la médiation du langage, qu'il y avait une chance pour que l'amour et la joie jaillissent de votre cœur. "Aucune langue ne saurait célébrer leurs beautés", dit des serpents d'eau le marin. Ineffable.

* Traduction Jacques Darras.

Quand il n'avait pas le mont Blanc devant les yeux, Coleridge tâchait d'entrer dans cette relation immédiate avec le monde en dévalant les rochers de Lake District. Quand il n'avait pas Scafell Pike, il prenait du laudanum et de sa transe ramenait *Kubla Khan*. Le mouvement était toujours le même : loin de la douleur / de la pensée / des mots par l'intermédiaire de l'expérience extrême / du sublime / des drogues ; puis retour aux mots / à la pensée / à la douleur par l'intermédiaire de la poésie sublime. L'évasion nourrissait donc la compulsion à laquelle elle s'efforçait d'échapper.

Je passe, comme la nuit, de pays en pays
Je dispose de l'étrange pouvoir de dire.

C'est pervers, ai-je conclu. Coleridge était pervers. Je suis pervers quand j'essaie de juger de ses expériences au travers des miennes. La seule lueur d'analogie était, peut-être, que le genre de tension mentale dans laquelle je vivais – indiscutablement un monde de mots – m'avait poussé à m'adonner à un passe-temps, le kayak, qui avait l'avantage de balayer la pensée et de me ramener à une relation urgente et immédiate avec mon corps et le monde. Ce faisant, toutefois, je propulsais mon taux d'adrénaline à une hauteur record et créais un niveau de tension encore plus élevé, quoique d'un type différent. Ensuite j'aggravais le tout en me tracassant sur la façon de réintégrer ces expériences dans le monde des mots. J'hésitais donc entre une obsédante tension super-verbale dans mon bureau, et une intense tension physique sur l'eau. D'une façon ou d'une autre, mes entrailles en payaient le prix.

Comme celles de Coleridge.

Conclusion. C'est une grosse erreur d'imaginer qu'on peut revenir à une meilleure relation avec son corps en se contentant de le malmener en le jetant dans l'action extrême. Dans mon cas, il était temps de trouver comment sortir de ma situation délicate sans chasser une forme de tension en plongeant dans une autre.

Résolution. Si j'écrivais un jour sur cette "maladie", ce serait une fois guéri, quand elle ne serait plus une "affection". Et alors, avec les mots les plus simples. Pas d'ours blancs au poil qui se fracassait. Pas de littérature maniérée aux dépens du bien-être.

RÊVES DE FLEUVES ET D'OCÉANS

Début septembre, j'ai annulé ma carte d'abonnement au stade et pris un rendez-vous chez un praticien de shiatsu. Qu'est-ce qui ne marchait pas avec les mots ? m'étais-je demandé. La même chose que ce qui marchait, vraisemblablement. Sans mots il est difficile de parler de quelque chose qui n'est pas là, maintenant, devant soi, il est difficile d'être conceptuel ou même de raconter une histoire. Il est difficile de faire des projets. Difficile de se tracasser.

Quelle perte ce serait.

Avec des mots, en revanche, on s'aventure partout, dans tous les domaines, on peut aller en arrière dans le passé, en avant dans le futur. Soucis passés, soucis présents, soucis futurs : ce que l'on devrait dire demain, ce que l'on aurait dû dire hier. Avec des mots on peut faire des projets et en changer. On peut avoir des dates et des chiffres à se rappeler. On peut bâtir des châteaux en Espagne, des palais dans les airs. Et les démolir. Avec des mots on peut parler de choses qui n'existent pas, d'époques qui n'ont pas été, de ce qui aurait pu être, parler d'éternité, de concepts grammaticaux. Si l'on veut, ou même si l'on ne veut pas, on peut vivre entièrement dans les livres et les journaux, les chats et les causeries radiophoniques, des dimensions totalement détachées de l'ici et maintenant de sa propre existence. On peut téléphoner à l'émission et exprimer son opinion sur le sida en Afrique, sur les Oscars à Los Angeles. On peut envoyer le même courriel à trois amis à la fois, ou lire des textos tout en faisant l'amour. C'est un processus intensément *mental.* N'était-ce pas, m'est-il venu à l'idée, ce dont parlait la seconde partie de *Kubla Khan* ?

Pussé-je ranimer en moi
Sa symphonie et sa chanson,
J'y gagnerais un bonheur si profond
Que par une musique longue et claire,
Je bâtirais ce palais dans les airs,
Ce palais au soleil ! et ces grottes de glace !
Et tous ceux qui entendraient le verraient en place,
Et tous crieraient : — Gardez-vous ! Gardez-vous* !

Les mots bâtissaient des palais qui n'avaient jamais existé. Dans les airs. Matériau purement mental. Attention, effectivement ! Car peut-on jamais exprimer avec des mots où commence le réel et où il finit ?

Car le langage est plus ou moins métaphorique.

Le langage bâtit des palais, puis d'autres palais par-dessus, tandis que le premier disparaît. Parce que les mots ne sont jamais immobiles. L'ouverture d'une phrase vous projette en avant ; la fin exige que vous ayez le début à l'esprit. Un paragraphe mène à un autre, et cette page-ci à la suivante. L'œil est en avance sur les lèvres. En lisant, nous tournons la page pendant que les dernières lignes de la précédente s'éclairent. Quand je tape, mes pensées filent devant mes doigts. Poussées en avant. Jamais maintenant. Jamais enracinées dans l'instant présent.

En lisant, en écrivant, en parlant, en pensant, on se meut dans un système distinct. La carte peut être une carte réelle, mais elle n'est pas le territoire. Penser un objet, ce n'est pas le percevoir. Envoyer un texto à une petite amie, ce n'est pas être avec elle. On perd son emprise sur les choses telles qu'elles sont. Mais cette seconde vie est compulsive. Impossible de s'arrêter. Une tourbillonnante machine à mots s'élève au-dessus des lourdes surfaces de terre, de ciment et de peau. Esprit et corps se séparent. Vous êtes maintenant plus à l'aise sur la page que sur le trottoir, sur Internet que dans la rue. Votre esprit c'est vous. Votre corps est un véhicule. Un facilitateur. Une oreille pour entendre, une bouche pour parler, des yeux pour lire, des doigts pour écrire. Un accessoire de mode, parfois. Ou alors une gêne. Quand un trouble d'ordre physique s'introduit de force dans votre conscience, dans les mots, vous vous sentez désorienté, trahi.

* Traduction Bertrand Bellet, éditions Skiophoros. Mise en ligne 2009.

> Cette Maison qui respire que des mains n'ont pas bâtie,
> Ce corps qui me fait un tort cruel.

Ainsi Coleridge.

Mal à l'aise, on prend des mesures draconiennes (de temps en temps). On tente de ramener de force son corps dans une relation avec soi (parfois). On l'oblige à courir plus loin qu'il n'en a envie (deux fois par semaine), à nager cent longueurs (le samedi après-midi) ; de cette façon, il transmettra des endomorphines du bien-être. On le force à pagayer sur des torrents dangereux (deux fois par an), à sauter en parachute d'un avion, ou du haut d'un grand pont au bout d'une corde élastique (pendant les vacances annuelles), de cette façon il se gavera d'adrénaline et d'émotions : peur, excitation, euphorie. On s'imagine par ce moyen redécouvrir son corps, en l'aérant un bon coup, en le mettant à l'épreuve, en le gardant *présentable*, comme mes parents voulaient toujours que nos corps soient présentables. On ne veut pas devenir obèse. Ou anorexique. Puis on s'assoit devant son écran et on écrit des textes sur ses expériences. Tout cela était mental, du début à la fin. Même quand cela paraissait éminemment physique, c'était mental. La vie mentale a triomphé de la vie physique, dit Lawrence dans *L'Amant de Lady Chatterley*. La salle de gym moderne avec ses appareils et ses miroirs, le chirurgien esthétique avec ses brochures séduisantes, ce sont là des signes révélateurs. Il en va de même avec la pornographie et l'obsession pour la lingerie. Les hommes n'aiment pas les femmes, se plaignait Lawrence, ils aiment leur lingerie. L'esprit fantasme le corps, bâtit des courbes dans les airs. Sur des grottes de glace. "Alors que la bonté est l'ordre du jour un peu facile, en dessous… nous trouvons un cœur glacé… chaque homme est une menace pour tous les autres." Avoir perdu le contact avec son corps, c'est avoir perdu l'amour que l'on porte à son prochain.

Et si l'on n'a pas l'énergie pour les haltères ou de goût pour le bistouri, on peut aller au stade et *regarder* travailler les athlètes sérieux. Depuis dix ans j'avais une carte d'abonnement pour le Hellas Verona FC. Pile dans la *curva sud*. Le stade me branchait direct dans un état survolté sur l'ici et maintenant du match, les allers et retours du ballon, l'immédiateté de l'instant face au but : Maintenant, shoote ! *Maintenant !* On ne rejoue pas le match, on ne fait pas de deuxième tentative. Pas question de reformuler ni de traduire. Le drame de l'instant. Le temps qui s'écoule. La vie qui s'en va.

Au stade, les mots qu'on emploie sont enfermés dans le présent, ce sont des exhortations, des psalmodies, des mantras. *Hellas, Hellas, Hellas !* Attaque, attaque, attaque ! Allez, allez, allez ! C'est un combat (avec Hellas, un combat pour se qualifier). La foule prend part à la lutte de son équipe. Mais seulement au plan psychologique, bien sûr. Je ne suis pas le joueur devant le but. Je n'ai rien à faire maintenant. Rien de physique. Je suis mis en émoi, mais par le jeu d'un autre. Je savoure la violente immédiateté de la vie, de sa vie (ma déception), à distance. Elevé du terrain où se déroule l'action jusqu'au poste d'observation des gradins, je crie des choses aux joueurs en bas. Je sais qu'ils n'entendent pas mes imprécations. Je crie pour moi. Pour m'exciter.

Au début d'un grand match, mon corps frissonne. Je suis tendu. Il faut que j'aille aux toilettes. Mon corps subit l'excitation de l'esprit. En lisant le programme, ma main tremble. Aujourd'hui, on reste en haut ou on redescend. Hellas est au bord du précipice. Hellas est toujours au bord du précipice. Je ne peux pas regarder quand on tire un penalty.

Quand je quitte le stade, je suis émotionnellement vidé, épuisé. Euphorique ou déprimé. A la radio, dans la voiture, des voix impérieuses ont entamé l'analyse d'après-match. En marchant dans la nuit, je suis encore furieux qu'on nous ait refusé un penalty. Mon ventre est en feu. Je ne peux pas pisser, il faut que je pisse.

Ça suffit. Cet automne, je n'ai pas renouvelé ma carte d'abonnement, non, je suis allé m'allonger sur un grand futon, de trois mètres sur trois, peut-être, occupant presque toute la surface d'une petite pièce confinée qui donne sur la rivière, au centre de Vérone. Des mains chaudes ont soulevé mon pied droit.

"Lâchez prise, a dit une voix douce. Laissez-moi porter le poids."

J'ai tenté d'abandonner le contrôle. Les mains ont saisi mon pied, avec fermeté mais sans brusquerie. Ensuite, après une courte exploration, en posant mon talon sur sa paume, le praticien a demandé : "Ici ?" et a enfoncé un doigt dans la plante de mon pied. Un contact s'est allumé. La douleur a filé du pied à la vessie et *simultanément* de la vessie au pied. Il y avait un fil sous tension tout le long de ma jambe, à l'arrière.

"Aïe ! Oui !

— Le méridien de l'eau", a dit Ruggero.

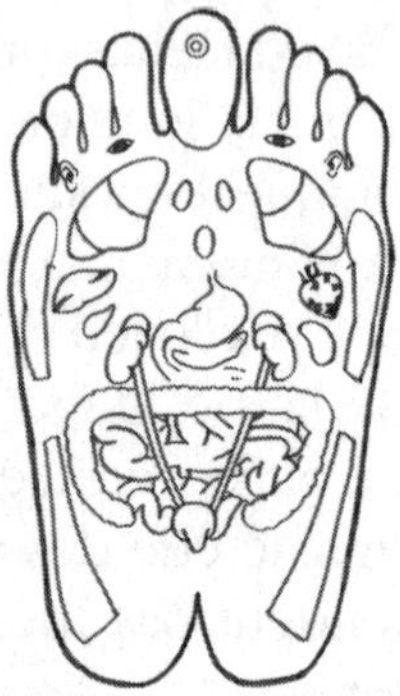

Avant, je m'étais montré sceptique.

"Si tu ne peux pas aller en Californie faire le massage anal, avait dit ma femme en riant, pourquoi ne pas essayer un peu de shiatsu ?"

En un peu plus de deux mois, la relaxation paradoxale avait progressivement atténué la douleur. Des nappes de bien-être de plus en plus grandes s'étalaient autour de mes séances. Elles étaient pourtant encore peu profondes. Il y avait des rechutes. Les nuits ne s'étaient pas améliorées. Et puis mon tout nouvel optimisme m'avait rendu impatient. Je voulais que les choses changent *rapidement.* Ayant été présenté à mon corps, à ses pulsations et ses raccords étranges, je voulais en savoir davantage, *maintenant.*

Tout de même, j'étais sceptique.

"Ruggero n'est qu'un couturier, avais-je protesté. Que peut-il faire pour moi ?"

Nous connaissions un type de notre âge, un natif de Vérone, devenu praticien de shiatsu. Dix ans plus tôt, pendant une crise de la quarantaine. Maintenant il enseignait le shiatsu à Milan et à Padoue. Avant, il faisait des robes pour les riches Véronaises. C'était le père d'un des premiers amis d'école de mon fils. Les deux familles avaient autrefois mangé la pizza ensemble. La femme de Ruggero était sténographe au tribunal. Ce n'étaient pas des gens très raffinés.

"Ça ne peut pas faire de mal", a dit Rita.

Je faisais un blocage vis-à-vis du massage. Je l'associais peut-être à la paresse et au laisser-aller, ou à des trucs orientaux et inquiétants. J'avais peut-être peur qu'on me touche. Je me souviens d'une occasion, j'avais alors la trentaine ; à la salle de gym où je travaillais mes abdominaux comme un forcené et me déchaînais au volley-ball, la direction avait décidé d'offrir des cadeaux de Noël aux clients. En prenant un petit paquet rouge sur le sapin de l'entrée, on pouvait trouver à l'intérieur un bon pour trois mois d'adhésion gratuite, ou dix entrées à la piscine. Le mien m'attribuait trois massages. J'étais tellement contrarié que j'ai supplié qu'on remplace le cadeau par autre chose. N'importe quoi. On m'a donné les entrées à la piscine, et j'ai sillonné le bassin en soulevant des gerbes d'eau pour voir si je pouvais nager autant de longueurs qu'à l'époque où j'avais dix-huit ans.

Ruggero m'a repris :

"Le shiatsu n'est pas un massage. C'est une forme de thérapie par le toucher et la pression."

Il voulait savoir pourquoi j'étais venu. Aussi brièvement que possible, je lui ai décrit ma situation. Il a pris des notes. Et s'est assuré que j'avais passé tous les examens médicaux nécessaires. Il m'a demandé de me déshabiller en ne gardant que mon slip et mon tee-shirt, et de m'allonger. Ensuite, comme quelqu'un qui branche un câble pour vérifier un circuit, il a choisi un point sur la plante du pied et a appuyé dessus. La douleur dans ma vessie a été immédiate et violente, mais a disparu à l'instant même où il a relâché la pression.

"Et les rêves ? a-t-il demandé.

— Quoi, les rêves ?"

Ce serait la première de nombreuses conversations embarrassantes. Ruggero parlait de méridiens, de yin et de yang, comme s'ils étaient aussi réels que les globules rouges et blancs, les nerfs et les tissus, et non pas simplement des mots, des inventions, des histoires. J'ai décidé de lui faire plaisir, mais j'étais perturbé. L'entrée en matière avec mon pied avait été impressionnante.

"Les rêves pourraient nous donner des informations sur votre maladie, a dit Ruggero. Je suppose que vous rêvez d'eau."

J'ai ouvert de grands yeux. J'étais en train de terminer un livre qui s'intitulerait *Rêves de fleuves et d'océans*. Mais je n'allais pas le lui dire.

"De temps en temps", ai-je répondu.

Il a voulu savoir de quel genre d'eau je rêvais, quels autres éléments étaient présents. Je lui ai raconté que très récemment je regardais du sommet d'une colline des excavatrices détournant le cours d'un fleuve ; un énorme rocher refusait de bouger. Dans un autre rêve, j'avais entendu une voix appeler et descendu un escalier s'enfonçant d'une trentaine de mètres sous notre maison ; là, j'avais découvert un ruisseau qui coulait tranquillement dans le noir complet à travers une roche massive.

Ruggero a réfléchi. Il a consulté des schémas où des lignes de diverses couleurs décrivaient dans le corps des circuits compliqués. C'est un petit bonhomme légèrement bedonnant avec un visage rond de moine et une barbe broussailleuse. J'étais vaguement irrité, et pensais que si j'étais venu et que je le payais pour sa thérapie, il devrait commencer à se mettre au travail.

Il n'était pas médecin, a-t-il précisé. Ces problèmes devaient être liés à des déséquilibres élémentaires, à de l'énergie bloquée. La terre doit contenir l'eau, par exemple, mais sans la bloquer. L'eau doit rafraîchir la terre, mais sans l'emporter. Il pouvait travailler sur ces liens, mais si je voulais guérir tout à fait il y aurait très probablement des choses dans ma vie qu'il faudrait que je change.

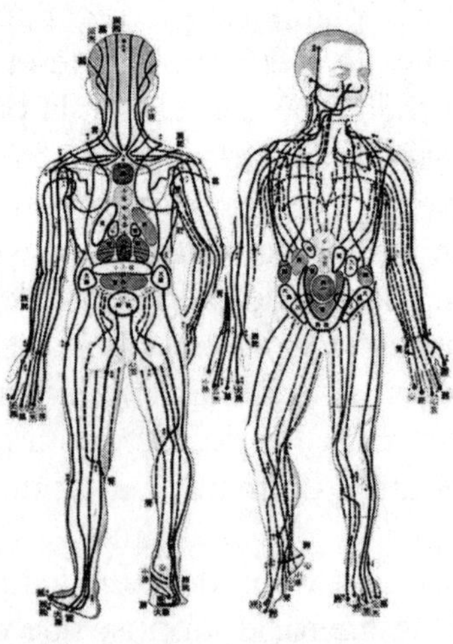

Je n'ai pas relevé ces idées saugrenues, exactement comme je m'abstiens de commentaires quand ma mère parle des dons du Saint-Esprit et du caractère inéluctable d'Armageddon. Une mentalité New Age extravagante pointait son nez. Souvent, a dit Ruggero, il y avait un lien avec le moment de l'année, la position d'une planète. J'ai repensé au Dr Hazan et à ses thèmes astraux, ses théories sur les luttes à l'intérieur de l'esprit. Chaque élément, a expliqué Ruggero – terre, feu, eau et bois –, avait ses saisons plus fortes et plus faibles. Nul doute que mes ennuis empiraient en hiver.

Ruggero adorait parler de ces trucs-là, dont pas un seul n'était démontrable. Mais quand il commençait à me toucher, toute discussion prenait fin. A genoux sur le futon, sous l'empire de la concentration ou peut-être même de la prière, il semblait entrer en transe. Quand il saisissait une jambe, ou un bras, ses mains transmettaient aussitôt réconfort et savoir. Vous étiez tenu, et il vous connaissait, par l'intermédiaire du toucher. Il paraissait parfois attendre que votre corps lui dise quelque chose. Il levait une main pendant quelques instants, sans bouger. Pour moi c'était tout nouveau et, je dois l'avouer, magnifique, émouvant même. Les émotions remuaient en moi comme de la vase agitée avec un bâton. "Lâchez prise", murmurait-il en soulevant ma tête. C'étaient les seuls mots qu'il prononçait. Ou plutôt, en italien, un mot : *"Moll"*, lâchez prise.

Une étrange relation s'est établie. Avant et après le traitement, je le laissais évoquer un moment la possibilité de renforcer tel ou tel méridien, de vider l'énergie du haut ou du bas du corps. C'était du charabia. En même temps, j'avais entièrement confiance en ses mains. Je savais que ces mains-là savaient des choses. Apparemment, il valait mieux ne pas essayer de dire exactement quoi. Quand je me relevais à la fin de la séance, je me sentais agréablement épuisé, ou débordant d'énergie. Un jour, j'ai gravi la colline pour retourner au parc de stationnement avec la démarche bondissante d'un gamin de quinze ans. Je pouvais voler. D'autres fois, ma température corporelle chutait considérablement. J'étais glacé.

Jamais Ruggero ne m'a fait deux fois le même traitement. Il me demandait comment j'allais. Je me montrais bref ; j'étais impatient de commencer, agacé par le temps qu'il perdait, déjà en train d'ôter mes chaussures pour qu'il se dépêche. Ensuite j'étais honteux quand, au lieu de me consacrer une heure, il continuait pendant une heure et demie, voire deux heures. Mais me faisait toujours payer la même somme.

“Chaque traitement est une réponse à votre état du jour”, disait-il.

Donc, manifestement cet état changeait de temps en temps. Si, dans l’intervalle, j’avais rêvé d’eau, ou de n’importe lequel des autres éléments, je lui racontais le rêve en une phrase. Un jour, il a remarqué que plus que tout autre patient je l’avais convaincu que les maîtres du shiatsu avaient raison à propos des rêves. J’ai ri et lui ai répondu que je n’en croyais pas un mot. C’étaient ses mains. Rien que ses mains. Et puis, pris d’une impulsion, je lui ai demandé :

“Faites que je me tienne droit, Ruggero. Je vous en prie. Aidez-moi à marcher la tête haute.”

La plupart du temps, le Dr Wise prend soin de confirmer les dires d'*Un mal de tête dans le bassin* en se référant à de respectables documents de recherche. La notion de relaxation paradoxale, par exemple, est présentée comme le développement de travaux menés par le Dr Edmund Jacobson dans les années 1920 et 1930. En général, il sous-entend que s'il ne s'agit pas encore de médecine conventionnelle, cela ne saurait tarder.

Mais comme je l'ai déjà suggéré, il y a un côté plus mystique chez le Dr Wise. Dans un passage, il établit une correspondance entre les quatre chevaux zen et quatre niveaux de préparation à la thérapie, et se permet, vers la fin du livre, de mentionner "l'antique sagesse du Bouddha" comme si ce jugement positif était une chose sur laquelle nous étions tous d'accord, plutôt qu'une affirmation qui ferait lever les bras au ciel de dégoût à ma mère. S'efforçant de décrire la bonne "attitude d'acceptation" pour ceux qui se lancent dans la relaxation paradoxale, il cite, entre toutes choses, un haïku japonais.

Des feuilles d'automne craquantes
Bruissent doucement
Puis s'envolent.

Ecrite sans ornements, jugement ni interprétation, remarque Wise, cette description montre le poète acceptant simplement les choses telles qu'elles sont, un état d'esprit que les personnes souffrant de douleur pelvienne devraient imiter. A mes yeux, il y a beaucoup d'ornements dans ces courtes lignes ; ce qui est utile, peut-être, pour la personne cherchant à se détendre, c'est l'image de quelque chose qui disparaît, naturellement et à juste titre, sans résistance, comme doivent le faire les feuilles d'automne, la voix du poète se taisant à l'instant même où l'objet qu'il décrit est emporté. En lisant le haïku, vous êtes incité à imaginer que ses huit mots bruissants se sont envolés avec les feuilles, de façon naturelle et inévitable, et l'esprit peut maintenant se reposer en leur absence. Le Dr Jacobson, explique Wise, avait remarqué que *toute pensée, même silencieuse*, contractait toujours les divers muscles qui contrôlent la parole. Pour se détendre profondément, il faut se débarrasser de la pensée.

Quand j'ai parlé de cette technique de relaxation à Ruggero, il m'a laissé entendre qu'elle datait de bien avant les années 1920 : en réalité, je pratiquais une forme de méditation ancienne, m'a-t-il affirmé. Si je voulais en tirer un plus grand bénéfice, il connaissait un organisme qui proposait des retraites.

J'ai résisté à "méditation". Sans avoir jamais vraiment compris ce que signifiait ce mot, je trouvais qu'il sentait le mystique, l'oriental. Ma mentalité n'était pas compatible avec de telles pratiques (quoi qu'elles puissent être). Accepter l'idée que je m'étais embarqué dans la *méditation*, plutôt que dans un exercice thérapeutique de relaxation conçu par des spécialistes diplômés en médecine, signifierait abandonner le côté solide et réaliste de mon identité, adopté dans une certaine urgence lorsque j'avais renoncé à la foi de mes parents.

Et le mot "retraite", inutile de le dire, ne pouvait que me rappeler le temps où le club de jeunes de Christ Church nous emmenait une semaine à Pâques pour nous convertir, à coups de prêches et de prières, à l'imbécillité évangéliste. Aucune douleur si grande soit-elle ne me ramènerait de force vers de pareilles bêtises.

Allongé sur le futon dans le petit bureau de Ruggero, j'ai cherché à me mettre dans l'état relaxé, sans pensées, du Dr Wise, pour mieux me concentrer sur ce que l'adepte du shiatsu faisait à mon corps. Les bénéfices semblaient être plus grands si l'esprit se concentrait, sans passer par les mots, sur les sensations que le praticien provoquait, peut-être parce que plus on était concentré, plus on pouvait relaxer profondément les muscles qu'il malaxait.

Soudain, la radio s'est mise à brailler juste derrière la porte.

C'était exaspérant. Ruggero louait son unique pièce à une diététicienne, la propriétaire du petit appartement, qui utilisait l'autre pièce pour voir ses patients. Il y avait souvent deux ou trois femmes anxieuses et corpulentes assises dans le petit couloir, et plongées dans la lecture de *Gioia* ou de *Gente*. Il y avait parfois une mère anguleuse avec sa fille anorexique. Pour éviter que les personnes dans le couloir n'entendent les secrets qu'on lui confiait dans son cabinet, la diététicienne, une quinquagénaire énergique à la voix sonore et assurée, avait posé un gros poste de radio sur une étagère et tenait à ce qu'il reste allumé tout le temps qu'elle "recevait". La station qu'elle choisissait était RAI 2, la plus bête de toutes les stations du service public italien : entre chansons de variété et spots de pub, deux types superficiels âgés de la cinquantaine plaisantent l'un avec l'autre, avec divers invités et des auditeurs au téléphone de la façon la plus ennuyeuse qui soit.

A l'instant où la radio a troublé le silence, l'efficacité du shiatsu a été compromise. Je l'ai senti, et plus je le sentais, plus je devenais distrait, plus le traitement était compromis. Je ne pouvais tout simplement pas ne *pas* entendre et haïr les deux voix grinçantes et leur badinage idiot. Je ne pouvais pas ne pas écouter leurs plaisanteries et leurs opinions ; au contraire, je me suis surpris à tendre l'oreille pour confirmer à quel point ils étaient stupides et nocifs. J'en ai pour cinquante euros, ai-je songé. Avec la radio qui gueule, c'était de l'argent fichu en l'air. Sans parler du temps. Mes muscles se sont contractés, je n'arrivais pas à me relaxer. J'avais besoin de silence.

Ruggero a senti ce qui se passait. Il avait essayé, m'a-t-il assuré, de parler à cette femme et de lui faire employer un style de musique plus apaisant, mais elle avait refusé. Il était assis tranquillement, mon pied dans sa main, comme pour me faire savoir qu'il était conscient de la tension qui montait. Quelques instants plus tard, il a remarqué :

"Au fait, l'hypersensibilité au bruit est un des phénomènes associés au déséquilibre du méridien de l'eau."

Ruggero prononçait ces vérités, ou ces mythes, avec une telle confiance que je ne pouvais pas répondre grand-chose, sinon peut-être un "c'est passionnant" peu convaincu. Je n'allais pas me mettre à lire des ouvrages sur la théorie du shiatsu.

J'ai commencé à apporter mes bouchons auriculaires. En même temps, j'ai remarqué que si je réussissais à me mettre en mode de relaxation du Dr Wise *avant* que le bruit ne commence, alors il me dérangeait à peine. Je l'entendais, mais peu importait. C'était bizarre. D'un côté je résistais aux mystères des méridiens de Ruggero, de l'autre les choses étaient véritablement liées de façon inattendue.

"Le fait est, a déclaré Ruggero, que si vous voulez vous tenir droit, une retraite de méditation serait utile."

Cela paraissait dingue. On passe sans doute quatre-vingt-dix pour cent d'une retraite de méditation assis en tailleur, avec le cerveau dans le nombril. Ce dont j'avais besoin, c'était de quelques bons exercices pour le dos. Peut-être d'un kinésithérapeute.

Entre-temps, les traitements de Ruggero étaient devenus progressivement plus violents. Non, "violents" n'est pas le mot. "Agressifs" non plus. Je ne trouve pas de terme qui décrive correctement ce que devenaient les traitements de Ruggero. Disons qu'il faisait tout avec davantage de puissance, de force et de pression.

"Vous auriez fini à l'hôpital si j'avais tenté cela le premier jour", disait-il avec un petit rire, en plantant rudement ses doigts sous mon omoplate. De nombreux mouvements ressemblaient à des prises de catch. Jambes, hanches, dos et cou étaient étirés d'un côté et de l'autre. Son poing s'enfonçait dans mon ventre. Pourtant je n'avais jamais la sensation d'un acte violent. S'il y avait douleur, elle était toujours associée à une agréable sensation de soulagement. Il poussait le bas de sa main profondément dans le muscle, en haut à l'intérieur de la jambe, et si je n'avais pas pris la résolution de ne jamais parler pendant la séance proprement dite, je lui aurais demandé de recommencer.

"Et bientôt vous allez faire l'amour, a remarqué ma femme.

— Je crains de ne pas être son genre. Il dit que mes muscles sont terriblement raides."

Aucune pensée homo-érotique ne me traversait l'esprit, mais je me demandais comment Ruggero s'en sortait avec la jeune femme qui attendait parfois dans le couloir au moment où je partais : vingt et un ou vingt-deux ans, longues jambes, sourire éclatant et nerveux.

"Oh, je suis très timide", disait-il en riant.

Il ne l'était pas.

Je voyais Ruggero depuis environ trois mois quand il s'est passé quelque chose de nouveau. En pleine nuit, les muscles des cuisses juste au-dessus de mes genoux ont soudain bouillonné de tension. Je me suis réveillé et n'ai pas pu me rendormir. Mes cuisses allaient exploser. Il fallait que je me lève. Cela a duré des semaines.

Est-ce que j'avais des varices ? me suis-je demandé. Ma femme pensait que je devrais aller me faire examiner.

"Drainage", a dit Ruggero.

Ruggero n'a jamais aucune difficulté à intégrer des développements inattendus dans sa vision des choses, dans son récit. En ceci il est comme ma mère qui attribue tout ce qui est positif à Dieu, et tout ce qui est négatif au diable. Le travail qu'il faisait, m'a expliqué Ruggero, avait pour but de drainer vers le bas l'énergie retenue *(vata ?)*, depuis mon ventre en passant par mes jambes pour la faire sortir par mes pieds. De toute évidence, elle était à présent descendue dans mes cuisses. Comme un dépôt dans un tuyau bouché.

Au pire, me suis-je dit, c'était une version des faits inoffensive, optimiste, et certainement meilleure que celle qui me voyait finir sur la table d'opération. Il était également vrai que j'étais à présent libéré de quatre-vingt-dix pour cent des douleurs situées plus haut et qui m'avaient tellement gâché la vie pendant plus d'un an. Excepté les fréquentes visites nocturnes aux toilettes, j'étais guéri.

"Je peux donc, à un moment donné, m'attendre à ce que cet effet passe des cuisses dans les mollets ?

— Exact."

Il était confiant.

"Et puis dans les chevilles et les orteils ?

— Chevilles, plantes de pieds et dehors." Ruggero a souri. "Les méridiens se terminent sous le pied.

— Et pourquoi la méditation m'aiderait-elle à me tenir droit ?"

La séance terminée, quand j'ai été rhabillé, Ruggero s'est assis à une minuscule table en bois et a noté tout ce qu'il m'avait fait. Il était minutieux, à cet égard. Tout était inscrit et classé. Il aurait pu être médecin.

"Pour l'instant, vous essayez simplement de relever la tête et de forcer votre dos à se redresser."

C'était vrai : quand je courais, surtout, je faisais un énorme effort pour fixer mon regard en hauteur, sur des arbres et des haies lointaines ; mais dès que ma concentration flanchait et que je commençais à penser à autre chose, je regardais de nouveau le sol caillouteux. Toute ma vie, l'esprit ailleurs, j'ai regardé le sol.

En souriant, Ruggero s'est levé et a imité un homme courbé en deux, le visage tendu vers le ciel, un bossu qui demanderait la lune.

"Comme ça.

— Je vois difficilement ce que je peux faire d'autre", ai-je dit, d'un ton découragé.

En vérité, je n'avais aucune idée du processus qui serait mis en œuvre pour apprendre à me tenir droit. J'avais supposé que Ruggero libérerait un peu les choses, côté muscles et côté os – peut-être y aurait-il un craquement spectaculaire et libérateur à un certain moment – et puis je terminerais le boulot avec un effort de volonté surhumain et pratiquement masochiste, en sortant le ventre et rejetant d'un coup mes épaules en arrière, comme sous la domination d'un adjudant hargneux.

"Ça ne marchera pas."

Ruggero a secoué la tête.

J'ai fait tout ce qui était en mon pouvoir pour lui donner tort. A force de tendre constamment le cou, j'ai attrapé un torticolis, que Ruggero a soulagé, mais sans que ma posture s'en trouve améliorée. Un été s'est écoulé, et un hiver. Si je passais une heure par jour sur le dos, à faire le cirque du Dr Wise, les douleurs au ventre gardaient leurs distances. Mais je savais qu'elles n'étaient pas parties bien loin. Elles rôdaient aux limites du petit havre de bien-être que j'avais délimité, prédateurs attendant que je me lasse, ombres voraces au-delà de l'éclat du feu.

D'ailleurs, je me *lassais.* Les séances de relaxation devenaient ennuyeuses. Les vagues de relaxation arrivant par intermittence ne m'impressionnaient plus. Je ne savais qu'en faire ni quel autre but il me fallait poursuivre. J'ai commencé à sécher. Après tout, j'avais toujours tellement de boulot. Il devenait de plus en plus difficile de trouver assez de temps pour l'université, pour mon travail d'écrivain, de traducteur, ma famille, et, bien sûr, la nécessité d'entretenir ma forme.

Alors, petit à petit, l'exaltation de "m'être guéri" a fait place à la déception. Une révolution n'avait pas été menée au bout. Elle n'avait rien délivré. Je n'avais pas changé. La vie est tellement plus longue qu'aucun de nos enthousiasmes, ai-je songé. A chaque vague son reflux. J'ai rêvé que j'étais sur un balcon avec femme et amis et que nous tâchions de démêler une clématite qui avait poussé enroulée autour de la balustrade au point que les deux paraissaient inséparables. C'était une très vieille plante, et je savais qu'il était important d'en détacher chaque centimètre sans l'abîmer, sinon elle ne refleurirait jamais. Tout le monde donnait un coup de main et manipulait la plante, qui était *ma* plante, avec énormément de délicatesse – mais la clématite semblait si nouée, si raide, si ancienne et dure, que tôt ou tard, j'en étais convaincu, nous serions obligés d'attaquer le tronc à la hache.

Pensées catastrophistes.

Finalement, en avril 2008 j'ai pris le train pour le petit village de Maroggia, dans la Valtellina, une vallée alpine au nord de Milan, où l'on est venu me chercher pour me conduire dans une ferme à flanc de montagne, rénovée un peu à la va comme je te pousse. Quand le portail s'est refermé derrière nous, j'ai aperçu une fiche portant l'avis :

LES PARTICIPANTS À LA RETRAITE NE DOIVENT PAS QUITTER LE DOMAINE PENDANT TOUTE LA DURÉE DE LEUR SÉJOUR.

La relaxation paradoxale se pratique allongé, un coussin passé sous les genoux relevés, pour que le dos soit à plat. La méditation *vipassana* se pratique assis en tailleur à la façon d'un bouddha. Avant de confirmer ma réservation, j'ai téléphoné au centre de méditation pour prévenir que je n'avais jamais réussi à m'asseoir en tailleur ; je n'étais pas un mec souple. Ils m'ont rassuré et répondu que je pourrais toujours prendre une chaise. S'allonger, toutefois, n'était pas autorisé. Le dos doit être droit.

J'étais anxieux.

"La position n'est pas le problème", a fait savoir un type qui avait le visage défait d'un moine.

En arrivant, j'ai été étonné de trouver des gens en train de bavarder. J'avais supposé que toute la retraite se déroulait dans le silence. Assise sur le seuil de la ferme, les yeux fixés sur un panorama alpin de sommets, de roche et de nuage brumeux, une fille d'environ vingt-cinq ans avait exprimé son inquiétude (et la mienne) à l'idée de passer dix à douze heures par jour le derrière posé sur un coussin bas.

"La position n'est pas le problème", a répété ce bel homme à la mine sombre.

A l'entendre, il y avait apparemment un problème, peut-être un très gros problème, simplement ce n'était pas "la position".

Mais quoi, alors ?

Avant de partir, j'avais regardé "méditation *vipassana*" sur Internet :

> Vipassana *signifie voir les choses telles qu'elles sont réellement. C'est le processus de purification de soi-même par l'observation de soi-même. C'est un remède universel à des maux universels.*

"Universel" et "remède", avais-je songé, sont deux mots qui, réunis, ne peuvent être qu'une illustration parfaite de vœux pieux, à moins qu'on ne parle d'une balle dans la tête. La purification, en revanche, était une notion qui m'était totalement étrangère, et donc un but auquel je pouvais difficilement tendre. Quant à voir les choses telles qu'elles sont, je savais que la méditation se pratiquait les yeux fermés.

"*Vipassana* aide à commencer à ressentir son corps", assurait Ruggero. Beaucoup de praticiens de shiatsu y avaient recours ; elle leur permettait d'explorer les méridiens. Il m'a suggéré de voir cette retraite comme une *simple rééducation physique.*

Qu'est-ce que cela pouvait bien signifier de la part d'un homme qui ne croyait pas dans la séparation du corps et de l'esprit ?

En fin d'après-midi, nous nous sommes rassemblés dans la salle de méditation où l'on nous a invités à faire vœu de silence. Tous les dix-sept. A partir de là, plus question de comparer nos impressions. Dans la mesure où le centre se déclarait une organisation bouddhiste laïque, non religieuse, j'ai été étonné par la solennité liturgique du langage et la gravité morale de certaines des promesses. Pendant la durée de notre séjour : nous ne devions ni parler ni communiquer d'aucune manière ; nous ne devions ni tuer ni nuire à un être vivant ; nous ne devions ni voler ni utiliser ce qui ne nous appartenait pas ; nous ne devions ingérer ni alcool ni médicaments psychotropes ; nous ne devions nous adonner à aucune activité sexuelle ; nous ne devions pas déranger ceux qui étaient autour de nous ; nous ne devions ni lire ni écrire ; nous ne devions nous adonner à aucune autre pratique religieuse ou méditative ; nous ne devions pas quitter le domaine ; nous ne devions pas porter de chaussures dans la salle de réunion ; nous ne devions pas nous allonger dans la salle de réunion ; nous ne devions pas nous asseoir avec les pieds pointés vers le professeur.

Rien de tout cela ne me posait de problème.

Il y avait une instruction positive : nous devions demander au professeur, un certain Edoardo Parisi, de nous enseigner *Vipassana.* Il ne faisait pas de prosélytisme. Nous devions aller au-devant de lui.

En répétant une formule qui nous était lue à haute voix, nous avons demandé. Nous voulions recevoir cet enseignement.

Ensuite, il y a eu une “méditation guidée”.

La salle de réunion était une partie neuve, moderne, en bois et en verre, accolée à la ferme rénovée, elle-même perchée sur le flanc escarpé de la montagne. Dehors, la pluie trouait l'obscurité sans discontinuer. A l'intérieur, la seule lumière émanait de bûches qui brûlaient derrière la porte vitrée d'un poêle et d'une faible lampe posée par terre. Les participants, les hommes d'un côté, les femmes de l'autre, étaient assis en tailleur sur des coussins, face au professeur qui était tout juste surélevé sur une estrade basse. Seule une femme âgée avait choisi une chaise. Est-ce la vanité, alors, qui m'a fait choisir de m'asseoir en tailleur ? En regardant autour de moi tandis que nous ôtions nos chaussures et pénétrions dans la pièce, j'avais simplement copié sur les autres. Contre le mur s'entassaient des coussins, durs et mous. J'en ai posé deux sous mes fesses et j'ai calé des oreillers de part et d'autre de mes pieds pour soutenir mes genoux. J'ai dû tirer d'un coup sec sur mes chevilles pour les mettre en place.

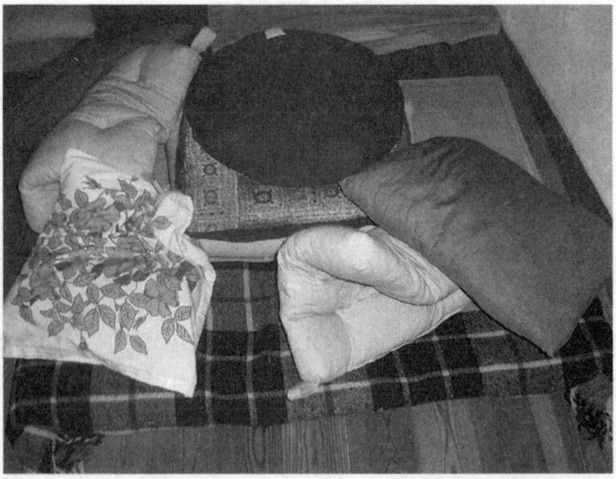

Il y a eu un long silence. Le bord extérieur du pied appuyé contre le tapis serait le premier à se plaindre, ai-je songé.

"Que tous les êtres vivent en paix", ainsi a commencé la méditation.

"Que tous les êtres ne connaissent ni attachement ni peine."

"Que tous les êtres soient heureux et éclairés.

— *Sadhu sadhu sadhu*", ont répondu les méditants les plus expérimentés.

J'ai été interloqué par l'aspect religieux de tout ceci – le côté charabia du *sadhu*, en particulier – mais j'ai accepté que ce soit une comédie par laquelle il faille passer si je voulais jouir des bienfaits de la journée à venir. Il n'y avait pas de consentement dans mon esprit. L'idée que tous les êtres puissent un jour ne pas connaître la peine était impossible, il m'était donc impossible de le souhaiter. J'ai repensé à Emil Cioran rejetant les idées utopiques qui "glorifient le cœur et discréditent l'intellect", et en même temps je me suis averti que si j'étais venu pour opposer mon intelligence "supérieure" aux formules anciennes, tant qu'à faire j'aurais pu rester chez moi.

Après un autre long silence, nous avons été invités à nous concentrer sur la sensation du souffle passant sur la lèvre supérieure au moment où il entre et sort des narines. Déjà, la pression de ma cheville gauche pesant sur la droite était douloureuse. Déjà, la position dos droit que je m'étais contraint d'adopter s'effondrait en bosse. Comment pouvais-je, dans une situation d'inconfort, me concentrer sur quelque chose d'aussi vague que le souffle sur la lèvre ? Allongé, j'y serais peut-être parvenu. Allongé, j'avais appris à chasser les tensions de mon corps. Grâce au Dr Wise. Assis en tailleur, la tension augmentait rapidement. Tout devenait raide.

J'ai gigoté. Peut-être avais-je mal disposé les coussins. Ils auraient dû être légèrement inclinés vers l'avant.

J'ai essayé de rectifier leur position, essayé de rester assis immobile. Ce n'était pas une mince affaire.

"Si des pensées apparaissent, a fini par psalmodier le professeur, ne vous inquiétez pas, ce n'est pas grave, dites-vous simplement : pensées, rêves, pas *mes* pensées, pas *mes* rêves, et ramenez doucement votre attention sur le souffle qui passe sur la lèvre, sous le nez. L'inspir qui passe sur la lèvre – pause – l'expir qui passe sur la lèvre."

La voix était douce et rassurante et je me suis efforcé de suivre ses instructions. En même temps, il était maintenant évident que j'avais commis une erreur en venant ici. Je ne tiendrais pas une heure dans cette position. C'était vraiment une grosse erreur de ne pas avoir mis un troisième coussin sous mon derrière, plus quelque chose pour réduire la pression là où mes jambes croisées se touchaient. "Pas *mes* pensées", répétais-je, sans y croire. Quand, l'espace d'un instant, j'ai senti un souffle léger sur ma lèvre, je m'y suis cramponné comme un homme qui tombe dans une fosse ardente pourrait se cramponner à un fil. Qui s'est cassé net. La fosse ardente était mes jambes, où les fourmis avançaient rapidement. Au milieu d'un tumulte de réflexions furieuses, je me suis souvenu d'un truc que j'avais traduit, autrefois, dans un livre sur la pensée prévédique : "Afin de ne pas être blessé, avant de s'approcher du feu le sage s'enveloppe dans les mètres." Cette instruction ésotérique m'avait marqué, je m'en souvenais, et j'avais la vague idée qu'elle risquait à présent d'être plus ou moins adaptée, mais elle sentait aussi son Indiana Jones.

"Pensées, rêves", ai-je répété résolument, et je suis reparti à la recherche de mon souffle. Qui m'a échappé.

"Si des douleurs apparaissent, a dit la voix paisible du professeur, ne vous inquiétez pas, ce n'est pas grave, dites-vous simplement : souffrances, douleurs, pas *mes* souffrances, pas *mes* douleurs, et ramenez doucement votre attention sur l'air qui passe sur la lèvre, sous le nez. L'inspir qui passe sur la lèvre – pause – l'expir qui passe sur la lèvre."

Dire "douleur, pas *ma* douleur" fonctionnait encore moins que de dire "pensées, pas *mes* pensées". La douleur de qui, sinon la mienne ? Au bout de vingt minutes, les fourmis se faufilaient et remontaient de mes chevilles écrasées à mes mollets raides. Mes cuisses étaient à la fois en feu et engourdies. Mes épaules voûtées formaient un bloc rigide. Il n'y aurait pas de vague chaude de relaxation, ce soir. Furieux, j'ai tenu bon. Quand par bonheur l'heure a touché à sa fin, je n'ai pas pu me mettre debout.

Alors pourquoi es-tu venu ? me suis-je demandé, une fois au lit. Ne me dis pas que tu as cru que cette expérience t'aiderait à te tenir droit. D'ailleurs, quel intérêt y avait-il à se tenir droit ? Pourquoi avais-je choisi d'accorder à cette histoire de posture une telle force symbolique ?

Etrangement, il semblait maintenant y avoir un fossé entre ma présence ici, dans cette vallée lointaine, dans une chambre que je partageais avec deux types plus jeunes (dont l'un ronflait sans arrêt), et un moment quelconque dans le passé où, vraisemblablement, j'avais eu de bonnes raisons de m'inscrire pour cinq jours de méditation *vipassana*.

Y avais-je vu une pénitence ?

Non. Depuis que j'avais quinze ans, j'avais refusé de voir en moi un pécheur.

Je suis resté éveillé un bon moment, je me suis levé pour aller aux toilettes, je suis revenu, j'ai écouté le type ronfler, j'ai mis mes bouchons auriculaires, je me suis tourné vers le mur.

“Tu cherchais l'épreuve de force avec toi-même”, ai-je marmonné.

Mais oui. Une épreuve de force avec ce moi enchevêtré, ces divers moi en lutte. Tu as décidé que sans cette épreuve de force les douleurs seraient bientôt de retour. Ou d'autres douleurs.

Quelle forme prendrait l'épreuve de force ? Je n'en avais pas la moindre idée. Mais on m'avait raconté que, assis en silence pendant des jours, les gens parviennent vraiment à une nouvelle connaissance d'eux-mêmes. C'était là le but. Connaissance, confrontation. Atteindre la source de mes tensions et les désamorcer une fois pour toutes. Régler *une fois pour toutes* cette “lutte dans l'esprit”.

Naturellement, je n'avais pas cru que je mènerais ce projet à bien, pas plus qu'un chevalier partant en quête du Saint-Graal ne suppose qu'il sera l'élu qui va le retrouver. Tout au fond de moi, je n'étais même pas étonné d'avoir passé une heure affreuse à vérifier simplement que mes hanches, mes jambes et mes cuisses étaient trop raides pour que je m'assoie en tailleur. A quoi m'attendais-je d'autre ? Pourtant, le lendemain matin, après une nuit mortelle passée à m'évertuer à ne pas réveiller mes camarades de chambre avec mes furtives allées et venues aux toilettes, je me suis avancé une fois encore vers les coussins, et non pas vers une chaise. Et je me suis avancé *sans hésitation*. Je me suis avancé gaiement, *plein d'espérance*.

En fin de compte, je ne crois plus qu'il nous est donné de comprendre pourquoi nous agissons comme nous le faisons. Je devrais arrêter d'essayer.

Je dis “le lendemain matin”. En fait, le gong a résonné à quatre heures. En pleine nuit. C’était un assez beau gong, une sorte de clair de lune auditif ondulant dans le silence profond de la maison, promettant calme et clarté. J’étais déjà réveillé et je suis descendu aussitôt. Dans la cuisine, il y avait des thermos de tisane. Je me suis versé un truc à la menthe, que je suis sorti boire sous l’avant-toit de la maison donnant sur un paysage de nuage et de brouillard. Une femme d’à peu près mon âge est arrivée à côté de moi et a allumé une cigarette. Ce n’était pas désagréable d’être là debout en silence tous les deux, à écouter ruisseler les arbres et la gouttière, à sentir la fumée de sa cigarette dans l’air humide. Je me souviens qu’elle se dandinait. Ne pas parler nous rendait plus conscients de notre présence mutuelle.

A quatre heures et demie le gong a résonné de nouveau, et la méditation a commencé. Non guidée, deux heures. Dix-sept personnes qui respiraient, reniflaient, toussaient. Certaines portaient des capuches ou s’enveloppaient la tête et les épaules dans des couvertures pour se protéger de la fraîcheur, ce qui donnait un petit côté moine à la scène. Je m’étais édifié un siège un peu plus haut et m’étais muni d’un tee-shirt à plier entre mes chevilles. Je ne m’attendais pas à ce que ces petits expédients m’apportent du confort, ce qui ne fut d’ailleurs pas le cas. Au bout d’une demi-heure, orteils, pieds, chevilles, genoux, cuisses et hanches se sont soudés en un brûlant bûcher funéraire d’où s’élevait mon torse courbe, pareil au torse d’un martyr brisé. Autour de ce carnage, des pensées voletaient et tournoyaient comme des chauves-souris dans la fumée. Il serait impossible de dire combien de pensées apparaissaient, ni avec quelle sauvagerie elles empêchaient toute tentative de me concentrer sur mon souffle. Rien de comparable ne s’était produit quand à la maison j’avais commencé la relaxation paradoxale avec le Dr Wise. Si, pendant trois secondes, je me concentrais sans mots sur la sensation du souffle, s’élevait aussitôt un cri d’autosatisfaction, suivi d’une réflexion pertinente sur le caractère déplacé d’un tel cri, puis d’une autre réflexion, tout aussi pertinente, établissant que cette déclaration verbalisée ne faisait qu’aggraver le problème, puis d’une autre réflexion établissant que de telles réflexions pertinentes me subtilisaient l’expérience pour laquelle j’étais venu, l’expérience de l’absence de mots. La réflexion vient aux dépens de l'être, me suis-je dit. Peut-être surtout quand elle est pertinente. J'étais content d'avoir formulé l'idée avec autant de concision. Et d'ironie. Serais-je capable de me souvenir de ces mots à la fin de la séance ? Comment pouvais-je me forcer à m'en souvenir, sans crayon ni papier ? Oh, mais où est l'intérêt, Tim, d'essayer de méditer si tout ce qui t'intéresse c'est de décrire la perversité de tout ce qui t'empêche de le faire ?

Et ainsi de suite. Un bouillonnement mental. Une débandade de vaches, des mouches vrombissant autour d'une merde, des rats après un cadavre. Par un cruel trait d'ironie, notre ferme était située dans une vallée dotée d'au moins trois églises dont le mélange d'horloges sonnant les heures et de cloches appelant les fidèles vous laissait constamment la conscience du temps qui s'écoulait, et donc dans l'espoir d'une fin, mais aussi constamment désorienté sur la quantité de temps qui s'était écoulée, et donc désespéré quand la fin tardait à venir. Si j'ouvrais les yeux et me tournais un peu, j'apercevais la montre que le compagnon placé à ma gauche avait posée par terre à côté de lui. Mais à quoi cela servait-il de regarder l'heure ? Où était l'intérêt d'être ici si je mourais simplement d'envie que les deux heures soient terminées, mon esprit projeté dans l'avenir quand j'étais censé savourer le présent – "le présent où il n'y a pas de conflit", avait dit le professeur pendant la séance guidée de la veille ? Qu'est-ce que cela signifiait ? D'autre part, comment savourer le présent quand le présent était douleur, douleur dont je savais qu'elle s'évanouirait à la minute où je déciderais de bouger ? Mais quand je bougeais, en balançant mon tronc d'avant en arrière, par exemple, ou, de façon plus radicale, en décroisant et recroisant mes jambes, après un instant de soulagement la douleur brûlante revenait plus violente encore. C'était pire.

Acceptant la défaite, j'ai ouvert les yeux. Il n'y avait aucun signe d'aube. Les fenêtres obscures étaient un miroir brillant. Le feu rougeoyait. Sur une estrade basse, le professeur, une petite soixantaine, atteint de calvitie naissante, blond, avec un joli nez pointu, était assis dans une immobilité parfaite, enveloppé dans une mince couverture blanche. Autour de moi, d'autres étaient également assis dans une immobilité parfaite. Un jeune homme, en particulier, avait un dos merveilleusement droit, un visage merveilleusement lisse. La femme à ma droite était assise en demi-lotus, stoïque, immobile, sa poitrine montant et descendant très lentement et très doucement. Je les enviais. Et je tenais bon *à cause* d'eux. Quelque chose chez ce jeune homme, à la fois viril et serein, concentré et silencieux, paraissait réfuter mes subtiles objections. J'ai refermé les yeux et lutté une fois de plus pour trouver ce point difficile à atteindre où le souffle et la peau se rejoignaient. Et pendant peut-être toute une minute, j'ai eu l'impression que l'air entrant et sortant de mes narines était un fil d'argent qui passait dans une eau transparente. J'étais entouré d'une eau sombre, transparente et immobile, assez semblable à celle que contenait le verre du marchand d'eau, et ce fil d'air vif et délicat passait en brillant au travers, me mettant en contact avec un point éloigné, bien au-delà de mon entendement.

Si j'avais quitté la retraite après le déjeuner du troisième jour, je n'aurais plus jamais "médité". Le soir du deuxième jour, deux jeunes hommes ont disparu. J'ai entendu des voix furieuses venant du jardin pendant la pause de l'après-midi, et à la séance du soir ils s'étaient envolés. Si j'étais parti avec eux, j'aurais pu lire un livre, aller courir, ou pagayer, ou faire une promenade avec Rita et le chien. Au beau milieu de la troisième matinée, une autre place était vide. Le *maestro* parlait calmement de "juste effort, juste concentration, juste conscience". "Si vous éprouvez du plaisir pendant votre méditation, a-t-il dit, ne vous y attachez pas avec affection. Si vous éprouvez de la douleur, ne vous y attachez pas avec aversion."

S'attacher avec aversion était une idée nouvelle pour moi. Mais j'ai tout de suite senti ce qu'il entendait par là. C'était comme lorsque je lisais un auteur que je méprisais *parce que* je le méprisais, parce que j'aimais penser à quel point il était scandaleux que cet homme soit une célébrité. Ou quand je passais mon temps à me plaindre d'un collègue de la fac, parce que mon identité sortait renforcée de mon opposition à son égard. Ou quand j'écoutais la radio braillant à l'extérieur du cabinet de Ruggero *afin* de la détester. M'attachais-je à la douleur de la même façon ? En grattant mes plaies. Etait-il possible que cette grande épreuve de force contre moi-même que j'avais organisée, et dont j'avais été privé, ait en fait quelque chose à voir avec la douleur que je ressentais à présent ? L'épreuve de force se déroulait sans que je me rende compte que *c'était* l'épreuve de force. Pourquoi, sinon, resterais-je assis en tailleur, sans interruption, alors que les autres avaient choisi d'aller de temps en temps s'installer sur des chaises ?

Cette forme de méditation où l'on se concentre entièrement sur le souffle s'appelait *anapana*, nous a-t-on dit, et ce n'était qu'une préparation à *vipassana*, une pratique très différente, autrement plus difficile et stimulante. Une fois l'esprit dompté, attaché, tel un chien à une chaîne, au souffle qui passe sur la lèvre, alors seulement nous pourrions aller de l'avant. Ce serait le quatrième jour. Je savais que je ne serais pas prêt. Mais le troisième soir, vers la fin de la dernière séance, il s'est passé quelque chose. Au milieu des habituelles douleurs violentes, avec un naturel et une nécessité étranges, ma conscience a enfin fusionné avec ma lèvre supérieure : le souffle, la lèvre, l'esprit, ces entités apparemment incompatibles se sont assemblées, ont conflué, n'ont fait qu'un. J'étais ma lèvre baignée par la douceur du souffle. Aussitôt la respiration, jusque-là irrégulière et forcée, s'est calmée pour devenir une caresse légère passant et repassant sur la peau, un doux mouvement de va-et-vient des poumons, non pas respiré par moi semblait-il, mais par tout mon corps, par l'air à l'extérieur de mon corps, par tout ce qui était autour de moi. Et puis, comme si l'on avait appuyé sur un bouton, la raideur brûlante contractant cuisses et hanches s'est évanouie. En un instant, le bas du corps a plongé dans la souplesse. Là où il y avait eu douleur informe, j'ai pris conscience des cuisses, genoux, mollets, chevilles, pieds. Une étrange chaleur était poussée vers le bas à travers eux. Mes pieds nus étaient froids mais une douleur chaude traversait agréablement leurs plantes.

L'expérience n'aurait pas pu être plus inattendue. Ni plus opportune. J'ai immédiatement été anxieux qu'elle doive se terminer aussitôt, anxieux qu'une pensée malveillante surgisse pour la neutraliser. Ne pense pas, Tim. *Non*, ne pense pas ! Ne te donne pas d'ordres de ne pas penser ! Silence ! Je me suis concentré sur ce souffle qui semblait maintenant si curieusement détaché de moi, ou plutôt dont j'étais simplement une petite partie, comme si les limites qui me séparaient couramment du monde qui n'était pas moi s'étaient estompées. Et après peut-être une minute – mais impossible de mesurer le temps dans ces circonstances –, comme un prisonnier libéré d'un joug, mon dos, qui avait été raide et courbé, s'est doucement redressé jusqu'à être droit. Ce faisant, j'étais conscient de chacun des muscles qui le tiraient tranquillement vers le haut. J'ai senti à quel point se tenir droit était naturel. Je me sentais béni.

Quelques instants plus tard, la situation était redevenue normale : la douleur, la frustration, l'attente du coup de gong qui amènerait la libération.

SURPRISE-PARTY

Le quatrième jour, j'ai pleuré. En parler est plus gênant que d'exposer mes ennuis urinaires, mais l'omettre serait rater un moment décisif.

J'avais réussi à aller au bout de la séance de deux heures du petit matin. Le court moment de béatitude de la veille au soir ne s'était pas renouvelé, mais j'avais tout de même passé un cap, car j'ai découvert que plus je lâchais prise, sans me soucier de savoir quand se terminerait chaque séance ni de ce que je pensais ou ressentais, moins la douleur de rester assis me tracassait. Au contraire, on aurait cru que cette douleur les jambes croisées m'aidait à découvrir un mouvement de l'esprit que je n'avais encore jamais exécuté : consentement total, lâcher-prise. Ce n'avait pas été une mince affaire d'en arriver là, et ce n'est pas avant d'avoir découvert ce mouvement, ou plutôt avant qu'il ne me vienne tout naturellement, que je me suis rendu compte que c'était possible. Les mots peuvent décrire une expérience mentale, *a posteriori*, mais si ces mêmes mots m'avaient été répétés mille fois avant l'expérience, je ne les aurais pas compris davantage qu'un enfant des tropiques ne comprendrait la neige et les flocons. Ce type à la mine sombre avait raison : la position n'était pas le problème. Le problème était dans ma tête.

Je restais donc assis, souffrant toujours quelque peu mais maintenant sans colère. Et moins j'étais en colère, moins je souffrais. Par moments, la position devenait petit à petit confortable, et même belle, par sa façon d'inviter à l'immobilité : jambes nouées, dos arrimé, mains paisiblement jointes, l'esprit aussi paraissait avoir été apaisé *par la position*. Tout venait du fait d'avoir accepté qu'on était vraiment là pour les cinq jours complets, de franchement *ne pas* espérer que le temps passe plus vite, franchement *ne pas* vouloir être de retour devant son ordinateur pour tout mettre par écrit.

Comme ils avaient eu raison de nous interdire stylos et papier !

Après la séance du matin, à six heures et demie, nous sommes allés prendre le petit-déjeuner. Une assiette à la main, nous avons fait la queue devant une petite table chargée de nourriture, puis nous nous sommes assis en silence. Je n'avais pas prévu le plaisir que ce serait. Les longues heures passées à lutter, les yeux clos, avec des pensées incontrôlables, avaient apparemment développé notre sens du goût. Tout le monde mangeait lentement et de bon appétit. Un morceau de pain frais semblait aussi bon que n'importe quel gâteau. Et chaque visage affichait une tranquillité et une dignité telles qu'on se sentait extraordinairement heureux de faire partie de la race humaine. Il n'y avait pas de rivalité pour attirer l'attention, ni flirts ni clans, ni exhibitionnisme ni relations privilégiées. En bref, pas de quoi écrire une histoire. S'il vous fallait du lait, de l'eau ou du thé, les autres comprenaient et vous le tendaient aussitôt, avec un petit sourire. Ensuite, chacun allait à l'évier laver son assiette et sa tasse. Pas étonnant qu'ils l'aient appelé le Noble Silence.

Mais ce matin-là, je ne suis pas arrivé jusqu'à la nourriture. En sortant de la salle de méditation, on pénétrait dans le petit jardin ; quelques mètres vous séparaient alors de la porte menant dans la maison et la salle à manger. Sur le seuil, j'ai senti un sanglot monter de ma poitrine dans ma gorge.

Ce que cette expérience avait d'étrange, c'était que je ne me sentais en aucune façon malheureux. Plutôt le contraire. Ce qui était inhabituel, aussi, c'était la conscience que ce qui arrivait dépassait les contrôles sociaux habituels. Mon corps avait décidé de sangloter comme, lorsqu'il est malade, il décide de vomir.

Je me suis écarté pour laisser passer les autres, et afin de cacher mon visage je me suis tourné pour regarder, par-dessus le parapet bas du jardin, la large vallée avec ses lambeaux de nuages et ses rayons de soleil, ses villages et ses églises, et puis, au-delà, la grande chaîne de sommets montagneux : forêts, éboulis, neige.

Mes larmes ont éclaté d'un coup comme un orage. Je tremblais.

Cette crise a duré une demi-heure. Par deux fois, j'ai tenté d'aller prendre le petit-déjeuner, j'avais faim, mais chaque fois l'émotion montait en moi avec un regain de violence. Ma gorge me faisait mal. Alors je me suis assis sur une table en pierre sous une pergola, et à travers mes larmes j'ai continué à regarder la vallée qui paraissait faire intensément partie de l'expérience, comme si, une fois encore, il n'y avait rien qui séparait le moi de l'extérieur – j'étais vraiment *dans* cet immense panorama, corps et esprit, en train de pleurer.

Et puis, comme si une voix faisait l'appel en classe, dans ma tête un nom après l'autre a été annoncé, de gens que je connaissais ou que j'avais connus ; et avec ces noms venaient les visages, les corps, des expressions et des gestes vivants. L'un après l'autre, de plus en plus vite, ces gens arrivaient en foule à la conscience. C'était comme si, dans une surprise-party organisée avec soin, une porte avait été ouverte à la volée et que je me retrouvais face à tous ceux qui avaient compté dans ma vie : ma femme, surtout et tout le temps – nous étions ensemble depuis trente ans –, et puis mon fils, mes filles, ma mère et mon père, mon frère et ma sœur, mes amis, mes amours, tous ceux qui m'étaient chers, mais aussi des collègues, de vieilles connaissances, et même des voisins, ils étaient tous là à côté de moi sur la terrasse, sous la pergola, à regarder la vallée, non pas convoqués par moi, ne s'attendant pas à me voir, mais contents quand même d'être présents à cette réunion impromptue – et solennels aussi, solennellement conscients de notre mortalité partagée, conscients que certains avaient déjà disparu, tandis que d'autres parmi eux n'étaient plus très loin du bout du voyage de la vie. J'ai vu alors que la longue vallée que nous regardions *était* le voyage. Je ne faisais qu'un avec le groupe, les vivants et les morts, et nous ne faisions qu'un avec le paysage. Et lentement, entre d'incrédules crises de larmes, il m'est enfin apparu que les routes menant à la santé et à la mort ne faisaient qu'une : pour recouvrer la santé, entièrement, je devais accepter la mort de la même façon que j'avais accepté la douleur, assis en tailleur dans la salle de méditation. Ce qui m'était impossible. Parfaitement impossible. Mais je savais que si je le faisais, c'était ce qu'ils entendaient par purification.

Je n'ai jamais pleuré aussi intensément. Comme la plupart des gens, j'ai parfois été très malheureux, et parfois très heureux. Mais jamais il n'y avait eu cet épanchement, ni cette sensation d'être simplement présent, rien qu'un témoin, pendant que quelque chose de nécessaire se déroulait. Aurais-je voulu résister que je n'y serais pas parvenu.

Finalement, quand tout a été vraiment terminé et que j'ai pu aller me laver la figure aux toilettes, j'ai été frappé, en jetant un coup d'œil dans la glace, par cette pensée évidente : que les deux moi qui avaient hurlé leur division lorsque je m'étais réveillé un matin, presque un an plus tôt, étaient d'une part ma vie quotidienne, et de l'autre les ambitions qui avaient toujours la priorité sur cette vie-là. J'avais toujours établi une très nette différence entre le fait d'être là en chair et en os, et le projet de réussir quelque chose, de devenir quelqu'un, d'écrire des livres, de gagner des prix, d'accumuler le respect. Le second avait toujours pris le pas sur le premier. Comment, sinon, arriver à quoi que ce soit dans la vie ? Voilà pourquoi cela m'avait posé un tel problème lorsque le Dr Wise m'avait prévenu que je devais mettre mon état gênant et douloureux au centre de mon "projet". Ce qu'il entendait par là, je le voyais maintenant, c'était que le vrai projet était toujours la mortalité.

Un chat noir est monté à bord.

La prochaine séance de méditation ne débutait pas avant huit heures du matin, et entre-temps, en allant me recoucher, j'ai évoqué mille références livresques pour me faire une idée claire de ce qui venait de m'arriver, pour, comme toujours, traduire cela en mots. "La vie est avant tout une tâche. Nous n'y prenons pas plaisir sauf quand nous nous efforçons d'obtenir quelque chose." Je me souvenais de l'avoir lu, mais je ne me souvenais pas où. On aurait dit un avertissement, dont j'avais pris note mentalement. Mais au fil des ans j'avais lu une centaine d'avertissements, pris note mentalement un millier de fois, or rien n'avait été aussi convaincant que la méchante douleur au ventre qui m'avait empêché de m'asseoir devant mon ordinateur.

"Nous allons vers les romans pour y trouver la vie", j'avais lu ces mots, ou quelque chose d'approchant, assez récemment, dans le livre de James Wood, *How Fiction Works**. Mais ils auraient tout aussi bien pu avoir été prononcés par D. H. Lawrence ou F. R. Leavis**. Et je comprenais à présent, avec une absolue certitude, que cette affirmation était une croyance fausse et égoïste. La vie *n'est pas* dans les romans. Les romans qui le plus irrésistiblement nous tiennent à l'écart de la vie sont ceux qui l'imaginent pour nous et la remplacent de la façon la plus précise, la plus intense et la plus merveilleuse, les romans de Dostoïevski et, oui, de Lawrence, ceux des vrais grands écrivains. Mais les romans eux-mêmes *ne sont pas* la vie et nous n'allons pas vers eux pour y trouver la vie. Si c'est la vie que nous voulons, nous posons le livre. Il y avait quelques vers idiots de Browning, niveau brevet des écoles :

And you, great sculptor – so you gave
A score of years to Art, her slave,
And that's your Venus, whence we turn
*To yonder girl that fords the burn**** *!*

Yonder, *fords* et *burn* étaient affreusement kitsch, ai-je songé. Pourquoi une poésie d'une telle pauvreté m'était-elle restée gravée dans la mémoire ?

Il y avait aussi la nouvelle de Poe. L'histoire du peintre, à ce point obsédé de faire poser sa jeune épouse pour la peindre, qu'il ne s'aperçoit qu'une fois terminé le portrait imitant la vie à s'y méprendre que la jeune fille est morte. L'art aux dépens de la vie.

Et puis je me suis souvenu – l'expérience des larmes avait lancé mon esprit au grand galop – de Robert Walser et de son roman *L'Institut Benjamenta*. Oui. Jakob von Gunten, le narrateur, est envoyé dans une école où il doit "apprendre à

* "Comment fonctionne l'œuvre de fiction."

** Un critique littéraire britannique influent de la première partie du XXe siècle.

*** Et toi, grand sculpteur – ainsi, tu as donné / Vingt années à l'Art, son esclave / C'est de ta Vénus, que nous nous détournons / Vers cette fille là-bas qui à gué passe le ruisseau.

ne penser à rien", ce qu'il commence par trouver absurde, mais qui finit par le convaincre. "Il faut entrer courageusement dans l'inévitable", voilà une phrase dont je me souvenais.

Mais pourquoi chercher à rattacher l'intensité de ce qui m'était arrivé à toutes ces références littéraires ? D'abord l'émotion, puis la réflexion exaltée sur l'émotion, qui tâchait de la détourner de sa fonction première, de l'enrôler dans mon plan de carrière, de la muer en intelligence et en écriture. D'abord la maladie pour vous mettre en garde, vous éloigner de la monomanie et vous ramener à la vie, et puis la réflexion sur ce processus, qui vous éloigne de la vie et vous ramène à la monomanie, à l'écriture et aux livres. Coleridge, de nouveau. Ou même Wordsworth. "L'émotion revécue dans la tranquillité." La formule paraissait tellement inoffensive, mais l'étape suivante, logique, consistait à rechercher l'émotion *afin de* s'en souvenir dans la tranquillité, à tenir davantage au souvenir qu'à l'émotion, parce que c'était la subtilité du souvenir qui vous valait reconnaissance, célébrité et estime de soi. "Qui peut donc se sentir bien quand il se soucie des éloges et de l'admiration du monde ?" *L'Institut Benjamenta*, une fois de plus. Je m'étais souvenu de cette phrase-là aussi. Encore des avertissements. Jakob en vient à apprécier le programme de l'école, ne penser à rien, parce que la force et la laideur de l'instinct de réussite le dérangent. Je me suis rappelé une anecdote sur Walser. Un jour son admirateur, Carl Seelig, était allé le voir à l'asile psychiatrique où il vivait. Vous savez, Robert, lui déclara Seelig, vous êtes le plus grand écrivain de langue allemande de notre temps. Ce qui contraria Walser. Si vous me redites une chose pareille, répondit-il à Seelig, je ne vous adresserai plus jamais la parole.

J'étais allongé sur mon lit, occupé à feuilleter les pages de ma mémoire littéraire. Et je savais que c'était idiot. Ce qu'il fallait faire, c'était retourner au silence. Va dans la salle de méditation maintenant, me suis-je dit, même *avant* la prochaine séance. Va t'asseoir dans le silence. Une citation a immédiatement surgi pour s'emparer aussi de cette décision.

> L'important n'est pas d'apprendre, mais d'éprouver une émotion, et d'être dans un certain état.

C'était Aristote. J'ai éclaté de rire et découvert quelque chose qui m'a bien servi depuis : plus on menace la pensée et le langage de les réduire au silence, ou simplement de chercher à les faire descendre, dans notre existence, du piédestal ridicule sur lequel notre culture et notre milieu les ont placés, plus, dans leur besoin de se justifier et de s'affirmer, ils deviennent féconds. La réflexion n'est jamais plus exaltante que lorsqu'on réfléchit aux dégâts que la réflexion engendre, le langage jamais plus séduisant que lorsqu'on reconnaît son irréalité.

C'est là le territoire de Beckett, ai-je songé. De "Il faut continuer" ! *L'Innommable.* Le bavardage machinal de l'esprit. Beckett lui aussi avait parlé d'être amené à une conscience de son état mental malade par le biais d'un éventail de douleurs inexplicables.

Je me suis interrompu, et je suis descendu pour la première séance de *vipassana.*

ANICCA

Vigilance sans mots, immobilité active, la méditation résiste à la description. Quand, au début, les mots et les images pétillent pour résister à notre tentative de les mettre de côté, l'écrivain peut s'amuser. Mais quand la pensée cède enfin, quand les yeux se ferment derrière les yeux fermés et que l'esprit s'enfonce, silencieux, dans la chair, alors il est difficile de décrire cet étrange état d'attention, d'unité, de quiétude. De plus, le méditant perd tout désir de le faire.

Dans quel but ?

Vipassana, pourtant, accorde bel et bien quelques moments de pyrotechnie sur la voie du calme, que tous les praticiens admettent. On peut en parler, bien que l'expérience soit au-delà de toute vérification. Surtout, on ne peut pas la voir. Il n'y a rien que l'on puisse imiter, comme on pourrait imiter les gestes d'un joueur de tennis, ou la façon dont Eugen Herrigel a imité son maître japonais de tir à l'arc.

"Maintenant, dit notre professeur, détachez votre concentration du souffle qui passe sur la lèvre, et amenez-la au sommet du crâne, au centre, dans la petite zone, à peu près de la taille d'une pièce de monnaie, qui chez le nouveau-né correspond à la fontanelle. Concentrez votre attention sur ce point. Notez les sensations qui se présentent, sans chercher à provoquer des sensations quand il n'y en a pas, sans résister aux sensations, ni les modifier quand elles arrivent.

Ainsi, à chacune des retraites où je suis allé, de cinq ou dix jours, de vingt ou soixante participants, le quatrième matin, ça commence. Jamais, dès la première tentative, je ne trouve la moindre sensation dans cette partie négligée de mon anatomie : la petite tonsure. Je n'arrive même pas à la situer. Ce qui arrive c'est un mal de tête qui éclate alors que l'esprit se détache du souffle et s'en va explorer le corps. La tension enfle dans le crâne pendant quelques secondes, puis s'évanouit.

En apparence, le processus *vipassana* ressemble un peu à l'entraînement autogène que j'avais si lamentablement raté quand j'avais tout juste la trentaine, ou même à la relaxation paradoxale du Dr Wise. On doit observer le flux et le reflux de la sensation dans tout le corps. La différence tient à l'intensité et à la minutie de l'exploration, à l'attitude avec laquelle celle-ci est entreprise. On renonce à tout objectif autre que la contemplation elle-même. On n'est pas là *afin de* se relaxer, pour vaincre la douleur ou résoudre un problème de santé – l'expérience n'est pas subordonnée à un but plus noble –, on est là pour être là, côte à côte avec le flux infiniment nuancé de la sensation à l'intérieur du corps.

D'abord la fontanelle, puis le front, puis les tempes (gauche et droite), l'arrière du crâne, les oreilles (gauche et droite), les yeux (gauche et droit), le nez, les narines (gauche et droite), les joues (gauche et droite), les lèvres (supérieure et inférieure), les gencives (toutes), les dents (une par une), la langue (dessus et dessous), le palais, les maxillaires (gauche et droit), la gorge, la mâchoire, le cou.

Et ce n'est que le début. Le corps est un univers. Il comprend de nombreuses parties. Il est composé de nombreux matériaux. La peau, le muscle, les nerfs, les tendons, le sang, l'os…

Mais que veut-on dire par l'esprit, ou l'attention, *se déplace* dans tout le corps ? Le corps est parfaitement immobile (on ne fléchit pas de muscles pour éprouver une sensation, comme c'était le cas dans les premiers jours de la relaxation paradoxale), pourtant, à l'intérieur de l'immobilité en trois dimensions des membres, de la tête, du tronc, on a l'impression que l'esprit change de place, explore, monte et descend, passe de gauche à droite, comme si, les parties du corps habituellement en mouvement étant à présent fermement arrimées, l'esprit habituellement arrimé pouvait bouger à sa guise. Et ce n'est pas le mouvement de l'œil de l'écolier sur les schémas d'anatomie. Ce n'est pas le mouvement pour regarder. Ce serait plutôt comme un homme qui erre dans les pièces d'une maison plongée dans l'obscurité, frappant à telle ou telle porte, après une longue absence, peut-être, vérifiant s'il y a quelqu'un, si quelqu'un veut parler, ou rouspéter, ou se réjouir, ou simplement lui allumer la lumière.

Pendant un moment, peut-être, il n'obtiendra pas de réponse. Les portes sont fermées, peut-être verrouillées. Il faut se montrer patient. Personne n'est passé par là depuis longtemps et il serait impoli de se mettre à secouer les poignées. Ce n'est pas une descente de police.

Le front ne répond pas.

Les oreilles ne répondent pas.

La nuque ne répond jamais.

Dans une autre partie de la maison, à un étage inférieur, peut-être, un mélodrame bruyant réclame votre attention. Une violente crampe hurle dans les mollets. Une douleur martèle le dos. Ces gens-là cherchent la dispute. Ils protestent. Mais ce ne sont pas les portes auxquelles vous frappez. Leur tour viendra. Pour le moment, vous tapez un petit coup poli au nez. Vous écoutez poliment la peau de l'arête du nez.

Pas de réponse.

Mais vous avez le temps ! Des heures devant vous. Vous n'êtes pas pressé. Il y a beaucoup de portes à pousser.

L'attention est là, non payée de retour.

Et puis, brusquement, les tempes !

Je me rappelle nettement, à ma première séance de *vipassana*, c'est dans mes tempes que tout a commencé. D'abord l'une, et puis l'autre : chantant, bourdonnant, dansant. Si j'avais voulu provoquer une sensation dans cette partie du corps, je n'aurais jamais imaginé pareil chahut, comme si des œufs d'insectes avaient éclos, ou le souffle sur des cendres avait trouvé un nid de braises vives. Et pourtant, cela ne donnait pas la chair de poule. Et ce n'était pas brûlant. C'était le vif pétillement de l'eau gazeuse tout juste versée.

Dans mes tempes.

Là, on se rend compte que se concentrer – les yeux fermés – sur une partie du corps n'a rien à voir avec se concentrer sur quelque chose qui est à l'extérieur de soi, un ballon, disons, une bouteille, ou un bateau. Dans ce cas, l'objet reste un objet, quel que soit le temps que nous passons à le regarder. Mais comme la lumière passant à travers une lentille, ou à travers un verre d'eau immobile, peut-être, l'esprit met le feu au corps, ou le corps à l'esprit. Il est difficile de dire lequel ; la peau flamboie dans l'esprit et l'esprit pétille dans la peau.

Ensemble, ni charnel ni non charnel, ou à la fois charnel *et* non charnel, ils brûlent.

C'est le début de *vipassana.*

L'envie vient alors de savourer cette sensation originale. C'est un tel soulagement, après peut-être vingt minutes, de recevoir enfin une réponse du corps, de comprendre finalement vers quoi vous conduisait le professeur. Alors détends-toi et savoure, Tim. Comme tu te détendais avec le Dr Wise. Ce chant dans les tempes, ce chant des tempes, est une sensation tellement agréable.

Mais le professeur continue. Nous ne devons pas nous attacher au plaisir tout comme nous ne devons pas nous attacher à la douleur.

Maintenant le nez.

Les lèvres.

La langue.

Ce qui est encourageant, c'est que lorsqu'une partie du corps a répondu à votre demande polie, d'autres semblent plus disposées à répondre : ici une bande chaude, là un coin froid, ici une faible pulsation, maintenant un courant qui fourmille. Toute la maison s'éveille, et alors que vous allez de porte en porte, chaque occupant répond à votre présence en allumant quelque chose : une lumière bleue, une rouge, ici un moulin à café, là une télé. La tour se met à bourdonner.

Ces sensations variées, nous dit à présent notre professeur, sont des manifestations d'*anicca*, c'est-à-dire, la perpétuelle instabilité de toutes choses. Il nous invite à contempler *anicca.* A connaître *anicca*, le flot éternel, dans nos mains, dans notre poitrine. A reconnaître que rien n'est figé. Ego, identité n'ont aucune permanence.

Aussitôt mon esprit pensant se révolte. Mon moi déterminé résiste. Qui a besoin de ce charabia – je suis furieux –, de ces mots étrangers déconcertants ? *Anicca !* Qui a besoin de cette *théorie* ? Le corps est sans doute sujet au changement perpétuel, mais il est également vrai qu'il reste pratiquement le même pendant de longues années. Je reconnais mes amis au fil des ans. Sur les photos de mon enfance, en gros mon visage est déjà moi, *Tim Parks.*

Tandis que je me fais ces réflexions, la danse des tempes s'efface, les lumières se mettent en veilleuse, les marchands de douleur aux étages inférieurs redoublent de vociférations.

Merde, merde.

Je choisis d'oublier le débat et de me concentrer sur la sensation. Je repense à Ruggero : n'y voyez qu'une affaire physique.

Le bruit sourd du cœur qui bat, le va-et-vient vertical du diaphragme, un cerceau enflammé autour de la taille, un tremblement dans le ventre – très lentement, morceau par morceau vieillissant, le corps est assemblé. Le livre que j'avais traduit sur les premières philosophies de l'Inde, *Ka*, de Roberto Calasso, racontait l'histoire de ce que l'on nomme l'autel du feu. Dotés de longévité, mais néanmoins mortels, les petits dieux s'adressèrent au premier dieu, Prajapati, dont le corps brisé était dispersé à travers le monde, *était* le monde, pour demander s'il existait une possibilité pour qu'ils soient "sauvés". "Vous devez reconstruire mon unité perdue", leur répondit Prajapati. "Comment ? – Prenez trois cent soixante bornes et dix mille huit cents briques..." Les chiffres correspondaient aux jours et aux heures de l'année védique. Chaque brique était une "concentration intense".

L'autel était bâti de l'extérieur vers l'intérieur, focalisant l'attention. Sa forme était celle d'un aigle, oiseau à l'éternelle vigilance. Si jamais vous réussissiez à terminer la construction, un feu s'allumerait et l'aigle s'envolerait vers le paradis de l'immortalité.

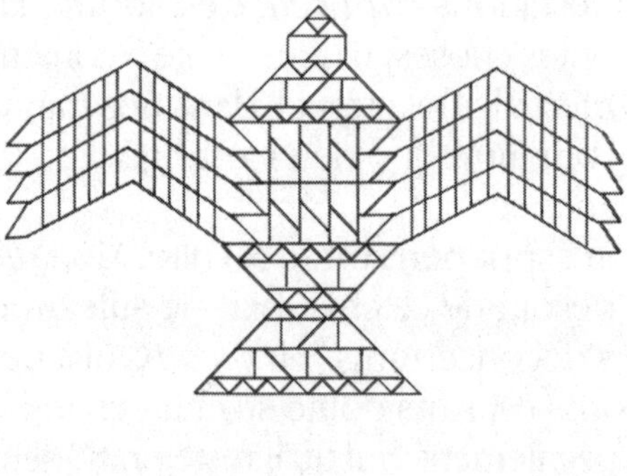

Eh bien, il vient un moment dans *vipassana* – si vous avez de la chance, si vous restez concentré, patient, si vous apprenez à ne pas vouloir ce moment – où le corps entier se réunit et s'enflamme. Un jour, je m'en souviens, c'est parti de mes poignets. Des vagues palpitantes ont accéléré l'allure pour se muer en tournoyantes orbites d'électrons étincelants, en pure énergie, sans substance. Si l'on considérait attentivement ce prodige, l'ego paraissait se déverser dans ce flux agité. S'ils tenaient à l'appeler *anicca*, grand bien leur fasse.

Mais plus souvent, du moins en ce qui me concerne, le phénomène démarre lorsque je considère attentivement la douleur. Il est difficile de méditer, assis, immobile, avec la douleur, de lui permettre d'être là, sans se plaindre. Une lame de couteau plantée entre les vertèbres, par exemple. Mais si vous y parvenez, alors, peut-être, mais simplement peut-être, car ces choses-là ne se commandent pas, un brusque paroxysme s'emparera de l'épine dorsale, le flot d'une terrible chaleur traversera la poitrine et ira se dissoudre en passant par les bras et les jambes. La douleur a disparu. Le dos voûté se redresse, les poumons s'emplissent d'air et le corps est un, comme si toutes les portes d'une maison avaient été démontées, permettant d'aller et venir librement à l'intérieur. Vous sentez *tout*, simultanément, ou plutôt, vous *êtes* tout, des orteils au bout des doigts et jusqu'aux cheveux sur votre tête. Vous dansez d'une pièce à l'autre, vous qui n'avez jamais appris à danser.

La première fois que cela m'est arrivé, pendant la dernière séance de cette première retraite, l'expérience s'est produite en même temps que trois douches chaudes. Aussi peu vraisemblable que la science-fiction, cette petite zone au milieu du sommet du crâne avait commencé à bourdonner, à rayonner, puis elle a débordé en trois flots de chaleur diluviens. Un baptême. Quand l'heure a touché à sa fin, j'ai bondi sur mes pieds.

Dans la voiture qui nous emmenait à la gare de Maroggia, le jeune homme au volant était furieux. Ces cinq jours avaient été une pure perte de temps. Le professeur était un charlatan, un imbécile. On nous avait menés en bateau. *Anicca, anicca, anicca !* Le Bouddha, c'était n'importe quoi. Le nirvana, c'était n'importe quoi. La réincarnation, c'était n'importe quoi. Il est impossible de sentir le souffle passer sur sa lèvre. C'était de la foutaise. Il avait souffert tous les maux de l'enfer en essayant de s'asseoir dans cette stupide position en tailleur alors qu'il aurait pu être en train de skier. De jouer au tennis.

Je ne croyais en rien, ai-je remarqué, et surtout pas en la réincarnation, mais j'avais vécu une expérience qui comptait.

L'autre passager était le type sombre au beau visage défait, celui qui nous avait avertis que la position n'était pas le problème. Séance après séance, il avait été assis à ma gauche, deux places plus loin, sur un coussin cylindrique, dans une immobilité de granit. Il n'a pas répondu au garçon en colère qui nous a déposés à la gare, mais dans le train pour Milan il m'a raconté qu'il dirigeait une agence d'assurances automobiles très dynamique. Il avait suivi une bonne dizaine de retraites comme celle-ci. C'étaient les seules journées de l'année qui lui appartenaient vraiment. Il s'était donné pour règle, a-t-il précisé, de ne jamais parler de ses expériences vécues pendant la méditation. Pourtant, un aspect de *vipassana* continuait à le tracasser, et même le tracassait de plus en plus, au point qu'il était prêt à cesser de méditer.

“Qu'entendent-ils donc, me demanda-t-il, par les pensées ne sont pas *mes* pensées ? Qu'est-ce que cela peut bien vouloir dire ? Comment les pensées peuvent-elles ne pas être *mes* pensées ?”

LE DISCOURS DU BOOKER PRIZE

Plus tellement intéressé par le fait de me tenir droit, j'ai découvert que mon dos se redressait tout seul. C'est arrivé au fur et à mesure du printemps. En allant comme à mon habitude courir dans les collines, j'ai eu la surprise de prendre conscience des muscles situés à la base de ma colonne vertébrale. Que c'était étrange. Quelques jours plus tard, j'ai senti mes épaules. Une petite présence chaude. Et enfin, ma nuque. On aurait dit que des espaces dans le squelette avaient été très légèrement crayonnés. Etre conscient des muscles revenait à les redresser. Ou à les laisser me redresser. Je n'ai rien fait. Je n'avais qu'à être attentif. La seule difficulté était de s'habituer à voir le monde selon un angle différent.

"Complimenti", m'a dit Ruggero en souriant.

Il a juré que je paraissais avoir gagné dix centimètres.

Plus du tout intéressé par les prostates, les planchers pelviens et les ennuis de plomberie, j'ai découvert que mes douleurs avaient disparu. Réellement disparu. Même les loups s'en étaient allés. J'avais cessé de les guetter et ils étaient partis la queue basse. Le confort et la légèreté que je ressentais dans le ventre et le dos faisaient de la marche un plaisir mêlant une forte sensation d'instant présent à un souvenir d'enfance. Je marchais très lentement, en me délectant de mon corps qui marchait. Sur le chemin du café, le matin, je saluais d'un signe de tête l'homme moustachu coiffé d'un chapeau de cow-boy. Il me rendait mon salut, avec un respect nouveau, espérais-je. Il m'est devenu franchement difficile de croire à l'état dans lequel j'étais deux ans plus tôt. Avais-je vraiment écrit ces notes désespérées dans mon journal ? Cela avait-il été *si* douloureux ?

Seules les expéditions nocturnes aux toilettes ont continué, trois ou quatre. Irréductibles à toute pathologie, elles avaient subsisté, ai-je conclu, pour m'empêcher de devenir trop prétentieux, ou pour que la nuit continue d'exister. Mes virages en kayak ne s'étaient pas améliorés non plus.

Avec des résultats divers, j'ai continué la méditation à la maison. La relaxation paradoxale appartenait au passé. Elle s'était directement adressée au symptôme et le symptôme avait disparu. J'ai posé un matelas et quelques coussins dans un coin de la chambre à coucher et essayé de méditer une heure par jour. C'était à la fois plus confortable qu'à la retraite, et moins intense. Les douches chaudes n'ont pas réapparu. Ni les violentes douleurs. C'était la liturgie après la révélation.

Sachant que je n'avais fait qu'effleurer la question, je me suis inscrit pour une retraite de dix jours en août. Cette fois-ci il y aurait un professeur très connu, John Coleman, un Américain plus tout jeune. Je n'ai pas tenté d'en savoir davantage sur lui, ni de m'informer sur la philosophie qui était à la base de *vipassana.* La dernière chose dont j'avais besoin, c'était bien de devenir bouddhiste. Je ne cherchais que la position assise dans le calme, la perception accrue du corps, le Noble Silence. Je suis parti, bien convaincu qu'il n'y aurait pas de douleur, cette fois-ci. J'avais réglé la question à la maison. Je savais comment m'asseoir en tailleur. De temps en temps, j'essayais même la position birmane. C'est si difficile de ne pas être prétentieux.

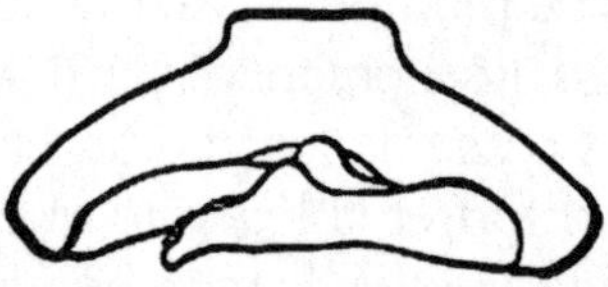

Vu qu'il y avait soixante participants, la retraite se déroulait dans un ancien monastère des collines toscanes. Moins chic qu'on ne pourrait l'imaginer. A l'arrivée, dans la ferveur de la conversation qui précède le vœu de silence, tout tournait autour de Coleman et du formidable professeur qu'il était. "*Mon* professeur", a dit quelqu'un. *"Il mio maestro."* "J'ai laissé Groenka pour Coleman", a dit un autre. Il y a eu une ruée générale pour poser son tapis et son coussin à l'avant de la salle de méditation, près du gourou charismatique. Que tous les êtres ne connaissent point l'attachement, ai-je repensé, mais ne voulant pas rester à l'écart, j'ai foncé moi aussi. J'ai décroché une bonne place.

Coleman était au bout du rouleau, la démarche traînante, pas loin des quatre-vingts ans, gros, parfois stupide et vain. Il parlait lentement, d'une voix sonore entrecoupée de profonds soupirs, était affalé dans un grand fauteuil et vêtu d'un jean ample et d'un pull débraillé. Un sourire doucereux laissait penser que lui aussi était prétentieux. Assis à une table à ses côtés, un jeune homme qui n'avait qu'une jambe traduisait ses propos en italien d'une voix grinçante et haut perchée. Cette histoire de traduction m'a tout de suite énervé. Il ne m'était pas venu à l'idée que la langue poserait un problème. La traduction était presque toujours imprécise, et toujours plate. Il y avait des moments où il était difficile de ne pas crier de meilleures solutions.

Coleman parlait des trois refuges, des quatre vérités, des cinq préceptes, des sept étapes de purification, de la huitième voie de l'éveil, des dix perfections, du Bouddha, de *dhamma*, de *sangha*, de karma, d'*anicca*, d'*anatta*, de *samsara*, de *dukkha*, de souffrance, de la source de toute souffrance, du remède à toute souffrance, de l'arbre bodhi.

Quelles bêtises, ai-je pensé. Et pourquoi toutes les croyances – parce que ce n'était clairement pas de la science – ont-elles en commun ce goût effréné de la numération ? La Trinité, les sept sacrements, les dix commandements. Cela ne *méritait* pas qu'on traduise correctement. D'autre part, je ne cesse de répéter à mes étudiants que traduire avec précision est un plaisir *en soi*, indépendamment de l'ineptie de l'original. En vérité, la mauvaise traduction me faisait davantage souffrir que le contenu mystique.

Toutes les deux ou trois minutes, le gars derrière moi – et il était très près derrière moi – reniflait trois fois de suite, à intervalles rapprochés, se raclait la gorge et toussait. A ma grande consternation, quand la méditation proprement dite a commencé, le vieux et gras Coleman a envoyé chercher une grosse pendule de cuisine qu'il a fait poser à ses pieds. C'était le genre de pendule dont j'aurais entendu le tic-tac à plus de dix kilomètres. J'ai aussitôt pensé à toutes les chambres d'amis, les salles de classe, les bureaux d'université et les appartements en location où la première chose que j'avais faite en arrivant avait été de retirer la pile d'une pendule au tic-tac sonore. Quelle satisfaction, de faire taire le bruit qui vous ramène sans cesse au moment qui passe, qui vous empêche d'être ailleurs dans votre tête. Là, j'étais impuissant. Cela va être l'enfer, ai-je conclu.

Et je n'avais absolument pas vaincu la douleur. Au bout de vingt minutes de la première séance, je souffrais le martyre.

Pas plus que je n'avais appris à rester assis droit. Mon dos s'effondrait, se courbait en deux, même. J'avais le nez sur mes pieds (mes pieds douloureux). Pourquoi ? C'était *pire* que Maroggia. Je n'aurais jamais dû venir.

La salle de méditation était étroite, très longue, et j'étais environ à quatre rangs de l'avant tout en vaguelettes et vaguelettes obliques d'agitation et de postérieurs changeant de position. Chaque fois que je croyais enfin parvenir à contrôler ma respiration, chaque fois que la douleur commençait à se calmer et que l'esprit se concentrait sur la peau de la lèvre, dans mon dos montait, Snif, snif, snif, rheu rheu *hemmmm* ! Tic tic *TAC* TAC ! Le volcan qu'étaient mes hanches menaçait d'entrer en éruption.

"S'il y a des sensations de douleur, chantonnait pour la énième fois le prétendument hypnotique Coleman, prenez une note objective, c'est tout : douleur, douleur…"

Que serait donc une note subjective, *mister* Coleman ? Ou, d'ailleurs, une note qui ne serait ni subjective ni objective ? Pourquoi prétendre qu'il y a quoi que ce soit de *raisonnable* dans toute cette affaire ?

Pour la énième fois, derrière sa table le type qui n'avait qu'une seule jambe a traduit – traduit *make an objective note* par *fare una nota obiettiva* (est-ce qu'on dit *"FARE una nota"*?) – d'une voix aussi pleine d'ennui et aussi mécanique que celle de Coleman était sonore et rythmée.

Je me sentais maintenant des envies de meurtre.

Du couloir nous est parvenu le vacarme de quelqu'un qui poussait un chariot chargé d'assiettes et de couverts le long de l'interminable couloir aux dalles raboteuses du monastère. D'abord on a entendu le bruit approcher pendant une bonne minute. Au crescendo, il a cessé, juste devant la porte de la salle de méditation. Et maintenant j'attendais qu'il recommence. Allait-il repartir, oui ou non ? Il nous tourmentait. Je ne pourrais pas méditer tant qu'il ne se serait pas éloigné, ou que je saurais qu'il restait là. Et à peine avait-on conclu qu'il allait rester là que le tintamarre a redémarré dans un long grincement, suivi d'un grand fracas d'assiettes, de couteaux, de cuillères et de casseroles, comme un train de marchandises au beau milieu de la nuit, le cliquetis, le claquement et le grondement se prolongeant encore une bonne minute avant que le vacarme ne commence à faiblir, là où j'ai supposé que devait se trouver le tournant du couloir. Combien de tic-tac de la pendule avant qu'il ne se soit complètement tu, me suis-je demandé. Vingt ? J'ai compté. Tic-tac. Tic-tac. Non, dix de plus. Et le fracas continuait à résonner faiblement sur la pierre. Et le cliquetis. De plus en plus faible, mais encore faiblement présent. Tic… tic… tic. Le gars faisait *exprès* d'aller lentement ! Et un tintement de petites cuillères. Tic tic tic. Encore très faiblement. Peut-être qu'il reculait d'un pas chaque fois qu'il faisait deux pas en avant. Il choisissait *exprès* les dalles raboteuses, il faisait cliqueter les plateaux de couverts !

Disparu, brusquement le bruit avait disparu. Mais maintenant le tic-tac de la pendule m'était entré dans la peau et me cousait les lèvres l'une à l'autre, chaque son était un point, pénétrant de haut en bas, dans mes lèvres. Comment sentir mon souffle avec une aiguille qui me cousait les lèvres ? J'ai imaginé le premier grand massacre dans une retraite de méditation. “L'agresseur était un homme d'une cinquantaine d'années connu pour sa quête de la paix intérieure. La raison pour laquelle il était venu au monastère armé d'une kalachnikov n'a pas été éclaircie.”

En même temps, je ne reconnaissais que trop bien cet ensemble de sentiments. C'est moi, ai-je songé, moi autrefois. Le T. P. d'avant la rédemption. Vieilles rancœurs, psychodrame, prétendu humour noir. Tu t'éclates à être en colère. Tu adores t'*imaginer* en colère avec inspiration. A la Geoff Dyer, qui lui-même voulait l'être à la D. H. Lawrence. En serrant les dents, j'ai tenu jusqu'au bout de la séance puis chancelé sur un crépitement de fourmis dans les jambes pour aller m'effondrer sur la pelouse du jardin.

Le monastère était prétendument à l'écart du monde, perché sur une colline escarpée et brûlée de soleil, il était ceint d'un impressionnant mur en pierres, mais cette semaine-là le village bâti au pied de ladite colline avait organisé sa fête estivale.

A vingt heures la musique rock démarrait, aussi mal jouée que les méditations de Coleman étaient mal traduites. L'air estival filtrait le plus gros des aigus, ne laissant qu'une morne pulsation de batterie et de basse, et la plainte d'une voix horriblement cassée.

Par-dessus le marché, les Jeux olympiques avaient commencé. Des fenêtres du couvent situées de l'autre côté de la cour, face à notre salle de méditation, nous parvenaient les cris des religieuses acclamant les athlètes italiens. En Chine. S'il y a une chose que je déteste ce sont les Jeux olympiques, la fête des vénérations vaines, du patriotisme crasse et des dopants très élaborés. C'était extraordinaire de voir à quel point ces vieilles religieuses étaient exaltées et patriotes. Apparemment, il ne leur venait pas à l'idée qu'elles puissent nous déranger. Quelle horrible, horrible farce. Dix jours de ma chère vie surchargée gâchés de la sorte !

Mais j'ai tenu bon. Sans du tout savoir pourquoi. Mon assiduité était un mystère pour moi. Un jour, je me suis demandé s'ils s'étaient sciemment débrouillés pour que nous soyons assaillis par ces bruits, afin de mesurer notre endurance à la méditation.

La routine quotidienne lors de ces retraites est la suivante : vous prenez le petit-déjeuner à six heures et demie, après la séance matinale merveilleusement paisible, vous déjeunez à onze heures, ensuite il n'y a qu'un fruit en fin d'après-midi et rien jusqu'au lendemain matin. "Avoir un peu faim le soir ne fait pas de mal", affirmait le gros Coleman avec un sourire. La nourriture, entièrement végétarienne, n'était pas aussi bonne que les plats faits maison servis à la retraite plus petite de Maroggia. Elle était livrée par des traiteurs boutonneux qui nous souriaient comme si nous étions de pittoresques excentriques. Ils semblaient prendre un plaisir particulier à disposer à grand fracas les couteaux et les fourchettes quand ils mettaient la table, puis à les secouer vigoureusement dans leurs plateaux métalliques quand ils les ramassaient, comme s'ils lavaient le sable aurifère à la batée. Les fruits du soir étaient principalement des kiwis. Je n'aime pas beaucoup les kiwis. Comment peut-on peler un kiwi sans avoir les doigts poisseux ? Cinquante personnes faisaient la queue autour de deux bouilloires pour le thé. J'avais la nette impression que le vieux Coleman papotait joyeusement avec la plus jolie femme du stage. Je les avais surpris trois fois dans le tournant de l'escalier. En train de parler.

Où était donc le Noble Silence ?

Tous les deux jours, l'après-midi, avait lieu un prétendu "bilan" d'une heure. Par ordre alphabétique, les participants étaient invités, quatre par quatre, à apporter leur coussin à l'avant pour s'asseoir devant le professeur et rendre compte de leurs progrès. Le deuxième jour, presque tout le monde a parlé des douleurs causées par la position assise, de la difficulté à chasser les pensées ; beaucoup se sont plaints d'un film défilant derrière leurs paupières fermées, un vieux drame répété mille fois et sans solution, comme lorsqu'un fantôme ne cesse d'apparaître au même endroit dans les mêmes vêtements – un ex-mari, une sœur morte –, fait les mêmes gestes et disparaît, puis revient. Jamais présent, jamais absent.

"Je tourne en rond", a dit un homme.

Il trouvait cette situation pénible.

"J'ai une décision importante à prendre à mon retour, je n'arrive pas à me sortir cette idée de la tête, je passe et repasse la conversation sans arrêt."

Les gens n'arrivaient pas à localiser l'endroit sur leur lèvre où le souffle rencontrait la peau. Quand ils y parvenaient, ils n'arrivaient pas à concentrer leur attention sur ce point, ils le perdaient. "Ce doit être ma moustache", pensait un homme. Il la raserait. Les gens sentaient peut-être le souffle sortir, mais pas entrer. Ou ils le sentaient dans leur nez, mais pas sur leur lèvre. Pourquoi était-il si important de sentir le souffle sur la lèvre supérieure ?

“J’ai une douleur à l’épaule, à cause d’un accident que j’ai eu il y a quelques années.”

“Je n’arrête pas d’avoir un violent mal de tête juste derrière les yeux, qui ne veut pas partir.”

“J’ai les pieds en feu.”

“J’ai des règles douloureuses.”

A toutes ces personnes assises devant lui en tailleur sur leur coussin, Coleman, trônant dans son fauteuil, donnait le même conseil.

“Vous devez dire, pas grave, douleur, douleur, pas *ma* douleur. Vous devez dire pensées, pensées, pas grave, pas *mes* pensées.”

Il souriait et installait confortablement sa masse.

J’étais furieux.

Vu ma place dans l’alphabet, je savais que je ne serais pas invité à me présenter à l’éminent vieillard avant le troisième jour. Malgré tous mes efforts pour chasser le bavardage mental de mon esprit, j’ai commencé à réfléchir sans arrêt à ce que j’avais l’intention de dire. Je signalerais que j’étais étonné, alors que chez moi la méditation ne me posait pas de problème, de ressentir ici toutes sortes de douleurs. Pourquoi ? Chez moi mon dos était droit, ici il s’effondrait. Coleman avait-il un conseil autre que douleur, douleur, pas *ma* douleur ?

J’ai réfléchi à toutes sortes de façons séduisantes de formuler ce petit discours, des façons qui feraient bien comprendre que je n’étais ni un tout débutant ni un méditant expérimenté. Je dirais autre chose que les autres. Et bien sûr je parlerais en anglais, plutôt que de passer par l’intermédiaire de l’interprète, de l’interprète nul. Je pourrais peut-être profiter de l’occasion pour proposer mes propres services pour la traduction.

Et je me suis mis en colère contre moi-même. Où était-on, dans un théâtre ? Dans une émission de télé ? Je me suis souvenu que, après avoir été prévenu que j’étais dans la dernière sélection du Booker Prize, j’avais été incapable d’empêcher un modeste discours de remerciement de passer et repasser dans ma tête pendant des semaines avant l’événement. Pendant des semaines, ce discours de remerciement m’avait littéralement rendu fou. Entre le moment où j’avais reçu le coup de téléphone m’avertissant que je figurais sur la liste, jusqu’à l’annonce que quelqu’un d’autre avait gagné, dans ma tête mon discours de remerciement n’avait pas consenti à cesser d'accepter le prix. Chaque fois avec une toute petite adjonction, une précieuse et nouvelle fioriture. Cette expérience était à la fois exaspérante et formidablement agréable. C'était un discours si intelligent, si ironique, si modeste. Les gens ne seraient pas impressionnés sur-le-champ, ai-je songé. Ils trouveraient que j'étais un type vraiment sympa, un type comme tout le monde. Et ce n'est qu'après qu'ils verraient quel discours intelligent j'avais prononcé. Alors ils me trouveraient doublement intelligent, et doublement modeste, de ne pas avoir voulu leur imposer d'un coup toute mon intelligence, mais avec un effet à retardement, comme ces bâtonnets d'engrais qu'on plante dans la terre et qui se décomposent lentement au fil des mois.

Ce discours se donnait devant moi, inlassablement. Et maintenant je faisais la même chose *pour Coleman*. A chaque nouvelle douleur, chaque nouvelle souffrance et nouvelle démangeaison qui surgissait, chaque bruit venant m'irriter et m'interrompre, je modifiais mon petit discours. Je soignais mon discours, raccourcissais mon discours, rallongeais mon discours. Ce qui était insensé. Au moins pour le Booker, il y avait un public. Il y aurait eu un public. La télé ! Si j'avais gagné. Ici, il n'y avait que soixante personnes vivant dans le silence, s'efforçant en silence de parvenir à une meilleure relation avec elles-mêmes, avec l'existence. *En quoi l'effet que je produisais sur elles pouvait-il être important ?* Je ne comptais pas pour elles. Elles ne comptaient pas pour moi. D'ailleurs, comment l'effet que l'on produit peut-il *jamais* être important ? Quel intérêt peut bien avoir un discours de remerciement du Booker Prize ? Merde alors ! D'ailleurs, j'avais su depuis le début que je ne pouvais pas remporter le Booker avec le roman que j'avais écrit. Je n'étais pas à six contre un, mais à six millions contre un. C'était un miracle que l'on m'ait mis sur la liste avec un livre tellement débordant de colère, qui avait des phrases longues de plus de deux pages. On ne le laisserait jamais gagner. Préparer mon discours de remerciement était donc doublement ridicule. Au moins, ici je serais forcément écouté. Par soixante personnes. Le discours aurait lieu.

Ou peut-être pas. Parce qu'il m'est alors venu à l'idée que ce que je devais faire c'était demander à être dispensé de dire quoi que ce soit. C'était la solution. Je pourrais alors cesser de me passer le discours en boucle dans ma tête. Je pourrais simplement déclarer : "S'il vous plaît, *mister* Coleman, je préférerais ne rien dire." Ou "Professeur, je voudrais me réfugier dans le Noble Silence". C'était parfait. Les autres sauraient alors que je *ne voulais pas* attirer l'attention sur moi. Je parlerais peut-être en italien, pour qu'ils n'aient pas à s'émerveiller que je sois anglais. Sauf qu'il y avait mon accent, évidemment. Il y a toujours quelque chose qui vous trahit. Il faudrait alors qu'ils s'émerveillent de m'entendre parler si bien italien. Malgré le léger accent. Et bien sûr je traduirais aussitôt ce que j'avais dit en anglais, pour que Coleman n'ait pas à entendre mes paroles soigneusement choisies de la bouche de cet incompétent prodige unijambiste qui de temps à autre nous dérangeait tous, en entrant ou en sortant de la salle en se traînant sur ses béquilles. Probablement pour aller aux toilettes.

"Je préférerais ne rien dire, si c'est permis", annoncerais-je, en italien. Ou même mieux, je pourrais aborder Coleman dans le couloir avant le lendemain et, dans un doux murmure, lui demander s'il pouvait éviter de m'appeler à l'avant. Si je restais assis quand les autres se levaient pour parler, on ne pourrait certainement pas prétendre que je cherchais à attirer l'attention.

Ou bien si ?

L'insistance avec laquelle ce bavardage absurde tournait inexorablement dans ma tête, pendant ces trois premiers jours de la retraite, était tout simplement exaspérante. Je devrais peut-être avouer, ai-je songé, lorsque je serais appelé à l'avant, que j'avais gâché des heures et des heures de ce précieux temps de méditation avec des pensées égoïstes sur ce que je devrais dire à ce moment-là, des pensées entièrement consacrées à l'effet à produire sur le public plutôt qu'à un commentaire sincère sur la façon dont se déroulait ma méditation. Mal, inutile de le préciser. Devrais-je passer aux aveux ? Ou cela aurait-il plus d'*effet* encore ?

Bien sûr, j'ai alors imaginé *écrire* sur ce bavardage absurde et j'ai réfléchi avec quel brio je pourrais me déconstruire, ou quelqu'un de semblable à moi (très semblable à moi), dans un roman peut-être. Je pourrais montrer très intelligemment à quel point j'étais nul. Devrais-je écrire un roman ou en faire une œuvre non romanesque ? Lequel des deux paraîtrait le plus *nécessaire* ? Et si j'écrivais une œuvre non romanesque, devrais-je employer la troisième personne, à l'instar de Coetzee dans *Scènes de la vie d'un jeune garçon* et *Vers l'âge d'homme*, ou bien, comme tout le monde, accepter la périlleuse sincérité de la première personne ? Ce sont des livres étranges qu'a écrits Coetzee. Qui vous mettent mal à l'aise.

Cela a continué, continué. C'était affreux. Je ne m'en sortais pas. Après la première retraite, j'avais lu l'essai de Coetzee sur Robert Walser. J'avais été étonné par un fait curieux, et par la réaction de Coetzee à ce propos ; c'était un fait qui me revenait maintenant à l'esprit en raison de son rapport direct avec cette folie du discours. Vers l'âge de trente-cinq ans, Walser avait subitement découvert qu'il ne pouvait plus tenir un stylo. Sa main se raidissait douloureusement chaque fois qu'il en saisissait un. Il ne pouvait pas écrire. Mais il fallait évidemment qu'il écrive, sinon qui était-il, où étaient ses vieilles ambitions ? Il s'était alors mis à écrire au crayon. Et son écriture avait changé du tout au tout. La calligraphie aux courbes généreuses du jeune provincial instruit s'était transformée en script si minuscule qu'à l'œil nu on aurait cru un code indéchiffrable. Même les spécialistes, soulignait Coetzee, ne pouvaient être sûrs de l'avoir comprise.

Pourquoi Walser pouvait-il travailler avec un crayon mais pas avec un stylo ? Je me le demandais maintenant, en partie à usage d'antidote contre ce discours idiot que je répétais inlassablement dans ma tête, et en partie parce que je soupçonnais que, au risque de paraître me porter au pinacle, les ennuis de Walser et les miens n'étaient pas sans liens. Et pourquoi, surtout, parlait-il de sa "méthode du crayon" ? Ici intervient la curieuse interprétation de Coetzee. Tel un artiste employant le fusain, assurait le prix Nobel, Walser avait besoin "d'acquérir un geste de la main au rythme régulier avant de pouvoir se glisser dans l'état d'esprit où la rêverie, la composition et le flux de l'outil d'écriture ne devenaient qu'une seule et même chose". A savoir, il avait besoin du mouvement rythmique du crayon pour triompher d'un obstacle que Coetzee ne mettait aucune ardeur à identifier.

Mais en quoi un crayon est-il plus rythmique qu'un stylo ? L'analogie avec le fusain est-elle pertinente ? Les peintres n'essaient pas d'exécuter des miniatures au fusain, que je sache ? Si le script de Walser avait maintenant rétréci jusqu'à devenir microscopique et indéchiffrable, les gestes de la main auraient certainement été *plus raides* et non pas libres et rythmiques.

N'est-il pas plus vraisemblable que le problème de Walser ait été lié à l'égotisme et à l'exhibitionnisme inhérent à l'acte d'écrire et de publier ? C'était cela, sa main qui se raidissait. "Les écrivains ne savent pas ce qu'ils ont perdu quand ils ont sacrifié l'anonymat", avait écrit Walser quelque part. Ou quelque chose de ce genre. Ses romans étaient tous autobiographiques, c'était d'une évidence aveuglante, avec un alter ego au centre de chaque histoire. Etait-il possible que le passage au crayon, qui, contrairement à l'encre, peut s'effacer, lui ait donné le sentiment que ce qu'il faisait était provisoire, qu'il pouvait revenir en arrière ? Et qu'en écrivant d'une écriture tellement minuscule, d'une certaine façon il *cachait* son travail aux autres ? Il travaillait et ne travaillait pas. Pendant un certain temps, Walser avait recopié ses manuscrits au crayon pour les éditeurs, d'une écriture nette, avec un stylo. Détaché du moment de la création, ou de la révélation de soi, de l'affirmation de soi, le stylo redevenait mystérieusement utilisable. Mais plus tard il avait abandonné son travail au crayon sans chercher à le publier, et plus tard encore il avait *complètement cessé d'écrire.*

J'ai continué à penser à Walser en relation avec cette énigme : se présenter, vouloir à la fois occuper la scène et vraiment ne

pas l'occuper, par-dessus tout ne pas vouloir vouloir l'occuper, ou ne pas vouloir être vu voulant l'occuper. Et n'y avait-il pas quelque chose de la même énigme dans la décision troublante de Coetzee d'écrire son autobiographie à la troisième personne ? Comme s'il n'écrivait pas son histoire, mais celle de quelqu'un d'autre. Et personne n'est plus sévère avec ce quelqu'un d'autre que Coetzee dans *Scènes de la vie d'un jeune garçon* et *Vers l'âge d'homme*, cette personne chargée de commettre l'impardonnable indiscrétion consistant à écrire ces livres-là. Il était sévère avec lui parce qu'il écrivait des livres sur lui. Et que tout le monde le savait. Même s'il faisait semblant que ce n'était pas lui. C'était ce qui lui faisait horreur. En écrivant sur lui, il écrivait contre lui. Lui qui était un écrivain qui écrivait. "Moi non", proclamait Beckett. Ou faisait proclamer par une bouche. Une bouche sans visage. "Je me demande si ce n'est pas encore de moi qu'il s'agit… Vais-je être incapable, jusqu'à la fin, de mentir sur autre chose ?" se demande Malone, ou Beckett, dans *Malone meurt*. Une question rhétorique. Non. Douleur, douleur, pas *ma* douleur. Je vous en prie. Et quand Deirdre Bair était allée s'entretenir avec Beckett pour sa biographie, ce dernier avait commencé par dire :

"Alors vous êtes venue pour démontrer que tout, après tout, était autobiographique."

Et c'était le cas !

Moi, j'avais de gros ennuis. J'étais bloqué. Pendant de longs moments, tandis que s'écoulaient les heures, j'avais le sentiment de rouler d'un côté et de l'autre, et que tôt ou tard j'allais m'écrouler par terre. J'ai commencé à attendre ce moment avec impatience. Ou bien j'allais tomber la tête la première. J'étais tellement voûté. Ce serait un tel soulagement quand je m'écroulerais en avant et que tout le monde verrait combien je souffrais, je pourrais alors m'arrêter et me reposer, partir en promenade, aller au lit, rentrer chez moi peut-être. Je ressentais maintenant la douleur d'un coup de poignard pile entre les deux omoplates. Elle était épouvantable. Coup de poignard, coup de poignard, coup de poignard. D'étranges lumières et une chaleur torride en rayonnaient. Comment pouvais-je souffrir à ce point tout en sachant que je n'avais rien ? Qu'est-ce que j'apprenais de tout cela ? me suis-je demandé. Rien. Rien sauf qu'*absolument chaque pensée* qui surgissait dans mon esprit était d'une certaine façon *égoïste*. Non, de *toute* façon égoïste. Chaque pensée. Mon analyse des ennuis de Walser était sans doute juste, me suis-je complimenté, et s'accordait avec nombre d'autres éléments de sa biographie. Mon sentiment que Coetzee avait en réalité besoin de ne pas comprendre collait avec son conflit personnel évident quand il s'agissait de se présenter. Mais qu'y a-t-il à présenter, quand on écrit, sinon soi-même ? Même si j'écrivais sur le bonhomme qu'on voit dans la lune quand on la regarde, ce serait une présentation de moi-même. *Surtout* si j'écrivais sur le bonhomme qu'on voit dans la lune quand on la regarde. Ce que je devrais dire quand je serais enfin appelé à l'avant, ai-je conclu, c'est que ces trois jours de méditation m'avaient révélé que chacune de mes pensées est, d'une manière ou d'une autre, une forme stupide et laide d'autosatisfaction. Même ce qui peut passer pour l'autocritique la plus virulente est en fait de l'autosatisfaction. Un homme capable de se voir sous son plus mauvais jour, te félicites-tu. Coetzee est content d'avoir été aussi sévère avec lui-même. Belle observation, Tim. N'y avait-il pas de solution pour en sortir ? Comment pouvais-je arrêter cela, l'arrêter vraiment, *pour toujours* ? Sans me faire sauter la cervelle.

"Ramenez doucement votre attention sur le souffle qui passe sur le point de la lèvre supérieure. L'inspir qui passe sur le point, l'expir qui passe sur le point. *Nama* et *rupa*, l'esprit et la matière. Sans identité."

Tom Pax a été appelé à l'avant avec trois autres noms.

Bonjour l'identité. L'interprète lisait de travers sur sa liste de noms. Pax, j'ai l'habitude, mais j'ai horreur qu'on m'appelle Tom.

Sachant que Coleman allait toujours de gauche à droite, j'ai posé mon coussin tout à fait à droite.

Le premier type a reconnu avoir des crises de panique.

Coleman est resté silencieux.

"Concentrez-vous simplement sur la respiration, a-t-il fini par lui recommander. Et prenez une note objective de la peur."

Le deuxième type a avoué qu'il ne cessait de s'endormir et puis de se réveiller quand son corps glissait et s'avachissait.

Comme les disciples à Gethsémani, ai-je songé, et cette pensée m'est venue en même temps que les félicitations que je m'adressais pour cette allusion pertinente, après quoi je me suis avec lassitude passé un savon pour cette nouvelle manifestation d'égoïsme.

"On a tendance à s'assoupir les trois premiers jours, lui a répondu Coleman. Cela passera au fur et à mesure que nous avancerons. Ne soyez pas en colère contre vous. Prenez une note mentale objective – assoupissement – et puis ramenez votre concentration sur le souffle qui passe sur vos lèvres."

Changeant tardivement de plan, j'ai décidé que je dirais juste que j'avais des tas de douleurs et du mal à me concentrer. Rien de plus. Le résumé le plus plat de tout ce que tous les autres avaient déjà raconté. J'espérais que cette attitude ne paraîtrait pas provocante. J'espérais qu'elle ne paraîtrait rien du tout.

Je le dirais en italien. Parle en italien, comme si tu étais l'un des leurs.

A quoi rimait ce "comme si" ?

Et puis le troisième homme a avoué que la principale difficulté qu'il avait rencontrée, ces deux derniers jours, avait tenu à ce qu'il n'avait pas arrêté de penser à ce qu'il dirait, maintenant, quand il serait appelé à l'avant. Et Coleman a ri. Coleman a ri d'un rire venu du plus profond de son gros ventre, un bon gros rire franc et ronflant, et a remarqué qu'il se demandait à quel moment quelqu'un finirait par le reconnaître. Manifestement, il trouvait cela très drôle.

Nous avions été piégés.

"Et ce que je dis maintenant n'a rien à voir avec ce que j'avais prévu de dire", s'est lamenté mon compagnon.

Coleman a souri.

"Vous avez donc perdu l'instant présent pour un instant futur qui n'a même pas eu lieu."

C'était exactement mon histoire de Booker Prize.

"Nous ne disons jamais ce que nous avons prévu de dire, non ? a gentiment ajouté Coleman. Alors pourquoi ne pas oublier les mots tant que le moment n'est pas là ? Rien n'est en jeu, ici. Ce n'est pas un entretien d'embauche."

Mon tour venait après. Suis ton plan, ai-je décidé. Le nouveau plan, s'entend. Il n'y a rien de pire que le tireur de penalty qui décide à la dernière seconde de viser l'autre coin.

Le gros homme s'est tourné vers moi. Il avait du charisme. Il y avait de la gaieté dans ses traits lourds. Noyés dans la chair, ses yeux étaient jeunes et brillants.

"Alors, Tom Pax ?"

J'ai ouvert la bouche et rien n'en est sorti. C'est une expérience que j'ai vécue mille fois en rêve, mais jusqu'à présent jamais dans la vie. J'étais sans voix. J'étais censé parler et je ne pouvais pas prononcer un mot. Trois ou quatre fois, j'ai essayé. Rien que de l'air et de la souffrance dans ma gorge.

En secouant la tête, Coleman m'a regardé du haut de son fauteuil-trône avec un mélange de condescendance et de compassion.

"Je ne sais pas ce qui se passe", ai-je fini par avouer d'une voix rauque.

Les mots étaient à peine audibles.

Il s'est légèrement penché vers moi.

"Pourquoi ne retournez-vous pas à votre place ?" a-t-il demandé.

PERSONNELLEMENT BIEN SÛR JE DÉPLORE TOUT

Pendant les quatre jours suivants, j'ai décidé que je devais arrêter d'écrire. Je venais tout juste de retrouver un peu de concentration, d'accorder mon esprit avec le souffle, de laisser la pendule bruyante pénétrer mon pouls qui ne résistait plus passer sur mes joues et mes lèvres, monter et descendre le long de mes bras, se dissoudre dans ma poitrine et mon ventre, en bref je venais de m'installer dans la position assise, dans la salle de méditation, dans la présence de mes compagnons de méditation, quand le moment est venu de basculer d'*anapana* à *vipassana*, du souffle à l'exploration. J'ai alors eu l'impression de passer d'une chambre plongée dans l'obscurité à une maison en feu. Ou de sortir d'anesthésie après une opération chirurgicale. D'abord une explosion prolongée dans les profondeurs du crâne, puis, l'un après l'autre, dans le paysage obscur derrière les paupières closes, pas tant des incendies que des rochers en feu, de gros blocs d'obstruction et de douleur.

Après la première heure passée ainsi, je me suis précipité dehors sous le soleil de l'après-midi, submergé par l'impression de déjà-vu. Si j'avais écrit ces expériences sous forme de roman, ai-je songé, la crise sur la terrasse face à la montagne, pendant cette journée pluvieuse à Maroggia, aurait été l'endroit évident où l'histoire devrait se terminer, par une découverte amenant un changement de vie. Mais elle n'avait pas changé ma vie. J'étais là, cinq mois plus tard, revenu à la case départ, toujours le même, avec l'impression de quelque chose qui ne bougerait jamais, avec un corps qui semblait me résister, ne voulait pas de ma compagnie.

J'avais retrouvé mon dos voûté.

J'ai regardé les autres apporter du thé et des kiwis dans le jardin. Le premier, le deuxième et le troisième jour, les gens avaient marché énergiquement de long en large, ou s'étaient allongés dans l'herbe pour faire des abdominaux et des étirements. C'était un jardin de style Renaissance, plat et symétrique, une pelouse séparée par des allées en croix. A présent, le quatrième jour, tout le monde se déplaçait au ralenti. Les gens faisaient quelques pas et s'arrêtaient, restaient parfaitement immobiles pendant cinq minutes, même dix, cloués sur place. Ils buvaient leur thé lentement, pelaient leur kiwi comme s'il importait peu qu'ils mangent ou non le fruit. Personne ne faisait d'exercice. Moi aussi j'en avais perdu l'envie. Et j'avais l'impression de ne pas être le seul que la *vipassana* avait pris par surprise. Le jeune homme qui passait et repassait devant moi, posant un pied devant l'autre, en plaçant le talon juste devant les orteils comme s'il avançait sur une corde raide au-dessus d'un abîme, avait une mine de soldat commotionné.

Il m'a semblé alors que la seule façon d'imposer un changement irréversible dans ma vie serait de laisser tomber le projet qui m'avait poussé, aiguillonné, rendu malade, ai-je décidé, d'aussi loin que je m'en souvienne : le PROJET MOT. Si chez un auteur la maladie est le signe qu'il a été élu, ai-je songé – où donc avais-je lu cela ? –, alors renoncer à écrire pouvait être une mesure nécessaire pour se bien porter. Non pas que je sois encore *malade*. Mais je n'étais certainement pas *guéri* non plus. Sinon, que faisais-je dans cet endroit de fous ?

En ramenant mes chevilles en place pour passer une heure de plus en tailleur, je me suis souvenu que c'était V. S. Naipaul qui me l'avait dit. Nous déjeunions ensemble dans le cadre d'une conférence, bien des années auparavant.

"Un écrivain doit tomber gravement malade", m'avait confié Naipaul d'un ton solennel. C'était quelques années avant son Nobel. "Pour éveiller sa conscience." Ce qui bien sûr n'était que sa façon de dire qu'*il* avait été gravement malade et qu'*il* était l'un des élus. Ce type-là était le dernier des vaniteux. Comment avais-je pu me laisser prendre par une telle absurdité ? Parce qu'il avait vraiment écrit quelques grands romans, naturellement. Et puis j'ai repensé au moment, dans *L'Information*, où un auteur littéraire se demande pourquoi un auteur littéraire concurrent se donne la peine de continuer à écrire. Et vous savez aussitôt que la question est en réalité celle que se pose Amis. Il calcule les revenus du type. Moins que ce que gagne de l'heure un chauffeur de taxi. Pourquoi le fait-il ? *Pour éviter d'affronter la réalité nue, brutale et absolue*, conclut l'auteur (et nul doute Amis). Peut-être était-il temps pour moi, alors, d'affronter cela : le fait d'être simplement là, plutôt que de chercher refuge en écrivant sur le fait d'être là. Je devais devenir muet. Le moment d'aphonie lors du bilan m'avait montré la voie.

J'avais le sentiment que le gourou Coleman s'efforçait de nous dire quelque chose d'approchant pendant ses causeries du soir. La réalité la plus immédiate, la *seule* réalité à laquelle nous avions accès à chaque instant de notre vie, disait le gros homme, était le souffle, ce souffle, cet instant, qui passait sur notre lèvre supérieure en entrant et sortant de nos poumons. *Le* souffle, pas *notre* souffle. Tout le reste n'était que rêves creux.

Ces causeries du soir – de dix-huit à dix-neuf heures – étaient remarquables par leur mélange de platitude et de pessimisme. Vautré dans son fauteuil, sourire mièvre sur des joues flasques, mains maladroites sur des genoux grassouillets, Coleman s'avançait en zigzag dans le genre de prêchi-prêcha semé de paraboles sans intérêt auxquelles mon père ne se serait pas abaissé devant une classe de catéchisme.

"Vous voulez une Ferrari rouge, non ?" demandait Coleman au public italien sur un ton presque chantonnant. Il marquait une pause à chaque repos. "Toute votre vie vous avez rêvé d'une Ferrari rouge – pause –, il vous *faut* cette Ferrari rouge – pause, sourire –, et quand vous l'avez – pause, profond soupir –, quand vous l'*avez* ?"

Il ne s'est pas donné la peine de dire : Et alors ?

Je vous en prie, ai-je songé, tandis que l'interprète progressait avec lourdeur dans son imperturbable approximation destinée aux très rares Italiens qui n'avaient pas encore saisi l'idée, je vous en prie, soyez gentil de trouver un objet de désir auquel il serait véritablement difficile de renoncer.

Il faut que j'aie cette femme-là.

Il faut que je remporte le prix Nobel.

Cela m'agaçait au plus haut point qu'il radote sur cette Ferrari rouge. Les participants aux retraites de méditation ne sont franchement pas du genre à vendre leur âme pour une voiture de sport.

Supposais-je.

Coleman se sentait parfois trop fatigué pour parler et nous faisait lire quelque chose par son interprète, directement en italien, pendant qu'il le regardait avec le même sourire morne peint sur le visage.

"Il y a dix niveaux de conscience dans la méditation *vipassana*", a lu l'interprète, perché sur la table en balançant son unique jambe.

Sammasana : la reconnaissance théorique d'*anicca*, *dukkha*, et *anatta* (changement, insatisfaction, vide), par l'observation et l'analyse ;

Udayabbaya : la conscience de l'apparence et de la dissolution de *nama* et *rupa*, l'esprit et la matière, par l'observation et l'analyse ;

Bhanga : la conscience du rapide changement de *nama* et *rupa*, tel un courant rapide ou un flux d'énergie ; l'extrême conscience de la dissolution des choses.

Bhaya : la conscience que cette existence est atroce.

Adinava : la conscience que cette existence est pleine de souffrances ;

Nibbida : la conscience que cette existence est répugnante ;

Muncitukamyata : la conscience du besoin et du désir urgents de fuir cette existence ;

Patisankha : la conscience que le temps est venu d'œuvrer à une libération complète, par *anicca* ;

Sankarupekkha : la conscience que le temps est venu de se détacher de tous les phénomènes contingents *(sankhara)* et de rompre avec nos vies centrées sur l'ego ;

Anuloma : la conscience qui accélère notre tentative de parvenir à la libération.

Quand il est arrivé à *adinava* j'ai commencé à sourire, et à *munci*-je-ne-sais-trop-quoi, je riais. C'était plus fort que moi. C'était tellement Beckett, si proche du grand discours d'Arsene dans *Watt* dont je me sers toujours avec mes étudiants de deuxième année, et qui me fait toujours pouffer :

> Personnellement bien sûr je déplore tout. Pas un mot, pas une joie, pas un acte, pas une voix, pas une pensée, pas un pleur, pas un doute, pas une peur, pas un oui, pas un non, pas un cul, pas un con, pas une soif, pas une peine, pas un rire, pas une haine, pas un nom, pas une face, nulle heure, nulle place, que je ne déplore amèrement. Une de bout en bout*.

Et cela continue :

> Les trognes du mardi, les rognes du mercredi, les rages du jeudi, les grognes du vendredi, les cuites du samedi, les sommeils du dimanche, les réveils du lundi, les réveils du lundi. Les coups, les coups, de pied, de gueule, pan ! paf ! pitié ! aïe ! aïe ! pitié ! paf ! pan ! les coups, les coups, de grâce jamais**…

Mais pourquoi ces lignes de Beckett me faisaient-elles rire, me suis-je demandé, tout comme je riais maintenant à *bhaya*, *adinava*, *nibbida* – cette existence atroce, cette existence pleine de souffrances, cette existence répugnante ? Parce qu'elles étaient tellement exagérées, je suppose, parce que les

* Samuel Beckett, *Watt*, traduit de l'anglais par Ludovic et Agnès Janvier en collaboration avec l'auteur, Les Editions de Minuit, Paris, 1969.

** *Ibid.*

rythmes et les rimes banals montraient à quel point le langage peut être trompeur, qui laisse croire que tout marche comme sur des roulettes quand en réalité il était question de profond désespoir, comme si j'avais raconté mes mois de souffrance sous forme de comptine.

Mais ce n'était pas tout. J'avais ri en lisant Beckett, ai-je compris, depuis que j'étais adolescent, parce que ces idées étaient *interdites.* Mes parents anglicans n'auraient jamais approuvé pareille vision de la vie. La platitude du sermon anglican se terminait toujours avec optimisme : le Christ ressuscité, la rédemption, l'engagement renouvelé, la promesse de gloire. Toute ma vie j'avais associé la platitude au conformisme chrétien, à l'optimisme socialiste, au contentement de soi ; et de là, à l'inverse, le pessimisme au non-conformisme, à l'acuité intellectuelle, à la fin de la soumission au conte de fées oppressif et donc l'accès à la désagréable vérité.

Mes parents détestaient Beckett, ont détesté quand j'ai commencé à lire Beckett.

"Ton frère t'a détourné du droit chemin !" hurlaient-ils.

Ils détestaient le *nihilisme* de Beckett, son défaitisme. "Et si je pouvais tout recommencer", poursuit Arsene,

> sachant ce que je sais maintenant, le résultat serait le même. Et si je pouvais recommencer une seconde fois, sachant ce que je saurais alors, le résultat serait le même. Et si je pouvais recommencer cent fois, sachant chaque fois un peu plus que la fois d'avant, le résultat serait toujours le même, et la centième vie comme la première, et les cent vies comme une seule. Une chiasse*.

La centième vie comme la première. Une chiasse ! J'adorais ça. Et maintenant je découvrais que c'était l'essence du bouddhisme, et que j'étais censé parvenir à une conscience de cette atrocité au cours de la méditation. Tant de gens voient la réincarnation comme une chose rassurante, voire de l'idéalisme – on ne meurt pas, on a droit à un autre essai –, mais Beckett, comme le Bouddha, n'en croyait rien. Chaque existence vous flanque de nouveau sur les montagnes russes du désir et de la déception, vous faisant passer d'une démangeaison à l'autre. Autant trépasser carrément ! Et dommage que le suicide ne

* *Ibid.*

fasse que vous enfoncer plus profond dans la merde du *samsara.*

Le nihilisme était diabolique, insistaient mes parents. Rien que la façon dont ma mère prononçait “nihilisme” donnait à ce mot une sonorité dangereusement étrangère, comme *spaghetti* en italien. Ou comme Nietzsche. Noms étrangers, mots étrangers diaboliques. Rien de raisonnable et d'anglo-saxon dans le nihilisme. Le nihilisme c'était le diable, c'était le début de tout comportement criminel. Qui donc se tiendrait bien si la vie n'avait pas de sens ? Pire encore, le nihilisme était le début du *ne pas essayer,* ne pas faire un effort salubre et anglican pour améliorer le monde. Dieu nous avait créés à Son image, la vie était bonne ; si la Chute avait laissé le monde loin d'être parfait, c'était notre faute et il nous incombait de le rendre meilleur. Pas pour ronchonner. Pas pour se tirer de là comme une mauviette. Le fatalisme bouddhiste était diabolique et menait les gens à la corruption et au découragement, voilà pourquoi ils étaient des millions à mourir de faim et de maladie en Asie.

“Nous le savons parce que nous y avons été”, affirmaient mes parents, en parlant de leurs voyages de missionnaires en Malaisie, en Inde, au Pakistan.

Tout cela quand j'avais seize, dix-sept ans.

Maintenant, en écoutant le complaisant et pessimiste Coleman, il m'est venu à l'idée que le bouddhisme concevait les choses différemment. Pour percevoir le vide au cœur de l'existence, vous deviez *d'abord* parvenir à la pureté. Loin d'être un plongeon dans le comportement criminel, une telle vision était – comme c'était étrange ! – la *récompense* pour bonne conduite, et une clé dans la première porte qui vous ferait sortir de prison. C'étaient les impuretés et l'ignorance qui vous empêchaient de voir les choses telles qu'elles étaient vraiment (atroces) et de là vous poussaient à vous attacher à la vie et à souffrir. La personne qui au plus profond s'aperçoit que la vie est vide doit être moralement admirable sinon elle n'aurait jamais pu parvenir au niveau de concentration requis pour le comprendre. A coup sûr, ai-je songé, j'avais toujours vu en Beckett une sorte de saint, ou du moins d'ermite dans son pessimisme, pas précisément un homme tourmenté par le désir pour les biens de ce monde.

D'autre part, et c'était là que tout devenait compliqué, il n'était pas question, quant à moi, que je voie la vie comme un voile de tristesse. Pas question que j'accepte la vision de Coleman. Ni celle de Beckett, d'ailleurs. Le problème, pour moi, c'est bien que la vie est *si belle*. J'y suis très attaché. Ma tristesse, quand j'étais malade, n'était qu'en partie la douleur. Perdre la beauté, être incapable de jouir des choses, comptait davantage. Mais je n'ai jamais imaginé que la joie était impossible.

D'où mes réflexions confuses dans le jardin du vieux monastère, après cette causerie du soir, dans l'air qui prenait des teintes argentées à l'approche du crépuscule, et avec cette musique grinçante qui commençait à monter de la vallée en dessous. C'était beau d'être ici, ai-je conclu, dans cet air embaumé sous les cyprès, là-haut dans les collines toscanes. Le bruit de la fête foraine avait cessé de me déranger. C'était beau de regarder mes compagnons de méditation, à la tombée du jour, drapés dans leurs pensées, nobles dans leur silence. Il y avait, je me souviens, une jeune femme enceinte de six ou sept mois, debout devant le parapet bas, qui regardait en bas dans la vallée. Ses doigts, simplement en contact sur son ventre, étaient détendus et fins, et de temps en temps elle tournait la tête d'un côté et de l'autre, en tordant son long cou, comme pour soulager une raideur. La vie est *trop* belle, ai-je décidé. Pas répugnante du tout. Il y avait l'ombre d'un sourire sur les lèvres de la jeune femme. Et l'acte de méditation rendait l'existence *plus* belle, m'incitant à la vivre avec davantage de calme. Manger, tout simplement, était devenu un plaisir lent et intense, sentir une croûte de pain rugueuse contre son palais, une carotte craquante entre ses dents, une fourchette de riz fondant dans la salive sur la langue, glissant dans la gorge, et puis la propreté fraîche de l'eau qui faisait descendre le tout, la paisible sensation de satiété. Etre assis à table en silence avec les autres était également un plaisir intense, observer leurs visages silencieux pendant qu'ils mangeaient, observer leur concentration. Respirer l'air vespéral était beau.

Je devrais vraiment arrêter d'écrire, me suis-je dit. Comment pourrais-je jouir de ce calme profond jour après jour si je continuais à écrire, à espérer, à lutter ? Je me suis souvenu d'Emil Cioran racontant à propos de Beckett que, si au cours d'un dîner quelqu'un commençait à parler des mérites respectifs des écrivains contemporains, celui-ci, furieux, tournait sa chaise vers le mur avec un dégoût muet. Il refusait de prendre part à de telles conversations. Les derniers écrits de Beckett, m'est-il venu à l'idée, tout comme la minuscule écriture script de Walser, n'étaient-ils pas une tentative pour arrêter d'écrire tout en continuant à écrire ? D'abord le passage au français – langue, langue, pas *ma* langue – puis les œuvres devenant de plus en plus courtes, chaque phrase paraissant annuler la précédente, le tout résistant de plus en plus au lecteur, de plus en plus concentré sur les simples mouvements physiques, marcher, remuer les yeux, respirer. "Toute écriture est un péché contre l'échec de la parole", avait déclaré Beckett. Il aurait arrêté, ai-je songé, s'il avait pu.

Je me suis à nouveau souvenu du soir où j'étais au dîner du Booker Prize. Mon discours de remerciement bouillonnant dans ma tête, je me préparais néanmoins à applaudir quand Arundhati Roy gagnerait. Je crois que nous tous, qui figurions dans la dernière sélection, nous savions qu'Arundathi Roy gagnerait : le livre était charmant, c'était déjà un best-seller, il venait d'Inde, il parlait d'enfants pauvres qui sont maltraités mais qui réussissent, l'auteur était belle sans être trop jeune, raffinée sans appartenir à la haute société anglaise. Comment pouvait-elle ne pas gagner ? Je me préparais à applaudir, et putain, j'ai *bel et bien* applaudi ! Arundathi Roy est montée sur le podium et elle est restée là, en souriant, superbement – elle portait une robe superbe –, et a dit qu'elle ne trouvait pas ses mots, vraiment pas, parce qu'elle n'avait *jamais imaginé* qu'elle pourrait gagner, qu'elle n'avait rien préparé. Et je savais que c'était faux parce que j'avais déjeuné avec elle la veille et qu'elle semblait plus que préparée à gagner. En tout cas, les bookmakers la donnaient grand favori. Ce discours, comme celui que je n'ai jamais prononcé, avait donc été minutieusement préparé, ai-je compris, et préparé, comme le mien, pour paraître modeste et non préparé, à savoir, doublement faux.

Et puis Salman Rushdie s'est avancé vers moi, a froncé les sourcils et déclaré qu'à ma place il serait furieux ; il lancerait des chaises partout et se plaindrait qu'il aurait dû gagner. J'ai souri et reconnu que *j'étais* furieux, mais pas à ce moment précis, simplement en général. En général, dans une rage folle. Si je passais mon temps à lancer des chaises, plus personne ne pourrait s'asseoir nulle part.

Comment peut-on mener une vie pareille sans hériter d'un ulcère ou deux ?

Stop.

Je suppose qu'il m'a fallu une heure ou même davantage pour noter ces quelques réflexions, mais il ne faut qu'une seconde ou deux pour qu'elles filent comme l'éclair dans votre esprit pendant que vous cherchez à vous concentrer sur le souffle qui passe sur vos lèvres. Combien de fois ces idées ont-elles galopé dans ma tête pendant les jours suivants, lors des longues aubes silencieuses, lors des séances guidées où le gourou Coleman nous invitait à explorer notre corps, à l'heure du crépuscule avec ses religieuses jacassantes, sa musique discordante et les cris perçants des enfants jouant hors de l'enceinte du monastère ? Arrête d'écrire, me suis-je dit. Ça suffit. Ça suffit.

Déplacées, malvenues, les pensées passaient à tire-d'aile dans mon espace mental, allaient et venaient, çà et là, comme des oiseaux se poursuivant les uns les autres dans le ciel vespéral, se perdant et se retrouvant, faisant la course, tournoyant, se dispersant, se rassemblant, planant un moment puis battant des ailes dans un vol âpre, toujours en mouvement, se traversant et se chevauchant, à des altitudes différentes, des vitesses différentes, tandis que la lumière décline, que le vent se lève et que la pluie crépite sur des feuilles qui bruissent. Alors un par un, finalement, ils commencent à se poser, et disparaissent. Dans un dernier battement d'ailes, une pensée se pose sur son perchoir et se tait. Sur un toit peut-être, ou dans votre poignet, dans votre gorge. Une autre rejoint la première, puis une autre encore. Des pensées qui font bouffer leurs plumes avant de s'immobiliser. Une dernière croasse, peut-être – *Rushdie avait raison ! J'aurais dû jeter une chaise !* – puis c'est le silence. Jusqu'à ce que, blotties les unes contre les autres sur leur fil, entre vos oreilles, elles perdent leurs délimitations, se fondent les unes aux autres, deviennent une

simple flaque d'ombre duveteuse, d'ombre profonde dans l'obscurité, une couche sous une autre, sous d'autres, tandis que les yeux se ferment derrière des paupières closes, surveillés par des yeux situés plus profond encore, et que l'esprit se découvre enfin transparent ; l'esprit est finalement immobile et clair comme de l'eau claire, et de la tête aux pieds le corps est plein à ras bord d'esprit transparent et sans mots, à la façon dont un verre tenu entre des mains fermes, dans le clair-obscur d'un portique par un après-midi torride à Séville, pourrait être plein à ras bord d'une eau transparente autour du sombre secret de la figue noire.

C'est le sixième ou le septième soir que j'ai repris conscience dans la salle de méditation et que j'ai découvert que j'étais seul : les autres étaient partis. J'avais raté l'heure du coucher.

COLEMAN

Picotement par picotement, douleur par douleur, pouls par pouls, le corps était exploré. Il y a eu la première fois où j'ai senti la racine de mes dents, une profonde vibration dans les gencives, la première fois où la langue a palpité, s'est contractée et a véritablement été présente dans ma bouche, la première fois qu'une boule de feu est montée lentement de mon ventre à ma poitrine. Les douleurs s'enflammaient, brûlaient, mouraient. Puis revenaient.

Pendant ce temps-là, votre personnalité était mise en pièces. C'était un boulot de démolition compliqué où le travail devait se faire dans un certain ordre : d'abord cette certitude-ci s'effondrait, puis celle-là, puis celle de l'étage en dessous. Pas un effondrement subit mais un démantèlement régulier. Ou peut-être était-ce que sans les personnes qui sont à vos côtés et font de vous qui vous êtes – épouse, famille, collègues, amis –, sans le travail, la télévision, la radio, sans les journaux et les livres, le téléphone et les courriels, sans un clavier ou une feuille de papier où écrire, la construction qui était moi s'écroulait, un peu comme un bateau sorti de l'eau et mis en cale sèche. Des morceaux tombaient. Il y a eu une journée de larmes, une journée de confusion, une journée de panique, une journée d'optimisme.

"Que tous les êtres puissent ne point connaître l'attachement", psalmodiait Coleman, qui expliquait ainsi les douleurs que nous ressentions : le corps était un poêle revêtu d'amiante et bourré de charbons ardents. Les morceaux de charbon représentaient l'accumulation de nos pensées et de nos actes passés couvant à petit feu. Si en temps normal nous ne sentions pas de chaleur, c'était parce que la stimulation constante de nos sens, le bouillonnement sans fin de notre activité mentale étaient des isolants puissants : toujours en train de bouger, de penser, d'agir, nous ne remarquions rien. Mais en observant les cinq préceptes et en pratiquant *anapana*, nous avions arraché l'amiante et ouvert le poêle. Nous sentions donc la douloureuse chaleur de notre karma. Maintenant, jour après jour, avec *vipassana*, nous irions dans tous les recoins du poêle, nous retournerions les morceaux de charbon afin qu'ils rougeoient et brûlent. C'était dur, disait-il. Mais lentement, sûrement, ils se consumeraient et tout serait calme. Nos esprits seraient purs et vides.

J'ai pensé : On attend donc le septième jour pour vous dire que tout est basé sur la douleur, ressentir la douleur, accepter la douleur, quelque chose qui, si l'on vous en avait informé à l'avance, vous aurait très probablement dissuadé de venir.

“L'attachement au moi, disait Coleman, est si fort que nous ne nous en débarrasserons jamais à moins que la souffrance que nous éprouvons ne soit plus forte.” J'ai repensé à *Fin de partie* de Beckett. “Il faut que tu arrives à souffrir mieux que ça, Clov, si tu veux qu'on se lasse de te punir – un jour.”

J'avais adopté un curieux état d'esprit pendant ces causeries du soir. Je ne croyais rien. Je trouvais les idées ridicules et contradictoires : si la vie était totalement vide, comment pouvait-on attribuer une valeur à la pureté, comment pouvait-il exister des règles gouvernant la réincarnation basées sur votre comportement ? Et ainsi de suite. En même temps, j'écoutais attentivement, je prenais plaisir à écouter, et je voyais qu'il y avait effectivement des façons dont les paroles de Coleman pouvaient s'appliquer à mes expériences. Il me semblait savoir de quoi il parlait quand il disait que tout circulait, esprit et matière se dissolvant pour se muer en énergie. Il n'était pas non plus impensable que les douleurs étranges que j'avais ressenties aient eu, d'une certaine façon, quelque chose à voir avec toutes ces années passées assis, dans un état de tension, à me creuser la cervelle devant la feuille blanche, à échafauder des espoirs, à me réjouir de petites réussites, à réagir de manière excessive face aux échecs et aux déceptions. Et il était vrai que si l'on se plaçait soi-même, ou que l'on plaçait son attention, en quelque sorte *à côté* de ces douleurs, si on demeurait en leur compagnie et les laissait tranquilles, sans réagir ni vouloir qu'elles s'en aillent, elles finissaient par s'apaiser. De même pour les pensées : si on les laissait monter à la surface en bouillonnant, sans les juger ni les attaquer d'aucune façon, petit à petit elles tournaient court. En outre, on avait la sensation qu'une certaine sérénité avait été gagnée au cours de ce processus, on comprenait qu'une grande part de la douleur que nous ressentons vient de notre réaction à la douleur, une grande part de notre agitation de notre frénésie d'agitation.

Surtout, et de façon plus générale, je sentais effectivement les premiers signes de cette fameuse égalité d'humeur dont Coleman ne cessait de parler. J'avais appris à supporter la traduction paresseuse. Je pardonnais à notre interprète unijambiste. En fin de compte ce type paraissait tout à fait charmant, et maintenant que j'avais un peu de contexte, bien loin d'être aussi incompétent que je l'avais supposé. Certaines de ses remarques, en réponse aux questions des stagiaires, étaient extrêmement utiles. J'allais même jusqu'à *me* pardonner quand, de temps à autre, je continuais à m'énerver contre lui. Des deux, me pardonner était le plus difficile. Il m'est venu à l'esprit que j'avais toujours mordu à l'hameçon quand il s'agissait de fulminer contre moi, j'avais toujours été résolu à savourer à quel point l'échec pouvait être humiliant, et à en faire étalage. C'était donc un progrès, en quelque sorte ; paradoxalement, en lâchant prise on gagnait de la maîtrise, quoique d'une nature autre que celle qu'on avait passé sa vie à chercher. Distance plutôt que contrôle. Tout ce qu'il te reste à faire maintenant, c'est arrêter d'écrire, ai-je décidé, et l'affaire sera réglée. Tu auras changé pour toujours.

Mais si j'arrêtais d'écrire, comment gagnerais-je ma vie ? C'était une fausse question. J'avais l'enseignement. Je serais un professeur, un genre de serviteur. Robert Walser avait été obsédé par l'idée de service, d'ensevelir l'ego dans le service. Il rêvait d'être majordome et l'avait d'ailleurs été quelque temps. Je savais que pour moi c'était aller trop loin. Mais enseigner est un travail honnête. J'aime beaucoup enseigner. En laissant l'écriture derrière moi, la lutte dans l'esprit serait finie, finis aussi l'écart séparant le vécu et l'élaboration d'un récit de ce vécu, l'appétit ridicule pour les éloges et le succès. Finis, terminés. Ma santé ne pourrait que s'améliorer.

Le huitième matin, j'avais rendez-vous avec Coleman. Les bilans de l'après-midi avaient été interrompus depuis le quatrième jour. Je me demandais si c'était par peur que certains des participants les plus négatifs et les plus agressifs ne déclenchent une révolte (une femme avait prononcé le mot goulag quand elle s'était plainte de la règle interdisant de quitter le domaine) ; ou parce que, avec soixante personnes, c'était considéré comme une trop grande perte de temps, et de concentration, que tout le monde écoute tout le monde. Si nous avions besoin de conseils, nous disait-on, nous pouvions nous inscrire pour une rencontre de quinze minutes avec Coleman pendant les séances de méditation non guidées, le septième, le huitième et le neuvième jour.

Ma première idée a été de ne pas m'inscrire. Je n'avais rien à demander à Coleman, rien à lui dire. Si je voulais en savoir davantage sur le bouddhisme, je pouvais lire des livres, encore que je ne visse pas franchement l'intérêt d'approfondir des notions si saugrenues que je ne serais jamais capable de les accepter ; ceux qui étaient nés dans un beau pays, riche et paisible comme l'Italie, nous avait dit Coleman, pouvaient se féliciter d'avoir très bien réussi dans leurs vies antérieures. Par conséquent, ceux qui étaient nés au Soudan s'étaient mal conduits. Je ne pensais pas davantage que le gourou soit intéressé par mes opinions ou mes réflexions. Pourquoi le serait-il ? Pourquoi voudrais-je qu'il le soit ? Non, la seule raison pour laquelle j'irais voir Coleman serait la curiosité, à savoir, dans mon cas, la possibilité de recueillir une conversation intéressante à glisser ultérieurement dans un livre. Ou dans un article. Je pourrais écrire à la *New York Review* pour demander si un article sur la méditation *vipassana* les intéresserait. Ou au *Guardian*.

Mais si tu ne veux pas continuer à écrire, à quoi sert de recueillir des choses à écrire ? Arrête.

D'un autre côté, Coleman éveillait ma curiosité. C'était un type de personnalité que je n'avais encore jamais rencontré, un curieux mélange de fadeur, de sérénité et de perspicacité. Il avait parlé d'une autre vie, dans les années 1950 et 1960, où il travaillait pour la CIA en Thaïlande avant que sa quête d'un état d'esprit plus tranquille le mène en Birmanie, au bouddhisme et à la *vipassana*. Les anecdotes de ses causeries du soir étaient infantiles, volontairement, avais-je commencé à comprendre, et racontées avec un enthousiasme puéril à prendre ou à laisser. Il faisait volontairement affront à l'intelligence, cherchant à remettre à sa place cette empoisonnante faculté. Côté positif, il n'y avait en lui pas un soupçon de l'attitude moralisatrice qui s'attache de façon irrémédiable à tout ecclésiastique chrétien. Pas plus qu'il ne portait de vêtements qui sentent la robe de cérémonie, le rituel, ni même la mode New Age, d'ailleurs. C'était toujours : vieilles pantoufles, pantalon informe, un tee-shirt d'une couleur indéfinissable.

"J'ai dû me faire faire ce pantalon, avait-il signalé un jour, de but en blanc. Parce que je suis tellement gros."

Ma première impression était donc qu'il s'agissait d'un type inoffensif. Il ne ferait pas de mal à une mouche, et c'était tant mieux, puisqu'il était bouddhiste. Mais quand nous sommes passés de la monotonie d'*anapana* à l'aventure plus ardue de *vipassana*, j'ai commencé à sentir combien le charisme de Coleman pouvait être puissant. Il attendait, pour faire son entrée, que nous soyons tous installés dans la salle de méditation. Nous ôtions nos chaussures à la porte, allions à notre place, arrangions notre coussin, tirions sur nos chevilles pour les mettre en position, posions nos mains sur nos cuisses ou sur nos genoux. Ensuite, nous fermions les yeux et nous nous calmions. Et quand nous étions là depuis quelques minutes, alors seulement nous distinguions un bruit traînant de pantoufles qui avançaient dans le couloir. Dehors, le gourou s'arrêtait, comme s'il n'était pas tout à fait décidé à entrer. Puis il y avait un déclic, la porte s'ouvrait en grinçant, et se refermait avec un déclic. Coleman s'arrêtait encore, debout sur le seuil, et je me souviens d'avoir eu l'impression qu'il aimait s'accrocher aux choses pour qu'elles lui servent de soutien, la poignée de la porte, la table à laquelle était assis l'interprète. Ou peut-être simplement pour les toucher. Il aimait toucher les choses. Nous écoutions son pas à la lenteur taquine, tandis qu'il s'avançait vers son fauteuil miteux. Il poussait un gros soupir, se laissait tomber sur le tissu d'ameublement et se taisait.

Derrière nos paupières closes, sa présence emplissait la pièce, sa respiration difficile devenait notre respiration. La pendule égrenait son tic-tac. Parfois, au loin, il arrivait que l'on entende siffler un train, ou, un après-midi, très faiblement, hululer une ambulance. Plus souvent des chiens aboyaient, un chien enchaîné aboyant au nez d'autres chiens qui passaient par là, pensais-je. Pensées, pensées. Je prenais mes notes objectives. Les minutes s'écoulaient. Coleman se taisait. Rien ne pressait. En même temps une délicate tension commençait à s'insinuer dans la salle, l'attente collective de sa voix ; quand enfin elle résonnait, nous sursautions. Elle semblait parler à l'intérieur de nous.

"Que tous les êtres vivent en paix."

Lorsqu'il guidait les méditations, Coleman avait une voix plus profonde, plus mesurée, plus sonore que celle qu'il employait dans ses causeries. "Que tous les êtres ne connaissent ni attachement ni peine. Que tous les êtres soient emplis de bonheur et de joie compatissante."

"Sadhu sadhu sadhu."

Pour ma part je ne prononçais pas ces mots, mais je donnais mon assentiment.

Il commençait d'une manière banale. Nous demandait de nous concentrer sur le souffle pendant quelques minutes, le souffle qui passait sur la lèvre. Quand il ne parlait pas pendant un moment, on se demandait s'il ne s'était pas endormi. Puis la voix retentissait à nouveau. Sans doute parce que nos yeux étaient fermés et parce que nous étions assis tellement immobiles pendant tellement longtemps, les sons devenaient des éléments physiques. La pendule faisait tic-tac dans nos doigts et nos orteils. Le gong qui démarrait et terminait chaque séance me picotait les joues. Une porte qui claquait était une gifle. La voix de Coleman agitait une cloche dans notre poitrine. Notre corps tintait.

"Maintenant nous allons cesser de porter notre attention sur le souffle, disait-il calmement, et la diriger au sommet du crâne." Il commençait à nous mener à travers notre corps, et quand Coleman nommait une partie du corps il était vraiment plus facile d'entrer en contact avec elle, plus facile que si nous méditions seuls. En nommant une partie du corps, sa voix la touchait, mais sans employer de formule mystique. "Maintenant portez votre attention sur les joues. Sur la joue gauche. Sur la joue droite. Sur les deux joues. Soyez attentifs. Prenez note de toute sensation qui surgit dans cette partie du corps."

Son minutage était impressionnant. Il vous demandait de vous concentrer sur un poignet, une cuisse, ou une épaule jusqu'à ce que le fait d'être tellement concentré se mue en douleur intenable. Jamais je n'avais imaginé que cette combinaison, se vider l'esprit de toute pensée et le concentrer sur la sensation physique, pouvait représenter pareil effort. "Sentez comme la sensation change, dans vos mains, le dos des mains, les doigts, le bout des doigts, change continuellement, infiniment nuancée, infiniment délicate ; *anicca*, faites connaissance avec *anicca*."

Puis après un long silence, à l'instant précis où il vous semblait impossible de maintenir cette concentration une seconde de plus, il disait : "Et maintenant, lâchez prise. Sans vous cramponner à la sensation si elle est agréable. Sans lutter contre la sensation si elle est douloureuse. Lâchez… prise… c'est tout."

Et je le faisais. On aurait dit que Coleman, la voix de Coleman, était capable de commander ces vagues de relâchement que j'avais découvertes par hasard, de façon tellement inattendue, au cours de la relaxation paradoxale. Il ordonnait et je lâchais prise ; un étrange fluide entrait à flots, la rigidité se dissolvait.

"Plus profondément, insistait Coleman. Toujours plus profondément, à l'intérieur du muscle, à l'intérieur de l'os. Sentez la sensation dans l'os lui-même. Sentez que même l'os est sujet au changement. *Anicca*."

Nous étions concentrés sur les bras, les coudes, et maintenant il me semblait vraiment sentir les deux os de mon avant-bras droit. J'avais conscience du cubitus et du radius, de leur forme et de leur consistance. C'était la première fois que Coleman nous avait invités à entrer dans l'os et, sceptique comme je le suis toujours, je me demandais si c'était de l'hypnose. Etais-je l'objet d'une astucieuse suggestion hypnotique ? Mais si c'était de l'hypnose, serais-je capable de me demander si c'était de l'hypnose ?

"Lâchez prise, a dit Coleman d'une voix douce, lâchez prise et c'est tout", et une autre barrière est tombée.

J'ai commencé à attendre avec impatience qu'il prononce ces mots. J'étais déçu quand il ne le faisait pas. Je me suis rendu compte qu'à l'avenir, en méditant seul chez moi, je me dirais cette formule – lâche prise – en imaginant que c'était Coleman qui la prononçait, en imaginant sa voix et la modulation particulière qu'il employait, et que je sentirais combien les mots seraient plus efficaces s'il était là en personne pour les prononcer.

J'ai décidé qu'après tout je prendrais rendez-vous avec Coleman, et je me suis inscrit pour le matin du huitième jour. Debout devant sa porte, je me suis senti subitement ému. J'avais fait un effort considérable, plus ou moins depuis la veille, pour ne pas préparer de discours, imaginer la conversation, ni même établir une liste des choses à dire. N'empêche que la rencontre avait commencé à se profiler dans ma tête comme un moment très spécial. Devant la porte, je me sentais agité. Quelque chose d'important était en jeu. Ce sentiment m'agaçait. J'étais un adulte, circonspect, avec de l'expérience et sans illusion. Pourquoi diable allais-je parler à un gourou ?

Avec une ponctualité impressionnante, la femme qui m'avait précédé est sortie de la pièce en compagnie de l'interprète, je suis entré et me suis assis. Coleman a souri, m'a demandé si j'avais retrouvé ma voix et j'ai dit :

"C'est ce que nous allons voir.

— Bravo !" s'est-il exclamé en riant.

C'était un petit salon avec deux fauteuils placés face à face et les volets fermés pour empêcher le soleil d'août d'entrer. J'ai demandé à Coleman pourquoi il boitait autant, et il m'a raconté qu'il était à bord d'un buggy de golf, avec lequel on l'emmenait de gauche à droite dans un grand complexe de conférences en Malaisie, quand le chauffeur avait donné un grand coup de frein, il était tombé et s'était cassé le col du fémur.

Il a passé quelques minutes à décrire l'accident et l'hôpital. Il paraissait curieusement passionné par le sujet.

"Les infirmières malaises étaient merveilleuses !" Et puis il a demandé : "Comment vous en sortez-vous ?"

Je lui ai répondu que la retraite avait suscité beaucoup d'émotions et de réflexions.

Il a attendu.

Je l'ai regardé. Il m'a souri. Sans être engageant, il attendait, tout simplement. Le problème, ai-je dit, c'était que je ne voyais pas comment on pouvait continuer à vivre comme on l'avait toujours fait et y intégrer *vipassana*. J'avais le sentiment que cette discipline requérait la place d'honneur, requérait que ma vie tout entière change.

Alors même que je prononçais ces paroles solennelles, j'étais conscient que si quelqu'un comme moi avait fait ce genre de déclaration, cet aveu de faiblesse, à mon père et à ma mère aux beaux jours de leur évangélisme, ils l'auraient poussé illico à tomber à genoux et à offrir son cœur à Jésus. Il y aurait eu des larmes, des prières et des torrents d'émotion. Coleman a haussé un sourcil broussailleux. Après un long silence, il a remarqué :

"Un tas de gens se mettent cette idée-là en tête."

J'ai été un peu décontenancé. J'ai attendu mais il n'y a pas eu de suite.

"Voilà, ai-je fini par dire, on me demande de considérer la vie comme un malheur, une source de souffrance, et d'apprendre à ne pas en vouloir, alors qu'en vérité je la trouve très belle. La vie. Ces collines, les gens ici. Je suis très attaché à tout cela. C'est peut-être la raison pour laquelle je ne vois pas comment *vipassana* est compatible. Avec ma façon de vivre, s'entend. J'ai continuellement l'impression qu'on me demande de dire adieu à l'existence."

Coleman était attentif, aimable, distant. Après un nouveau silence, il a dit :

"Concentrez-vous sur *anicca*, apprenez à connaître *anicca*."

Ce qui a commencé à ressembler à "Apprenez à connaître Notre Seigneur Jésus-Christ". Et qui m'a agacé. Je pouvais jouer les muets aussi bien que n'importe qui, ai-je décidé. Je ne dirais rien d'autre tant qu'il ne commencerait pas à prendre l'entretien au sérieux.

Nous avons échangé un regard. Il a semblé comprendre ma décision, et plutôt que de prolonger le silence il a demandé :

"Que faites-vous dans la vie ?

— J'enseigne la traduction. Et j'écris des livres.

— C'est passionnant. Quel genre de livres ?

— Des romans, des essais."

Il restait là à me sourire. J'ai attendu. Et puis j'ai compris qu'il souriait parce qu'il savait que j'attendais qu'il me pose une autre question sur mes livres, pour me donner l'occasion d'en parler. Or il n'en avait pas l'intention.

“Je veux dire, me suis-je empressé d’ajouter, que je me demande comment on peut concilier écrire, désirer le succès, avec *vipassana.* Je me suis demandé si je ne devrais pas arrêter.

— *Vipassana ?*

— Non, l’écriture.

— Oh.” Il a froncé les sourcils et soupiré. “Vous savez, des tas de gens viennent suivre ces retraites et se mettent en tête qu’ils devraient se retirer dans un monastère ou quelque chose dans ce genre. Je ne vois pas pourquoi.”

Je commençais à trouver la rencontre exaspérante.

“Enfin, les moines n’écrivent pas de livres, non ? Les deux choses sont manifestement incompatibles.”

Une fois de plus, ce lent sourire.

“Il y a un tas de choses que les moines ne font pas. Qui a dit que vous devez être un moine ?

— Le fait est que, plus que toute autre chose, les mots semblent me détourner du moment présent. Je ne suis jamais vraiment là. Toujours à faire du boniment. J’ai le sentiment que beaucoup de ce qui ne va pas dans ma vie vient des mots.”

Il attendait toujours un instant avant de répondre.

“En ce moment, nous parlons, a-t-il fini par dire. En ce moment, nous employons des mots. C’est assez agréable, non ? Peut-être utile.

— C’est différent avec les livres.”

Sa façon de regarder vous donnait l’impression que, malgré ses quatre-vingts et quelques années, il était concentré sur vous, il s’intéressait à votre cas. Ensuite les réponses étaient désinvoltes.

“Mais les livres sont des choses merveilleuses.” Il a gloussé. “J’en ai même écrit un, il y a bien longtemps.

— *The Tranquil Mind.*

— Exact.”

J’en avais vu un exemplaire sur la table, à l’extérieur de la salle de méditation.

“Ce n’est pas un très bon livre, non, je ne crois pas, mais une façon efficace de communiquer beaucoup d’informations à un grand nombre de personnes.”

Comprenant que je n'arriverais nulle part, j'ai lancé brusquement :

"Monsieur Coleman, vous pourriez peut-être m'aider concernant un détail. J'ai du mal à rester assis droit quand je médite. Surtout ici. Chez moi, apparemment je m'en sors. Ici, mon dos s'effondre. J'ai tout le temps l'impression que je vais chavirer."

Coleman a réfléchi, ou paru réfléchir. C'était peut-être simplement du cinéma.

"Autrefois, j'avais beaucoup de mal à rester assis droit, a-t-il dit.

— Mais qu'est-ce que je peux faire ?"

Il a respiré à fond.

"Je me demande pourquoi vous tenez à être assis droit.

— Eh bien, parce que ce serait plus confortable, pour commencer, et meilleur pour mon dos. Je respirerais mieux."

Il n'a pas paru convaincu.

"Moi, je ne ferais rien contre.

— Cela paraît pourtant un désir justifié."

Il a regardé par la fenêtre. Il devenait peut-être gâteux. Il n'était plus dans le coup.

"Certainement." Il s'est retourné vers moi. "Tout le monde préférerait être assis droit, oui." Il a attendu. "Vous savez, parfois, quand pour nous les choses ne se réalisent pas, c'est parce que nous les désirons trop."

Il s'est tu.

"*Anicca*, a-t-il dit. Concentrez-vous sur *anicca*." Il s'est penché en avant et m'a tendu la main. "Il serait intéressant de continuer à bavarder, mais je ne dispose que de quinze minutes par personne."

Alors c'était tout ! Je lui ai serré la main, lancé un sourire meurtrier, et, furieux, me suis dirigé vers la porte. Je m'étais abaissé à venir parler à un gourou et c'était tout juste s'il s'était aperçu de mon existence. Voilà pour ce qui était d'acquérir de la sagesse. Au moment où je partais, un homme âgé attendait d'entrer. Coleman était dans les temps.

Je suis resté planté dans le couloir en pierre. Il avait été récemment rénové et blanchi à la chaux, mais les arches gothiques entourant les portes conservaient leur aspect ancien. La fenêtre de l'autre bout était un carré de lumière éclatante autour de la sombre chandelle d'un cyprès, au-dehors. Je suis allé jeter un coup d'œil. Un soleil poudreux embrasait les collines. En bas sur la pelouse, fumant et se dorant au soleil sur une chaise longue, il y avait la jolie jeune femme à qui Coleman parlait les premiers jours de la retraite, quand je les avais surpris ensemble. Elle s'offrait un peu de loisir. Va la rejoindre, ai-je décidé. Laisse tomber.

Au rez-de-chaussée, en approchant de l'entrée principale, je me suis arrêté. Le vieux salaud m'avait pris au mot. Il avait vu clair en moi. C'était aussi simple que cela. J'ai secoué la tête, hésité, et je suis reparti le long du couloir.

Je n'étais jamais entré dans la salle de méditation au milieu d'une séance. J'ai poussé la porte aussi discrètement que possible, et pourtant, quand elle s'est refermée avec un déclic, un tremblement a parcouru les corps autour de moi. La porte se trouvait au fond de la pièce, où trois ou quatre personnes étaient assises sur des chaises. Je suis passé devant elles et, pieds nus, à pas de loup j'ai longé l'espace étroit séparant les hommes, en rang par deux sur des tapis du côté gauche, des femmes, en rang par deux du côté droit. Les quatre fenêtres le long du mur de droite étaient ouvertes et laissaient entrer une douce sensation estivale. Mais j'étais conscient d'un calme extrême, immobile, presque un bourdonnement. Il régnait autour de moi une énergie mentale qui semblait presque palpable, comme si je barbotais dans une mer d'esprit tiède.

Arrivé à ma place, je suis resté debout sans bouger pour jeter un dernier regard autour de moi. Des rangées et des rangées de silhouettes assises et à genoux. Un gros type sur une montagne de coussins. Un garçon émacié à l'air arabe qui n'avait pour siège qu'un cube de bois bas. Certains étaient assis le dos droit, d'autres courbé. Il y avait des visages lisses, paisibles, des visages aux sourcils froncés, des visages qui souriaient vaguement. Certains avaient tout l'équipement, les châles orientaux, les coussins aux symboles ésotériques ; d'autres portaient un short délavé, un tee-shirt informe. La femme enceinte était sereine, en demi-lotus. Un homme avait posé ses mains sur ses genoux, les paumes tournées vers le haut, index et pouce juste en contact. Un autre laissait ses bras tomber sur ses cuisses. Et puis j'ai vu que la femme âgée sur ma droite avait une mouche sur la joue. Une mouche à viande noire. Qui remontait de son cou vers sa joue. La femme n'a pas tressailli. La pendule faisait tic-tac. La mouche suivait la naissance de ses cheveux au-dessus d'une oreille. Elle avait des cheveux gris ramenés en chignon. Avait-elle conscience de la présence de l'animal ?

Je me suis assis. J'étais content d'être revenu. Je me suis senti privilégié d'avoir vu la salle quand tout le monde était tellement immobile et concentré. Je me suis installé aussi silencieusement que j'ai pu et j'ai fermé les yeux. Ma colère contre Coleman s'était calmée. Il avait eu raison de douter de mes motifs pour vouloir être assis droit. Je voulais prouver que j'en étais capable, à moi-même et aux autres. De l'exhibitionnisme. Il avait peut-être raison aussi pour ce qui était de l'écriture. Le véritable changement serait peut-être de cesser de vouloir m'impressionner moi-même avec tout ce discours sur les changements radicaux. "Un tas de gens se mettent cette idée en tête", avait-il dit. Et : "Autrefois, j'avais moi-même du mal à être assis droit." Vous et moi sommes pareils, et aussi comme les autres, disait-il. Ne cherchez pas une relation spéciale avec moi parce que vous êtes un écrivain tourmenté. Il s'était montré très poli, ai-je songé. Il ne faisait pas de prosélytisme, il n'était pas là pour recruter des disciples. J'ai fermé les yeux et attendu que le souffle s'annonce tout seul sur ma lèvre supérieure.

AMOUR

Les choses sont comme elles sont. Ce bol. Cette table. Yaourt blanc. Au dernier petit-déjeuner, j'ai été submergé par la simple présence de tout cela. Ce pain, cette plaquette de beurre. Les choses sont comme elles sont. Ma main. La peau abîmée, une jointure balafrée, un ongle sale. Tout était intensément soi-même, à la fois source de fascination et d'indifférence. Miettes éparpillées, éclaboussure de lait. Je les ai regardés. Comme chez Cézanne, chaque objet avait été libéré du réseau de l'interprétation humaine. Une tasse à côté d'une tranche de melon. Absolument eux-mêmes. Je dis les mots maintenant – tasse, melon – mais mon esprit à ce moment-là n'avait pas de mots.

La tasse, le melon étaient des objets sans mots, sans relation, qui ne faisaient pas partie d'une phrase ou d'une histoire. Et il n'y avait pas de distance entre nous. J'étais dans la tasse, j'étais poisseux de melon. En levant les yeux, j'ai regardé le jeune homme de l'autre côté de la table, les joues rasées de frais, un tee-shirt rouge, un tatouage au majeur. Le tatouage imitait une bague, gravée dans sa peau. J'ai regardé. Il tenait un biscuit, et se servait d'un couteau pour le barbouiller de confiture rose. Trop vive. La confiture était trop rose. Les doigts robustes trop présents. Je les touchais. Les doigts me touchaient. Regarder c'était toucher. Les mots nous protègent peut-être. Les mots tiennent le monde à distance. Je dis cela maintenant. Cette pensée ne m'est pas venue sur le moment. J'étais muet, là, au milieu de tout cela. J'étais là, vraiment là.

Au ralenti, nous nous sommes rendus à la salle de méditation. L'homme placé derrière moi s'est installé à sa place, les yeux fermés, les lèvres serrées. Je ne l'avais pas entendu tousser depuis des jours. Celui de devant était un sac de charbon, une masse s'installant dans sa masse. La femme à ma droite était perchée dans une immobilité électrique ; c'était un oiseau, un perroquet. Elle pouvait s'envoler à tout instant.

J'ai fermé les yeux et attendu. Certainement que d'autres yeux s'ouvraient dans l'obscurité. J'étais dans le noir complet et je quittais le port. Mon bateau était une frêle embarcation, une yole dépourvue de rames. Je n'étais pas inquiet. J'avais déjà quitté le port sans y revenir. Ce n'était pas un problème. La quille a grincé contre les pierres et dansé sur l'eau, libre, libre comme le souffle flottant sur ma lèvre.

Comme j'étais parti vite !

Le temps a passé. J'avais beau être assis immobile, mon corps se tordait ; mon visage s'était détaché de ma tête, il partait à la dérive : lèvres, nez et yeux étirés et déformés comme ceux d'une gargouille. Aucune importance. La mer a ses marées et ses courants. En regardant au-delà de l'espace entre le crâne et la peau, j'ai vu des anneaux de fumée grise sous mes narines. J'ai regardé la fumée tourner. Elle paraissait extraordinairement fragile. Les anneaux étaient serrés et duveteux parmi les poils sortant de mes narines.

“Que tous les êtres, la voix de Coleman a retenti, soient libres de tout attachement.” Un tremblement a raidi mon dos. Je ne l'avais pas entendu entrer. Il a poussé un gros soupir et annoncé :

“Aujourd'hui, notre dernier jour, la *metta bhavana*. Aujourd'hui, le partage des mérites.” En élevant la voix pour lui donner ses accents les plus prophétiques et les plus hypnotiques, Coleman a commencé à lire :

> Quand je parlerais les langues des hommes et des anges, si je n'ai pas l'amour, je ne suis plus qu'airain qui sonne ou cymbale qui retentit.

Merde. La vague qui est passée sur moi était l'exact opposé de la vague de relaxation. Rien plus que ces paroles n'aurait pu me sortir aussi violemment de ma concentration extatique sur le moment présent, rien n'aurait pu me rejeter avec autant de force dans l'histoire et le récit. I Corinthiens, XIII était le passage préféré de papa chez saint Paul. L'espace d'un instant, la voix de mon père et celle de Coleman n'ont fait qu'une. Mon petit bateau a coulé comme une pierre.

> Quand j'aurais le don de prophétie et que je connaîtrais tous les mystères et toute la science, quand j'aurais la plénitude de la foi, une foi à transporter des montagnes, si je n'ai pas l'amour, je ne suis rien.

Amour ! Je réfléchissais à toute vitesse. Pourquoi Coleman lisait-il *cela* ? Connaissait-il mon passé ? J'ai vu mon père en chaire, son habit qui miroitait dans le rayon de soleil tombant de la rosace, les matins d'été, son crâne chauve qui miroitait. C'étaient, croyait-il, les paroles qui plus que tout prouvaient la supériorité du christianisme. Le grand hymne de saint Paul à l'amour. Lu par un bouddhiste.

> Quand je distribuerais tous mes biens en aumônes, quand je livrerais mon corps aux flammes, si je n'ai pas l'amour, cela ne me sert de rien.

Au fur et à mesure que Coleman lisait un verset, l'interprète unijambiste lisait la version italienne. Connaissant les deux langues, chaque coup frappait double.

> *Se distribuissi anche tutti i miei beni ai poveri, e dessi il mio corpo ad essere bruciato, se non ho la carità, tutto questo non mi giova nulla.*

Qu'entendait-il par "quand je livrerais mon corps aux flammes" ? Pourquoi ferait-on cela ? J'étais retombé dans le monde des mots et des questions pleines de colère, le monde de mon jeune moi dressé contre les sermons de mon père, contre toute forme de prosélytisme, de coercition et de commerce du mystère.

> L'amour est patient, il est plein de bonté ; l'amour n'est point envieux ; l'amour ne se vante point, il ne se gonfle point d'orgueil.

C'était bizarre. J'étais furieux contre Coleman parce qu'il lisait ce passage, qu'il rappelait mon père à ma mémoire, mon adolescence difficile, j'étais furieux qu'il ait gâché ce que je pensais être un autre long moment à me vider paisiblement l'esprit dans la magie du présent. En même temps, comment pouvais-je ne pas approuver ces paroles ? Comment pouvais-je ne pas voir qu'elles allaient dans le sens de tout ce que j'avais pensé ? L'amour ne se vante point. Il n'est pas éternellement en train de préparer des discours de remerciement. Par conséquent, l'égoïsme n'est pas de même nature que l'amour. Comme c'était bien vu ! Et quand je vendrais un milliard d'exemplaires de mon prochain roman, quand je remporterais le Nobel deux fois de suite et rejoindrais le saint canon des grands de la littérature, si je n'ai pas l'amour, je ne suis rien.

> L'amour ne fait rien de malhonnête, il ne cherche point son intérêt, il ne s'irrite point, il ne soupçonne point le mal, il ne se réjouit point de l'injustice, mais il se réjouit de la vérité ; il excuse tout, il croit tout, il espère tout, il supporte tout.

C'était dingue. Comment peut-on tout croire, tout espérer ? Pour je ne sais quelle raison, j'étais au bord des larmes. J'ai cherché à me rappeler un sermon dans lequel mon père avait expliqué à ses fidèles que dans ce passage de la Bible il était question non pas de l'inclination d'une personne pour une autre, mais de la vertu spirituelle, de l'amour de Dieu et de l'amour du prochain. Impossible. Impossible de m'en souvenir. Il fallait que je ravale ces émotions. La tempête s'était levée si vite. Sans avertissement.

> L'amour ne passe jamais. Les prophéties ? elles disparaîtront. Les langues ? elles se tairont. La science ? elle disparaîtra.

Exact, tout cela était tellement exact ! Les romans disparaîtront des rayonnages. Un mois seulement après leur publication, très probablement. Et les essais, les articles, les journaux, les sites Internet et même les plus beaux poèmes. Quand ton livre durerait mille ans, quand il durerait cent mille ans, il disparaîtra. Tu n'es rien.

Mais l'amour ne disparaîtrait-il pas, lui aussi ? a remarqué une voix tranquille. Que signifiait donc : l'amour ne passe jamais ? Ces sermons étaient creux.

> Car partielle est notre science, partielle aussi notre prophétie. Mais quand viendra ce qui est parfait, ce qui est partiel disparaîtra.

En écoutant la voix grave de Coleman, en écoutant le piètre écho de l'interprète, je me suis aperçu que je n'avais encore jamais compris ce passage. Il avait toujours été une de ces parties agaçantes de la Bible qui vous forçait à reconnaître que le christianisme n'est pas complètement idiot, que saint Paul n'est pas qu'un type resté au stade anal. Ici, nous connaissons de façon "partielle". C'était précisément le problème. La connaissance est partielle. L'urologue, le neurologue, le psychologue. Et le mathématicien, le linguiste, le climatologue. Même dans la conversation quotidienne, chaque mot divise le monde en parties. Mais quand viendra ce qui est parfait…

Quoi ? Qu'est-ce qui est parfait ? Et quand ?

J'ai ouvert les yeux et regardé Coleman lire. Comme mon père, il connaissait si bien le texte qu'il avait à peine besoin de le regarder.

> Lorsque j'étais enfant, je parlais comme un enfant, je pensais comme un enfant, je raisonnais comme un enfant ; lorsque je suis devenu homme, j'ai fait disparaître ce qui était de l'enfant. Aujourd'hui nous voyons au moyen d'un miroir, d'une manière obscure, mais alors nous verrons face à face ; à présent, je connais d'une manière partielle ; mais alors je connaîtrai comme je suis connu.

Etais-je jamais devenu un homme ? me suis-je demandé. Et que pouvait bien signifier, connaître comme on est connu ?

Qui me connaît vraiment, de toute façon ? Personne. Malgré tous tes romans et tes demi-aveux, personne ne te connaît. Il y avait quelque chose de très beau dans les mots “au moyen d’un miroir, d’une manière obscure”, si beau que c’était à peine si on voulait connaître les choses de toute autre façon. Au moyen d’un miroir, d’une manière obscure, cela m’allait très bien. Ou au moyen d’un miroir, d’une manière claire, comme le marchand d’eau et le jeune garçon.

Coleman a marqué un temps d’arrêt et s’est lancé dans le dernier grand verset :

> Maintenant donc demeurent foi, espérance, amour, ces trois choses, mais la plus grande d’entre elles, c’est l’amour.

Pourquoi, ai-je demandé – ma tête s’agitant lentement de gauche à droite –, pourquoi pourquoi pourquoi n’était-il pas possible que je jouisse des bienfaits que j’avais sans aucun doute tirés de cette retraite, de cette pratique de la méditation, de la respiration consciente, de l’exploration du corps, de la conscience et de l’égalité d’humeur grandissantes, sans introduire ces impondérables religieux qui me secouent toujours tellement ? Pourquoi Coleman n’aurait-il pas pu faire une dernière séance de *vipassana* et nous renvoyer gaiement chez nous ?

Le gourou parlait, maintenant. A la fin de notre retraite de dix jours, disait-il, nous devrions avoir atteint le stade connu sous le nom de *sotapanna*, “celui qui est entré dans le courant”, parfois également appelé *sotapatti*, “celui qui a gagné le courant”. Il a souri mollement. Il espérait que nous verrions clairement comment ces termes étaient liés à la discipline que nous avions suivie. Nous avions appris à entrer dans le courant. *Anicca.* Mais nous ne l’avions pas fait dans notre seul intérêt. Nous n’étions pas là pour nous regarder le nombril. Le travail très dur que nous avions accompli, a-t-il déclaré, permettait à chacun de nous d’accumuler un grand nombre de mérites. Chaque moment où nous avions échappé aux limites de nos ego étroits était transformé en une abondance de mérites. Maintenant, si nous partagions ces mérites avec les autres, nous pourrions les aider, nous pourrions améliorer le monde.

Que le texte de saint Paul était beau, ai-je songé. Du moins dans ce passage sur l’amour. Et que de bêtises racontait Coleman.

A suivi une de ces étranges demi-heures où l’intellect mène une guerre désespérée contre les émotions. Notre gourou continuait à discourir sur les mérites : comment, en les partageant avec autrui, ils se multipliaient aussi pour nous, si bien que plus on partageait ses mérites plus on avait de mérites à partager. Nous allions à présent nous lancer dans la *metta bhavana*, ou méditation de l'amour bienveillant, qui consiste à penser très fort d'abord à ceux qui nous sont le plus proches, et à leur vouloir du bien, puis à la famille élargie, puis, progressivement, à ceux que nous connaissons moins bien, à ceux que nous ne connaissons pas du tout, à ceux qui souffrent aux quatre coins du globe, et à ceux qui ont tué, torturé et violé, même à ceux qui, au Pentagone, au Kremlin, ont appuyé sur les boutons de la destruction. Nous allions partager nos mérites avec eux et améliorer nos vies et les leurs.

Des conneries. Si on pouvait sauver le monde avec de bonnes pensées, il y a longtemps que ce serait fait.

Pendant que Coleman parlait, les gens gigotaient, hochaient ou secouaient la tête, se balançaient, passaient d'une fesse sur l'autre. Il était intéressant de constater que, à l'instant où on perdait la concentration d'*anapana* et *vipassana*, il devenait impossible de maintenir la position de méditation. Il fallait qu'on bouge. Je me suis demandé si les autres étaient aussi gênés que moi par toutes ces histoires.

Coleman nous a invités à penser à nos parents. Nous devions fermer à nouveau les yeux, nous concentrer sur nos parents, nous souvenir de leur visage, nous souvenir de tout ce qu'ils avaient fait pour nous, partager nos mérites avec notre père et notre mère, souhaiter leur bonheur. "Qu'ils soient libres de tout attachement. Que leur vie soit pleine de contentement et de joie compatissante. Je partage volontiers mes mérites avec eux."

J'ai songé à mon défunt père, à ma mère vieillissante, malade, mais encore alerte. Naturellement, je ne pouvais pas souhaiter le bonheur de mon père, puisqu'il était mort.

Si ?

Ou bien si ?

Enfin, logiquement, non, mais si je souhaitais quand même son bonheur ? Quel mal y avait-il à souhaiter le bonheur de mon père ? C'était inutile parce que papa avait dépassé le stade du bonheur et du mal qu'on pouvait lui faire. Il avait dépassé le stade d'être. D'un autre côté, cela ne pouvait pas faire de mal, non, merde alors ? Est-ce un si gros problème de faire quelque chose d'inutile ?

Pourquoi cela me tracassait-il tant ?

J'ai souhaité le bonheur de ma mère.

Souhaite le bonheur de ton père, a dit une voix. J'ai résisté. Putain, cela ne rime à rien de souhaiter le bonheur de mon père. Il est mort. Je ne veux pas participer à ce cirque et il ne voudrait pas non plus que j'y participe, ou plutôt, il ne l'aurait pas voulu. En fait, il aurait été la première personne à me dire de me lever et de quitter sur-le-champ ces foutaises païennes. J'ai souri. Anglican jusqu'au bout des ongles. Papa avait en horreur l'habitude catholique de prier pour les morts. "Du paganisme !" Il secouait la tête. "Du paganisme pur et simple !" Si je n'arrivais pas à me souvenir clairement de son visage, j'avais bien sa voix dans l'oreille.

Je souhaite le bonheur de ma mère parce que je souhaite toujours le bonheur de ma mère. Je ne partagerai pas mes mérites avec elle parce que je ne peux absolument pas croire au baratin de la comptabilité métaphysique. Et après, nous vendrons des indulgences. Et après, nous allumerons des cierges devant les photos de nos chers disparus.

Bon sang !

J'étais coincé. Pourquoi ? Pourquoi tous ces trucs émotionnels arrivaient-ils ? Pourquoi n'aurais-je pas tout simplement pu régler mes maux de ventre et mes ennuis urinaires et me remettre sans attendre au boulot ?

Je souhaite le bonheur de mon père, ai-je songé.

Qu'il était étrange de prononcer ces mots dans ma tête ! Papa était mort depuis si longtemps. Nous nous étions disputés avant qu'il meure. Je souhaite son bonheur. Nous nous étions disputés parce que j'avais refusé de dire, debout à côté de son lit, de son lit de mort, j'avais refusé de dire que je croyais en Dieu, que j'étais chrétien, pour lui faire plaisir.

"Je suis certain que tu as la foi, Timothy", avait-il assuré. Son visage était gris, spectral. "Dis-moi que c'est vrai." Ses lèvres remuaient à peine. C'était deux jours avant sa mort. Il puait.

"Non." J'avais tenu bon. J'avais refusé de prononcer ces paroles pour lui parce qu'elles n'étaient pas vraies. Je n'étais pas un chrétien. "Tu ne devrais pas me demander de dire ce genre de choses."

J'étais furieux. Il n'y avait pas de coercition plus sournoise.

Papa, je souhaite ton bonheur.

Et puis j'ai senti un frémissement de l'esprit, un profond souhait de bonheur dans l'esprit, dans le ventre, dans les intestins, qui n'était pas les mots que je m'apprêtais à dire, mais qui avait été réveillé ou révélé par ces mots. De la lumière avait éclairé un coin sombre. Je souhaitais vraiment le bonheur de mon père, *énormément*. Je *débordais* de ce souhait de bonheur pour mon père. Il y avait en moi un tumultueux océan de souhait de bonheur. D'où sortait-il donc ?

"Peut-être avons-nous des problèmes avec ceux qui nous sont proches. Ils nous ont fait souffrir. Comme nous avons souffert de la façon dont ils se sont comportés ! Et nous les avons fait souffrir. Nul doute qu'ils ont eux aussi beaucoup souffert." Coleman a marqué un temps et soupiré. "Tout de même, je partage de bon gré mes mérites avec eux. Je partage volontiers mes mérites avec eux. Que leur vie soit pleine de contentement et de joie compatissante."

C'était vraiment dommage que je ne puisse pas croire à ce baratin sur les mérites. Il y avait un tel ton de sincérité dans la voix de Coleman. J'ai commencé à éprouver un peu de respect pour lui, même s'il était intellectuellement rédhibitoire de prôner des opinions aussi cinglées. Je me suis mis à penser à ma femme. Ce que nous avions pu nous faire souffrir !

Ne va pas par là.

Nos enfants. Nos trois enfants. Mon frère. Ma sœur.

Des visages sont apparus. Je me suis souvenu de ces instants sur la terrasse à Maroggia. C'était la même histoire, en plus maîtrisée, mais la même. Quelque chose dans le fait d'être assis sans bouger, de se vider l'esprit de l'égoïsme, de s'installer dans sa chair et dans son sang, quelque chose dans le souffle doux et les longues heures à être simplement là, à accepter d'être vraiment là, là aujourd'hui et disparu demain, s'entend ; à un certain moment, cela vous ouvrait le cœur.

Voilà. J'avais employé les mots qui d'habitude me font grincer des dents. Cela ouvrait votre cœur aux personnes qui vous entourent. Brusquement, vous souhaitiez leur bonheur. Même celui de certains dont vous ne souhaitez pas réellement le bonheur. Maintenant vous souhaitiez leur bonheur. Si brièvement soit-il. Les barrières tombaient et les frontières s'estompaient. Dans vos muscles, d'abord, et votre esprit. A l'intérieur de vous. Rigidités, routines. Elles s'effondraient. L'esprit se fondait dans la chair. L'espace entre vous et les ustensiles du petit-déjeuner rétrécissait, entre vous et le paysage, entre vous et ceux qui étaient assis à côté de vous. Nous sommes tous sur un niveau. Le huitième ou le neuvième jour, je m'étais retrouvé assis sur un banc du jardin, une tasse de tisane à la main, quand le type qui avait parlé de se raser la moustache pour sentir le souffle sur sa lèvre était venu s'installer à côté de moi. Il n'y avait pas d'autre banc à l'ombre. C'était un grand gars athlétique qui devait avoir une petite quarantaine. Le soleil était chaud. Nous étions assis à quelques centimètres l'un de l'autre, sur le banc, et nous ne nous regardions pas. Nous observions le Noble Silence. Pourtant, une étrange communion a aussitôt régné entre nous. Je l'ai ressentie tout de suite, très fort, et je savais qu'il la ressentait aussi. Nous savions tous les deux, sans l'avoir recherché ni l'avoir voulu, que l'autre éprouvait une profonde compassion, une connaissance, mais dénuée de contenu. Une connaissance mutuelle. Nous étions tous deux étonnés et savions que nous étions étonnés. Nous étions tous deux contents, en silence. Cela a dû durer quelques minutes. Je ne le connaissais ni d'Eve ni d'Adam. Mais, si fou cela puisse-t-il paraître, je crois sincèrement que si un vieil homme avait versé l'eau de sa cruche en terre dans un verre, avec une figue au fond, bien sûr, et nous l'avait offert, nous aurions tous deux posé une main sur ce verre, moi et le type qui ne s'était pas rasé la moustache, et l'aurions tenu, là, sur ce banc à l'ombre dans le jardin ensoleillé, l'aurions tenu parfaitement immobile, sans regarder l'eau, sans se regarder l'un l'autre.

Etait-ce de l'amour ?

Comment peux-tu, me suis-je demandé, tandis que Coleman partageait maintenant ses mérites avec les généraux américains et les auteurs d'attentats suicides irakiens, comment peux-tu prétendre échapper à la compartimentation de la médecine occidentale, et puis râler quand les gens vont jusqu'au bout des choses et parlent de spiritualité, d'aura et de réincarnation ?

Comment le peux-tu ? Où faut-il s'arrêter ?

Il croit tout. Il espère tout.

Peut-être est-il impossible d'intégrer corps et esprit sans intégrer les deux au reste.

Cela aurait-il été de l'amour de dire à mon père que je croyais en Dieu, même s'il n'en était rien ? S'il n'en est rien.

Il est patient, il est plein de bonté.

Je souhaite ton bonheur, papa.

Je n'arrivais pas à écouter Coleman.

“Comme ils doivent souffrir de leurs crimes, était-il en train de dire de Bush, Blair, Poutine et Ben Laden. Je partage volontiers mes mérites avec eux.”

Coleman était dingue. Je suis revenu à saint Paul, au premier amour de papa. Si j'ai tous ces merveilleux talents, dit-il, qui ne sont qu'une partie, ou des parties, et que je n'ai pas l'amour, alors je ne suis rien. Cela ne me sert de rien. Parce que incomplet, transitoire. La partie n'est rien. L'amour dépasse les parties, dépasse les frontières, dépasse le temps. Dépasse donc les mots. Défini par la négative. Il ne se vante point. Il ne passe pas. Ou par l'absence d'exclusions. Excuse croit espère supporte tout. Peut-être était-ce l'amour, alors, que j'avais appris grâce à *vipassana*. Le fait de savoir que l'on fait un avec le tout. Le jour viendra peut-être, ai-je songé, où les serpents d'eau se dresseront à côté de mon petit bateau et où je les bénirai de tout mon cœur.

“Votre vœu de silence est levé, a annoncé Coleman. Vous pouvez parler.”

Un mouvement a aussitôt agité la salle de méditation, il y a eu du bruit, du remue-ménage. J'ai été étonné de voir à quel point tout le monde était pressé de parler, de faire connaissance, étonné de les entendre crier leur nom si fort. Les gens quittaient leur tapis d'un bond et se serraient la main, se saluaient, se présentaient. Des voix perçantes, des voix graves. Contact oculaire, gestes, pluralité. Un appareil photo a jeté un éclair.

Ahuri, je parvenais à la porte quand une jeune femme est arrivée vers moi en dansant, pieds nus, rayonnante.

“Ne seriez-vous pas, par hasard, a demandé la jolie femme, Tim Parks, l'écrivain ?”

CATHÉDRALE

"La climatisation est en panne.

— Merde !"

Le gardien hausse les épaules :

"J'ai ouvert partout où j'ai pu."

Au quatrième étage, les étudiants sont déjà dans la salle de cours. Une paroi de fenêtres fait face au sud-est et donne sur un petit jardin public de la banlieue industrielle de Milan. Le soleil, qui monte dans une brume polluée, envoie des poutrelles de lumière éblouissante par la fenêtre ouverte. Quarante ordinateurs de bureau ajoutent à la chaleur.

Emanuela me signale qu'elle craint de s'évanouir. Elle a des problèmes de tension. Je la fais asseoir près de la porte. Il y aura peut-être un agréable courant d'air. Je me répands en excuses à propos de ce qui se passe.

"La seule solution serait d'aller dans le bâtiment principal où la climatisation fonctionne, mais alors l'examen devra se faire sur papier. Pas d'ordinateurs."

Sans exception, les étudiants optent pour les ordinateurs.

"C'est tout juste si je sais écrire à la main", remarque Silvia en riant.

Une des trois Silvia. Elle est sur les nerfs.

Chacun est assis à côté de son ou sa meilleur(e) ami(e). Le dernier rang est bondé. Je les installe autrement. C'est une obsession dépassée et assez anglaise chez moi, cette volonté que les examens soient parfaitement équitables : interdiction absolue de parler, d'échanger des notes, de jeter un coup d'œil au travail du voisin. Les étudiants y résistent. Une certaine démonstration d'autorité est nécessaire. Je démantèle la bande des quatre et l'expédie aux quatre coins de la salle. Les autres rient. Je sépare les jumeaux. Je ne les appelle pas par leur prénom vu qu'il est impossible de les différencier. En laissant une place vide entre les étudiants, il y a juste assez de chaises. Et puis Francesco arrive. Francesco est toujours en retard, toujours poli, distrait, comme s'il était étonné de se trouver là. La seule solution, c'est de l'installer à l'ordinateur du professeur, derrière le grand bureau. Ce qui me laisse avec la seule chaise qui ne soit pas boulonnée au sol, et sans rien devant moi sur quoi écrire.

Je distribue les photocopies et répète les instructions.

"Souvenez-vous de sauvegarder régulièrement sur vos clés USB. Il est neuf heures dix. Vous avez jusqu'à midi dix. C'est parti."

De façon compréhensible, certains ronchonnent. La pièce est déjà étouffante. Il fait humide. Parce que nous avons besoin de laisser la porte ouverte pour avoir de l'air, il y a du bruit quand des gens passent dans le couloir, en bavardant, en riant. Dans une classe, au loin, un prof hurle. Tout résonne. Ce ne sont pas des conditions formidables pour un examen de fin d'année. Mais tout de même, quand je donne l'ordre de commencer, les étudiants courbent la tête. La tension envahit la pièce comme si on avait branché un puissant appareil. Si elle était audible, ce serait un bourdonnement régulier ; vingt-trois gamins qui réfléchissent aussi fort que possible ; et moi qui les observe, les protège, qui suis de garde.

Ils ont trois devoirs. Traduction d'un texte de Christopher Hitchens. Traduction d'un passage de Beckett. Analyse critique de la traduction publiée d'un paragraphe de Woolf. Dix minutes se sont à peine écoulées quand dans le jardin public, de l'autre côté de la rue, une débroussailleuse se met à lancer une plainte stridente.

Je souffre pour eux. Il y a deux ans, j'aurais été dans un état d'irritation frénétique. Je me souviens d'un après-midi d'examen pendant lequel un groupe de rock, qui se chauffait pour la fête de fin d'année de l'université, s'était mis à jouer dans la cour de devant. Dans ma tête, j'avais rédigé une lettre indignée au recteur. Du début à la fin de l'examen, j'avais mis cette lettre au point, l'avais recomposée, corrigée et composée à nouveau. Et pendant tout ce temps, je savais qu'il ne servait à rien de l'envoyer.

Je m'avance vers la fenêtre. En salopette verte, un type taille les bordures et l'herbe autour des troncs d'arbres. Le moteur s'emballe et peine. Pourquoi fallait-il qu'il choisisse ce matin ?

Penchés sur leurs textes, les étudiants ne semblent pas s'en être aperçus. Maddalena a enroulé son épaisse chevelure autour de son doigt et la retient au-dessus de sa nuque. Michele a un crayon dans la bouche et un pouce pressé contre sa tempe. Le genou de quelqu'un s'agite. Je suis frappé de voir combien cette scène est identique à celle de la salle de méditation, il y a presque un an maintenant, et combien elle est différente. Il y a la même immersion dans l'activité mentale. Sans la sérénité. On sent que les étudiants remontent leur corps tel un mécanisme pour que leur esprit travaille plus dur et plus vite, lisant les mots, comprenant les mots, les remplaçant par d'autres mots. Survient le premier cliquetis d'un clavier. Francesco a commencé à écrire. Au second rang, Teresa lève la tête. Elle est anxieuse. Elle n'a pas encore fini de lire.

La débroussailleuse s'arrête. Dans la cage d'escalier, quelqu'un crie dans un portable. Maintenant elle redémarre. Elle vrombit, se calme, ronronne. Je déteste ce bruit. Mais je ne peux rien y faire. "Demandez-vous toujours, nous avait dit le gourou Coleman pendant une de ses causeries du soir, de quelle façon est-ce que je contribue à ma propre souffrance ?"

Si vous ne pouvez rien y faire, ne vous tourmentez pas.

Je m'assois et parcours les devoirs que je leur ai donnés. Hitchens est difficile, mais c'est un des journalistes que le *Corriere della Sera* traduit souvent et c'est le niveau que nous visons. En fait, parce que ce texte est déjà traduit, j'ai dû bloquer la connexion Internet des ordinateurs. Autrement, les étudiants pourraient tout simplement le chercher et le télécharger. Du coup, ils ne peuvent pas utiliser de dictionnaires en ligne. Ils en ont apporté sur papier. Certains sont venus avec trois ou quatre gros volumes qu'ils ont trimballés dans des valises à roulettes. Ils les posent sur les tables libres et feuillettent les pages à toute vitesse, passant de toute urgence du bilingue au monolingue et vice-versa. Assise en bout de rang, Paola a dû poser ses livres par terre. Elle tente d'installer un Zanichelli en équilibre sur son Oxford qui est sur sa valise. Au moment où elle se retourne pour taper, les deux dictionnaires tombent par terre avec fracas. Le bruit provoque une grande inspiration d'air d'un bout à l'autre de la salle, puis une activité renouvelée. Une douzaine de claviers sont au travail.

"Fidel découvre Dieu", c'est le titre de l'article. Puis vient un sous-titre : "Pourquoi diable Castro a-t-il bâti une cathédrale russe orthodoxe à La Havane ?"

Il m'est arrivé d'envier Christopher Hitchens. Toujours par monts et par vaux, très en vue, provocateur, admiré, probablement bien payé. L'article débute ainsi :

> *In January of 2009 – on New Year's Day, to be precise – it will have been half a century since the brave and bearded ones entered Havana and chased Fulgencio Batista and his cronies (carrying much of the Cuban treasury with them) off the island. Now the chief of the bearded ones is a doddering and trembling figure, who one assumes can only be hanging on in order to be physically present for the 50th birthday of his "revolution". It's of some interest to notice that one of the ways in which he whiles away the time is the self-indulgence of religion, most especially the improbable religion of Russian Orthodoxy.*

> En janvier 2009 – le Premier de l'an, pour être précis – il y aura un demi-siècle que les courageux barbus sont entrés à La Havane et ont chassé de l'île Fulgencio Batista et ses acolytes (emportant le plus gros du trésor cubain avec eux). A présent, le chef des barbus est un personnage gâteux et flageolant, dont on suppose qu'il ne tient bon que pour assister physiquement au 50e anniversaire de sa "révolution". Il est intéressant de remarquer qu'une de ses façons de passer le temps consiste à se complaire dans la religion, plus particulièrement l'improbable religion de l'orthodoxie russe.

Par ailleurs, aurais-je envie d'écrire ce genre de choses ? Hitchens se soucie-t-il vraiment de Cuba ? Ou Cuba de Hitchens ? Ou le lecteur de l'un ou de l'autre ? "*... who one assumes can only be hanging on in order to be physically present*" est une horreur.

J'essaie d'imaginer comment les étudiants vont traduire l'article. Une prose maladroite est ardue. *"It's of some interest to notice that one of the ways in which he whiles away the time is the self-indulgence of religion…"* Je me demande combien de temps Hitchens passe à fourbir ses complaisants sarcasmes. Pas assez. L'orthodoxie russe n'est pas une religion. Pourquoi *"revolution"* est-il entre guillemets ? Y aura-t-il un étudiant assez malin pour éliminer ce *"physically"* superflu ?

L'article est si difficile que je ne leur en ai donné que deux paragraphes à traduire. Dans le second, on lit :

> *Ever since the upheaval in his own intestines that eventually forced him to cede power to his not-much-younger brother, Raúl, Fidel Castro has been seeking (and easily enough finding) an audience for his views in the Cuban press. Indeed, now that he can no longer mount the podium and deliver an off-the-cuff and uninterruptable six-hour speech, there are two state-run newspapers that don't have to compete for the right to carry his regular column. Pick up a copy of the Communist Party's daily* Granma *(once described by radical Argentine journalist Jacobo Timerman as "a degradation of the act of reading") or of the Communist youth paper* Juventud Rebelde (Rebel Youth)*, and in either organ you can read the moribund musings of the maximum leader.*

> Depuis le soulèvement survenu dans ses propres intestins qui l'a finalement contraint à céder le pouvoir à son frère Raúl, pas beaucoup plus jeune que lui, Fidel Castro a cherché (et trouvé sans trop de difficulté) un public pour ses opinions dans la presse cubaine. En effet, maintenant qu'il ne peut plus sauter sur le podium et faire un discours de six heures impromptu et ne souffrant aucune interruption, il y a deux journaux d'Etat qui n'ont pas à rivaliser pour le droit de publier sa chronique régulière. Ouvrez un numéro du quotidien du parti communiste, *Granma* (décrit un jour par le journaliste argentin Jacobo Timerman comme "la déchéance de l'acte de lire"), ou du journal de la jeunesse communiste *Juventud Rebelde (Jeunesse insurgée)*, et dans l'un ou l'autre de ces organes de presse vous pourrez lire les rêvasseries moribondes du Líder Máximo.

"His own *intestines"*, ses *propres* intestins ? Dans ceux de qui, se demande-t-on, sinon dans les siens propres ? Mes intestins se sont plutôt bien tenus ces derniers temps. *Idem* pour

la vessie et le ventre. Je ne me souviens pas de la dernière fois où j'ai eu des douleurs. Je ne me rends aux toilettes que deux fois par nuit. Vu que la deuxième fois survient en général entre cinq et six heures, je vais méditer au salon. La maison est très calme à cette heure-là. Le jour se lève. L'esprit et le corps refont connaissance dans un silence sans mots. Il semble parfois que toute cette mésaventure ne m'amenait qu'à ceci. J'en suis reconnaissant.

D'autre part, jusqu'à présent je ne suis manifestement pas libéré de "l'attachement par l'aversion". Parce que j'écoute délibérément les bruits irritants, que je ne cesse de vérifier à quel point la chaleur est désagréable, et que je prends beaucoup trop de plaisir à ma réaction ironique vis-à-vis de Hitchens. Rêvasseries moribondes ! Hitchens se présente comme un type prêt à livrer bataille avec humour au nom du droit et de la raison, mais tout ce qui vous reste après avoir lu cet article, c'est le sentiment de son narcissisme sans limites. Le premier et principal but de Castro, écrit Hitchens vers la fin de l'article, a toujours été "sa consécration d'icône immortelle". Pas une ambition tellement extraordinaire, en fin de compte.

Tu l'envies.

Les livres de Paola tombent une fois de plus par terre avec fracas. Je me lève et me mets à tourner autour de la pièce. Quand j'ai commencé à surveiller des examens, il y a vingt ans et plus, j'acceptais mal la perte de temps. J'apportais à faire et puis j'étais agacé quand ma volonté d'empêcher les étudiants de tricher me mettait dans l'impossibilité d'avancer dans ma lecture ou mes travaux d'écriture. Une lutte dans l'esprit. J'en voulais aux étudiants et à moi-même. Mais ces dernières années, j'en suis venu à accepter ces curieuses matinées. Je les attends même avec impatience. Enfin, un peu. Je n'essaie plus de travailler pour moi. J'aime assez regarder ces jeunes gens qui s'adonnent à la tâche en cours. Moi qui suis leur professeur depuis deux ans, je les connais bien. Je me surprends à souhaiter leur bonheur, même à ceux qui m'ont agacé tout au long de l'année. Pourquoi Anna porte-t-elle une écharpe par une journée pareille ? Et un pantalon long et moulant ? Les cheveux de Bruna bouclent en frisettes humides sur des joues que la chaleur empourpre. Elle se mord la jointure d'un doigt. Je me surprends à espérer qu'elle ait une bonne note, j'espère qu'ils auront *tous* une bonne note, je ne veux pas qu'ils soient déçus. En même temps, je sais fort bien que certains d'entre eux seront très déçus, et que lorsque je noterai les copies je serai aussi sévère que d'habitude. Pas de faveurs.

Le succès par rapport à Hitchens, me dis-je, en passant derrière les étudiants penchés sur leur clavier, serait de parvenir à un jugement paisible de sa prose sans éprouver la moindre hostilité, la moindre animosité. Pourquoi est-ce si difficile ? Enrico a trouvé une solution très futée pour *off-the-cuff and uninterruptable.* Je me sens très fier de ce garçon, comme s'il était mon fils.

Peut-être parce que Hitchens est tellement pugnace. Soit vous tombez d'accord avec lui, soit vous vous défendez. Mais je suis *parfaitement* d'accord avec lui, sur Castro du moins, et je me défends. Cette prose cherche la bagarre. Les mots font des bonds, des gestes grossiers, et agitent le poing. C'est peut-être l'ennui avec tant d'invitations à s'impliquer dans le monde : on vous invite à vous joindre à un combat sans que ce pourquoi vous combattez compte vraiment. Il me passe par la tête que le gourou Coleman a dû mille fois partager ses mérites avec Fidel Castro, n'obtenant rien de plus, mais rien de moins non plus, que Hitchens avec son journalisme agressif. Faisant moins d'histoires, certainement. Je ne sais pas moi-même quelle est la façon appropriée de s'engager à l'égard du monde. Ou s'il y *a* une façon appropriée. Devrais-je tenter de changer le monde, ou non ? Une des Silvia, je le vois en me penchant par-dessus l'épaule parfumée de la jeune fille, s'est empêtrée dans cet impératif *"Pick up a copy of the Communist Party's daily* Granma*..."* Qu'elle ne comprenne pas m'aide à voir à quel point c'est factice. Hitchens sait bien que ses lecteurs ne vont pas ouvrir *Granma.* Silvia n'a pas compris que ce n'est qu'un discours creux de journaliste.

Pourvu que personne ne traduise *Granma* par *Grand-mère.*

Paola lâche *encore* ses livres. La chaleur, la tension et la difficulté imprévue d'avoir à faire tenir en équilibre des dictionnaires sur une valise l'agacent. Je file vers l'avant, prends ma chaise en plastique et la porte d'un bout à l'autre de la salle. Elle peut installer ses dictionnaires dessus. Je la pose à côté d'elle. Paola, qui a quelques années de plus que les autres, sourit. Je dirais "pas de quoi" si je n'observais pas l'interdiction absolue de parler pendant les examens.

Peut-être est-ce le genre d'engagement que je devrais considérer. Céder ma chaise.

En passant derrière Monica, je suis préoccupé qu'elle n'ait pas commencé à écrire. Ce qu'il y a de fascinant quand on enseigne la traduction, c'est de voir comment chaque étudiant trahit sa personnalité dans sa façon de traduire. Même les jumeaux sont différents sur le papier. En supposant qu'ils ne copient pas. Monica tient à écrire dans un italien élégant. Pour ce faire, elle doit d'abord digérer l'anglais jusqu'à ce qu'il se dissolve en une énergie sans mots d'où son italien peut surgir. Mais Hitchens, c'est difficile. Il ne cède pas. Elle est paralysée entre l'anglais imparfaitement compris et sa réticence à écrire quoi que ce soit d'imparfait en italien. Je suis inquiet pour elle.

Comment peut-on être *dans le monde*, même en train de faire quelque chose d'aussi simple que surveiller un examen, et demeurer sans tension ? Serait-il plus sain que je n'éprouve aucune compassion ? Ma compassion pour Monica, comme mon aversion pour Hitchens, est peut-être une forme de narcissisme. Une situation est le miroir de l'autre. J'aime me sentir généreux à l'égard des étudiants comme j'aime me sentir hostile à l'égard du journaliste. Comment peut-on parvenir à une opinion, une attitude, sans s'échauffer ?

Il fait vraiment une chaleur épouvantable dans la salle 503. C'est un scandale que la climatisation tombe si souvent en panne. Pendant un instant je reste dans le coin et je contemple : vingt-trois étudiants au travail : les intelligents et les moins intelligents, les jolies et les quelconques, les spirituels et les ennuyeux. Quelqu'un boit de l'eau d'une bouteille, quelqu'un remonte la bretelle d'un soutien-gorge. Emilio gribouille sur ses photocopies. Pendant quelques minutes ils se fondent les uns aux autres, paraissent ne faire qu'un. Au fil de ces deux années, la classe est devenue un groupe, bien sûr, un groupe avec son caractère et son climat uniques et communs. J'adore connaître le nom de mes étudiants, les appeler chacun par son nom – cela paraît la plus élémentaire des courtoisies – mais il est également agréable, parfois, de penser à eux dépourvus de nom. Une classe. Une communauté. J'essaie d'imaginer la communauté plus vaste de tous les étudiants. J'enseigne depuis un peu plus de vingt ans. Ils ont été si nombreux. Tous dépourvus de noms. Et moi aussi. J'essaie de m'imaginer dépourvu de nom parmi mes collègues, parmi les étudiants dont j'ai été le professeur. Hitchens écrirait-il de la même manière si les écrivains demeuraient anonymes, si les livres et les articles de journaux étaient, comme le désirait Robert Walser, anonymes, anonymes à la façon des majordomes portant une chaise là où madame la réclame ? Les mots paraissent moins nocifs quand ils ne sont pas rattachés à des noms. “Où maintenant ? Quand maintenant ? Qui maintenant ? Sans me le demander. Dire je. Sans le penser.”

Je me mets à penser au passage de Beckett que je leur ai donné, quand arrive mon remplaçant, Andrea. C’est l’heure de la pause.

Je n’ai évidemment pas demandé aux étudiants de traduire quelque chose d’aussi difficile que les premières lignes de *L’Innommable*. Devant une tasse de café, à la cafétéria qui par bonheur est climatisée, je parcours le passage, en tâchant de décider à quoi m’attendre de leur part, comment noter leur travail. C’est un extrait de *Malone meurt*.

> Alors il n’y eut que Mme Louis dans la cuisine… Elle resta un instant irrésolue, les mains appuyées sur la table, avant de se rasseoir. Sa journée finie le jour se levait sur d’autres labeurs, en dedans d’elle, ceux de la vie sottement tenace, aux douleurs diligentes. Assise, allant et venant, elle les endurait mieux qu’allongée. Du fond de cette fatigue sans fin elle ne cessait d’appeler de ses vœux, le jour la nuit, la nuit le jour… Souvent elle se levait, marchait dans la pièce où, sortant, faisait le tour de la vieille masure. Il y avait seulement cinq ou six ans qu’elle était ainsi. J’ai une maladie de femme, se disait-elle, sans oser le croire tout à fait. Dans la cuisine imprégnée des peines diurnes la nuit lui semblait moins nuit, le jour moins mort. Elle aimait, dans les moments difficiles, où elle avait besoin de courage, presser sous ses doigts la vieille table autour de laquelle si bientôt elle verrait les siens assis, attendant qu’elle les serve, et sentir autour d’elle, prêts à servir, les outils et ustensiles de tous les jours*.

* Samuel Beckett, *Malone meurt*, Les Editions de Minuit, Paris, 1951.

C'est étrange. Mon attention a été attirée sur ce passage, il y a une douzaine d'années, dans un essai du critique Christopher Ricks. Il était engagé dans un débat avec d'autres critiques qui prétendaient que Beckett avait une fois pour toutes enterré le réalisme. Que pouvait-il y avoir de plus réaliste que ceci ? demandait Ricks. Plus tard, je me souviens d'avoir relu le passage quand j'étais malade, et d'avoir pensé combien Beckett était précis quand il disait : “la vie sottement tenace, aux douleurs diligentes”. Et à quel point il avait raison sur la façon dont les douleurs vous gardent en mouvement, comme si l'on pouvait simplement s'éloigner d'elles. De la cuisine à la salle de bains. De la salle de bains au jardin. Puis retour à la cuisine. Elles qui vous incitent à vivre en dehors du présent, à rêver du jour la nuit et de la nuit pendant le jour, tandis que vous devenez de plus en plus attaché aux choses rassurantes qui renforcent votre identité – les outils et ustensiles de tous les jours. C'étaient toutes des réactions auxquelles le Dr Wise et ensuite le gourou Coleman m'avaient appris à renoncer.

Dans sa correspondance, publiée quelques semaines à peine avant cet examen et glissée dans mon sac pour la lire dans le train, Beckett raconte comment la maladie l'a contraint à changer de vie :

> Pendant des années j'avais été malheureux, consciemment & délibérément… Je m'isolais de plus en plus, entreprenais de moins en moins & me prêtais à un crescendo de dénigrement des autres & de moi-même. Mais à tout cela je ne trouvais rien de morbide.
>
> … Il a fallu que ce mode de vie, ou plutôt cette négation de vie, cause des symptômes physiques si terrifiants qu'il n'était plus envisageable, pour que je prenne conscience qu'il y avait quelque chose de morbide en moi.

Maladies de peau, furoncles, crises de panique et palpitations cardiaques avaient finalement contraint Beckett à la psychanalyse. En quelques années et avec grande réticence, se souvient-il, il s'était rétabli.

Je me demande, en recueillant à la cuillère ce qui reste de sucre au fond de ma tasse, si sa Mme Louis est censée se rétablir. Que doit-on comprendre quand on lit qu'elle se disait, sans oser le croire tout à fait, qu'elle avait une maladie de femme ? Qu'elle savait au fond que c'était un problème psychosomatique, ou simplement la vieillesse ? Ou que tout diagnostic était hors de propos ? Elle était condamnée. Quelques jours plus tôt, un ami plus âgé que moi m'avait téléphoné et appris qu'il avait un cancer de la prostate. Giorgio. C'était à l'heure du déjeuner. On lui avait annoncé le diagnostic quelques minutes plus tôt. Nous en avions parlé en long en large et en travers. C'est un homme extrêmement tendu, souvent en proie à la dépression, un insomniaque qui fait un usage régulier de tranquillisants et écrit d'excellents aphorismes d'un pessimisme exquis.

"Combien de temps as-tu souffert avant d'aller consulter ?" ai-je demandé.

Il n'avait pas souffert du tout, m'a-t-il dit. Pas de pipis nocturnes. Pas d'avertissement. Rien.

"Devrais-je me faire opérer tout de suite ? a-t-il demandé, anxieux. Qu'en penses-tu ?"

Le médecin lui avait expliqué que ce serait la fin de sa vie sexuelle.

Et quand je n'ai pas su répondre, il a ajouté :

"Tout de même, c'est mieux que pas de vie du tout, je suppose.

— Giorgio, ai-je fini par dire, tu devrais prendre le meilleur avis possible."

Mais il est idiot de conjecturer sur le pronostic de Mme Louis, et la question du réalisme de Beckett est plus épineuse qu'il n'y paraît. La femme souffrante est une invention faite en passant par le narrateur de Beckett, Malone, qui se raconte des histoires pour passer le temps pendant son agonie. Elle ne l'intéresse, semble-t-il, que tant qu'il peut projeter sur elle sa pénible situation. Quelques lignes plus loin il s'arrête et rejette toute l'histoire, d'un "mortel ennui". Mme Louis ne réapparaît pas. Elle n'était que pure invention. Plus tard nous découvrons que Malone lui-même n'est que l'une des multiples identités de quelqu'un qui s'appelle "l'innommable".

"Le moi est une invention, avait dit le gourou Coleman de sa voix envoûtante. Il n'existe pas."

Thomas Hardy avait autrefois dit la même chose, pourtant il était toujours bien Thomas Hardy.

"Lâche prise. Lâche prise, c'est tout."

Il est temps pour moi de retourner en hâte à l'examen. Je ne me fie à personne pendant plus de quelques minutes avec mes étudiants. Un autre exemple de vanité colossale, sans aucun doute. La salle de classe, quand j'y entre, est étouffante. Un ou deux étudiants lèvent les yeux, mais à présent l'atmosphère est à l'urgence. Ils sont à court de temps. Il y a des mâchoires serrées et des yeux inquiets. Les pages de dictionnaires tournent en claquant. Je demande à Andrea de revenir cinq minutes avant la fin pour m'aider à ramasser les copies. C'est un jeune homme grave, barbu, assez victorien. Un étudiant en doctorat. Il resterait volontiers, assure-t-il.

"Non, un seul suffit."

Et puis l'idée me traverse l'esprit que je n'aurais pas dû donner ce passage de Malone pour un examen car il a d'abord été écrit en français. Merde. Cette pensée me vient alors que je regarde Teresa mâchonner avec angoisse ses cheveux blonds. La jeune fille est moitié allemande, grande avec de larges épaules nues. Son tee-shirt est taché de sueur. J'aimerais dire aux étudiants que même si l'examen compte énormément – en fait leur diplôme en dépend – par ailleurs il ne compte pas du tout, il est pure invention. Dans un cas comme dans l'autre, ils feraient bien de rester calmes.

Devrais-je donner à mes étudiants une traduction de l'anglais déjà traduite du français ? N'est-ce pas une erreur de méthodologie ?

Mais peut-on véritablement parler de traduction avec Beckett qui, après tout, retournait vers sa langue maternelle en partant du français ?

Debout à côté de la porte, je songe à Beckett qui allait et venait d'une langue à l'autre. Vers la fin, apparemment, il écrivait une phrase en français, la traduisait en anglais, puis la retraduisait aussitôt en français. Et ainsi de suite. Peut-être était-ce aussi une façon de prendre du recul par rapport à l'engagement. D'abord le sentiment, le lyrisme, l'intensité – comme dans l'histoire de Mme Louis – puis la prise de recul, la dénégation ; ce n'était que quelqu'un que quelqu'un que j'ai inventé a inventé. La traduction participait peut-être de la dénégation, de la distanciation. *Moi, moi non**. Comme Walser écrivant au crayon en script minuscule. Ou Coetzee rédigeant sa biographie à la troisième personne. Sauf que dans la mesure où la première langue de Beckett était l'anglais, la "traduction"

* En français dans l'original.

s'avère souvent plus intense que l'original français. Beckett est vraiment plus inventif en anglais. Il ne peut pas s'opposer à son génie de la langue. Il doit donc d'autant plus pesamment mettre de l'ironie dans ce qu'il a traduit, il doit y introduire jeux de mots et apartés. "Il y a un choix d'images", ajoute-t-il à un certain moment dans la version anglaise de *Malone.* Il n'avait pas éprouvé le besoin de cette désobligeante fioriture dans le français plus dépouillé.

Monica est dans un sacré pétrin. Elle ne fait que commencer le deuxième des trois passages, et plus de la moitié du temps est déjà écoulé. Francesco a presque terminé. Arrivé en retard, il sera le premier à s'en aller. Les étudiants transpirent devant leur écran, parcourant la frontière entre l'anglais et l'italien. La Mme Louis du texte français original est devenue Mrs Lambert en anglais. Qui s'en soucie ? Elle n'a jamais existé. Mais la douleur que décrit Beckett est parfaitement convaincante.

Je n'ai pas beaucoup progressé dans ma pratique de la méditation depuis la retraite de l'été dernier. Peut-être a-t-on besoin de plus d'une heure par jour pour découvrir de nouvelles perspectives avec *vipassana.* Il y a tout de même un point où, lorsqu'on entre pleinement dans l'instant, avec une absolue concentration, on franchit réellement une frontière et laisse la douleur, physique et mentale, derrière soi ; on s'installe dans une sorte de félicité. Ensuite, et c'est là ce qui est étrange, on peut aller et venir de part et d'autre de cette frontière, à volonté, par le biais du plus petit changement mental. Félicité… douleur… félicité… douleur… félicité… douleur. La réflexion que l'on a atteint la félicité, c'est le retour à la douleur. L'élimination de la réflexion, c'est le retour à la félicité. On ne peut pas être là *et* se congratuler d'y être arrivé.

Les étudiants persévèrent, anxieux, mais aussi extasiés. J'ai souvent remarqué que la traduction a un effet anesthésiant que n'a pas l'écriture. Même pendant un examen. Le texte a déjà été écrit. Vous n'êtes pas l'auteur. Votre identité n'est pas en jeu. Tout ce que vous avez à faire, c'est de suivre, quelle que soit la difficulté. Texte, texte, pas mon texte.

Le troisième passage que je leur ai donné est du Woolf millésimé, quelque chose dont je me suis servi une bonne centaine de fois. Ils doivent regarder l'original et la traduction et se servir des différences entre les deux pour dire quelque chose sur le passage. Nous avons fait beaucoup d'exercices en classe, cela ne devrait donc pas poser de problèmes. C'est une de ces petites scènes de rue tirées de *Mrs Dalloway*, un seul paragraphe, une seule phrase, un personnage qui apparaît et ne revient plus. Plus fugace encore que Mme Louis.

> Puis, pendant que, l'air un peu miteux, un homme banal, qui portait un sac de cuir, hésitait aux marches de la cathédrale Saint-Paul car à l'intérieur il trouverait un baume, un accueil chaleureux, des bannières flottant au-dessus de tombeaux, témoignages de victoires non sur des armées mais, pensa-t-il, sur ce fléau qu'est la quête de la vérité qui me prive aujourd'hui de situation, et mieux encore, la cathédrale offre une compagnie, pensa-t-il, elle vous invite à devenir membre d'une société ; de grands hommes en font partie ; des martyrs sont morts pour elle ; pourquoi ne pas entrer, pensa-t-il, et déposer ce sac de cuir bourré d'opuscules, devant un autel, une croix, comme symbole d'une chose surgie de ses recherches, de sa quête, de ces mots qu'il entrechoquait les uns contre les autres, et devenue pur esprit, désincarnée, fantomatique – pourquoi ne pas entrer ? pensa-t-il, et, comme il hésitait, l'avion passa au-dessus de Ludgate Circus*.

Ce que je veux qu'ils remarquent c'est de quelle façon le dilemme sans intérêt de l'homme – entrerai-je ou non dans la cathédrale ? – se présente telle une parenthèse temporelle prolongée à l'intérieur de ce qui est en réalité une simple énonciation, dont la proposition principale n'apparaît que dans les tout derniers mots : Pendant que… blablabla… l'avion passa au-dessus de Ludgate Circus. La syntaxe, avec la longue interpolation après "pendant que", crée une sorte d'interruption provisoire – l'esprit partant dans une digression avant que ne survienne un événement – chère à Virginia Woolf. L'effet est totalement absent dans le texte italien, qui donne ceci : "Pendant ce temps un homme qui portait un sac de cuir fit ceci et cela… puis un avion vola vers Ludgate Circus."

Vers ?

C'est dur de comparer des traductions avec leur original, parce que l'étudiant doit surmonter sa propension à toujours donner raison au traducteur professionnel. Il doit penser *contre* quelque chose qui a déjà été pensé, défaire quelque chose

* Virginia Woolf, *Mrs Dalloway*, Gallimard (traduction inspirée de celle de Pascale Michon).

qui a été fait. C'est assez proche de l'effort nécessaire pour résister aux idées reçues. Dans ce cas, la traductrice n'a pas compris *"without a situation"* (qui me prive aujourd'hui de situation), n'a pas saisi qu'il s'agit probablement d'un type qui distribue les opuscules d'une secte, et tenté à présent de revenir dans le sein de notre mère l'Eglise. Par-dessus tout, elle n'a pas réellement compris cette réflexion provocatrice : *"tokens of victories not over armies, but over, he thought, that plaguy spirit of truth seeking which leaves me at present without a situation"* (témoignages de victoires non sur des armées mais, pensa-t-il, sur ce fléau qu'est la quête de vérité qui me prive aujourd'hui de situation), et a traduit : "signes de victoire non sur des armées, mais sur ce fichu esprit de vérité qui me guide dans ma quête de ce qui me laisse sans ressources", une phrase qui ne veut rien dire mais qui est assez élégante. Les traductions sont bourrées de ces passages élégamment incompréhensibles, pourtant les lecteurs les remarquent rarement. Tant qu'il y a des mots lui permettant de continuer à tourner, l'esprit jacasse, heureux d'occuper le devant de la scène.

Mariangela a souligné *"truth seeking"* (quête de la vérité) sur sa photocopie. Elle se mord la lèvre. Je nourris de grands espoirs pour Mariangela qui fera, je pense, une excellente traductrice. Et puis il me vient à l'idée qu'il y a un parallèle entre ces réflexions de *Mrs Dalloway* et l'article de Hitchens. Un contraste, plutôt. Le journaliste met la religion au rancart sous prétexte que c'est de la complaisance. Tout aussi athée, Woolf voit néanmoins dans l'Eglise une occasion de renoncer au moi et aux idées qui sèment la discorde dans une communauté. Ce que l'homme un peu miteux envisage c'est de renoncer à ses prétendues vérités – "déposer ce sac de cuir bourré d'opuscules, devant un autel, une croix, comme symbole d'une chose surgie de ses recherches, de sa quête, de ces mots qu'il entrechoquait les uns contre les autres, et devenue pur esprit, désincarnée".

L'homme hésite. Il a besoin du gourou Coleman pour lui dire : "Lâchez prise !" Ou du saint patron de la cathédrale pour lui rappeler que même s'il distribuait un million de brochures s'il n'a pas l'amour, il n'est rien. Chose étonnante, la traductrice italienne a écrit "pur esprit, *désabusé*".

J'espère que les étudiants l'ont remarqué.

Quand je suis rentré de mes dix jours de méditation, la première chose que j'ai faite a été d'aller dans mon bureau, d'allumer mon ordinateur et de me mettre à entrechoquer quelques mots les uns contre les autres.

Ne seriez-vous pas, par hasard, Tim Parks, l'écrivain ?

Eh bien, oui et non. Je ne me suis jamais senti aussi bizarre. Muet pendant dix jours, je ne savais pas qui j'étais. En fermant les yeux, j'ai découvert que je flottais dans le courant d'une rivière au flot puissant, ou bien j'étais la rivière. Je n'étais personne. Cela paraissait plus étrange sur mon fauteuil de bureau que sur un tapis de méditation. Je n'étais personne, mais j'étais sur le fauteuil de Tim Parks. Un type que je connaissais.

J'étais assis là. Je n'arrivais pas à savoir si j'étais infiniment heureux ou désespérément triste. L'ordinateur bourdonnait. Chaque fois que j'essayais de nager contre le courant, de *faire* quelque chose, je me sentais incompétent, pas exactement paralysé mais tout à fait incapable de bouger, incapable de vouloir bouger. Ne luttez jamais contre l'eau, vous disent toujours les moniteurs de kayak. Cela a duré un bon moment, dix, vingt minutes, une demi-heure. Les nerfs avaient été détachés de mon corps, les muscles, les tendons. Je les imaginais noués en un paquet flottant dans le courant à côté de moi. En ouvrant les yeux, à un certain moment, j'ai vu que quatre-vingt-trois courriels étaient arrivés pendant mon absence. J'ai refermé les paupières. J'attendais. Finalement, mes doigts se sont mis à bouger tout seul. Ils ont tapé sans relâche :

> Je suis si fatigué. Je suis si fatigué. Je suis si fatigué. Je suis si fatigué. Je suis si fatigué. Je suis si fatigué. Je suis si fatigué. Je suis si fatigué. Je suis si fatigué. Je suis si fatigué. Je suis si fatigué. Je suis si fatigué. Je suis si fatigué. Je suis si fatigué. Je suis si fatigué. Je suis si fatigué. Je suis si fatigué.

Chaque fois que je tapais le “je”, je le faisais en minuscule, mais Word le transformait aussitôt en un fier “Je”.

Dans les jours qui ont suivi, tandis que les étais qui soutiennent la personnalité retrouvaient leur place – épouse, enfants, cours, kayak –, j'ai découvert, en venant jour après jour à mon bureau, que mes sentiments à l'égard des mots avaient légèrement changé. J'étais un peu moins négatif. En rédigeant quelques pages – les premières de ce livre, à vrai dire – il était rassurant que tout paraisse lent, minutieux et très clair dans mon esprit, libéré de la compulsion et de l'agitation habituelles.

Je me demande.

Je me demande si la question n'est pas simplement de tailler la clématite enchevêtrée de son ego, d'année en année, retraite après retraite, moi non, moi non, moi non.

Ou d'entrer dans le texte tel un mormon pénétrant dans Saint-Paul, prêt à renoncer à ses précieux opuscules.

De lâcher les outils et les ustensiles de tous les jours.

Ou de partager les mots avec le lecteur comme un verre d'eau claire par une chaude après-midi d'été. Mes mains sur le clavier, les vôtres sur la page.

De prendre le temps de respirer, aussi. De se souvenir que nous sommes tous les deux ici, en chair et en os. Maintenant.

En tout cas, d'oublier les icônes immortelles, les rêvasseries moribondes, l'esbroufe et l'affirmation de soi.

D'oublier le pognon sonnant et trébuchant des pisse-copies, le tintement des cymbales du Booker, le Nobel.

N'est point envieux. Ne se vante point.

Supporte tout.

Dans la salle de classe, l'imprimante s'éveille avec un bip. La débroussailleuse s'est arrêtée. Combien de temps a passé ? C'est Francesco qui a rompu la transe. Il a terminé. Il imprime.

Pâles dans la lueur de leur ordinateur et collants de transpiration, les autres redoublent d'efforts. Leurs claviers semblent très bruyants.

"Est-ce que je leur signale qu'ils ont encore cinq minutes ?" demande Andrea.

Il est à côté de moi. Depuis quand ? Andrea est un jeune homme tellement sérieux et péremptoire. Avec une barbe tellement littéraire ! Il veut prendre le contrôle.

"Ça va, Andrea. Ils ont leur montre."

Debout à l'avant de la salle, les pieds un peu écartés, les bras croisés, je monte la garde. Dans quelques minutes, mes deux années avec cette classe seront terminées. Deux années difficiles mais formidables aussi. Le soleil tape dur sur la fenêtre et dans la pièce l'air est confiné et humide. Je ne souffre pas. Mon corps y est habitué, à la façon dont on s'habitue à l'eau chaude, ou à être assis en tailleur. Les secondes s'égrènent, Andrea ronge son frein. Pourquoi est-ce que je ne siffle pas ? C'est l'heure. C'est l'intensité de leur présence qui me retient : les regards insistants, lèvres pincées, joues rouges, mains rapides et expertes, cheveux de jais enroulés autour d'un crayon, grimaces, petits sourires, débordement d'activité, et la brutale immobilité d'un menton fourré sur des doigts repliés.

"Presque le quart", murmure Andrea.

Je me suis attaché. Je ne veux pas que cela se termine.

Quelqu'un d'autre lance la plainte de l'imprimante. Francesco est allé jusqu'à la machine pour signer sa copie.

Profonde respiration.

Monica a enfoui son visage dans ses mains.

"OK, tout le monde, c'est fini. C'est l'heure, maintenant."

Ma voix est très forte. Des yeux se lèvent, inquiets, soulagés.

"Deux petites minutes, prof !

— Finissez votre phrase et c'est tout. Fin. On n'écrit plus ! OK ? Sous peine de mort !"

POSTFACE

Mais c'est un ordre trop spectaculaire pour que je finisse là-dessus. Après tout, la moitié de ce livre a été écrite depuis cet examen final, et je ne suis ni mort ni souffrant.

Permettez-moi alors de terminer par quelques mots sur ce matin-là, le lundi 26 octobre 2009. Après une nuit modérément interrompue, je me suis levé avant six heures et dans le noir je suis descendu dans la chambre qu'occupait autrefois mon fils. Les jours devenant plus frais, j'ai enfilé un pull et un pantalon de survêtement, puis j'ai réglé le réveil de mon téléphone portable sur sept heures. On ne peut pas toujours avoir un gong tibétain.

Il n'y a pas beaucoup d'espace, ici. Je laisse une couverture pliée par terre, un coussin pour m'asseoir, deux petits poufs à glisser sous mes genoux. Un jour je ramène la jambe gauche en premier, le lendemain la droite ; pour la symétrie. En prenant soin de ne pas me précipiter, j'enroule un châle autour de mes épaules, éteins la lampe et reste là.

Dans la pièce, il fait nuit noire maintenant. Les volets sont fermés. Le poster d'Iron Maiden, à côté de la porte, est invisible. Dans le silence, je ne prononce pas de formules ; je ne cherche pas refuge dans le *dhamma* ni ne souhaite que tous les êtres connaissent la joie compatissante. Je ne suis pas en dévotion. Mais en inspirant profondément, j'ai conscience de la maison endormie autour de moi : de Lucy dans la pièce à côté, de Rita sous la couette au premier, du chien couché en rond dans son panier, de nous tous là-haut sur la colline, tournés vers le sud face à la plaine italienne.

Des pensées du matin montent comme des bulles. Je me concentre sur le souffle dans mes narines, sur mes lèvres. Seule une conscience régulière du corps calmera ce pétillement mental. Je ne me préoccupe pas quand je n'y arrive pas. Le but est le calme, mais je ne l'implorerai pas. Là, je me surprends à rédiger un courriel : Cher professeur. Proietti, bien que… Là, je suis en train de rejouer le but de Torres, hier soir face à Man U. Où était Rio ? Stop. Je ramène l'esprit vers le souffle. Encore et encore, inlassablement, jusqu'à ce qu'enfin les deux se fondent en un ruisseau murmurant sur la lèvre supérieure. Une marée chaude enfle dans la poitrine. Mes poignets palpitent.

Il n'y a rien de mystique là-dedans. Si je repense à l'époque où j'ai commencé, je constate qu'il y avait un désir d'expérience extraordinaire, de vagues de guérison cosmique. On vit tiraillé entre une volonté d'être raisonnable, pragmatique, scientifique, fidèle à sa culture, et un désir de transcender la raison, d'échapper au pragmatisme et à la science. Les deux attitudes s'appellent l'une l'autre, comme de vieux adversaires. On est toujours sur les nerfs. Du coup, aux retraites *vipassana*, les méditants novices ont soif de spectaculaire, de rencontre avec leurs démons, de soumission à un gourou. Nous voulons tous ajouter un épisode au récit de nous-mêmes, ce fil que nous ne cessons de tisser de nos relations avec le monde. Voilà pourquoi, je suppose, ils sont si nombreux à partir en Inde, pour ne rien faire d'autre que s'asseoir sur un coussin, les yeux fermés. Ils espèrent que le lieu exotique, l'habit traditionnel du gourou et la voix étrangère ajouteront de l'intensité à l'histoire.

Mais au fur et à mesure qu'on fait sortir en douceur les mots et les pensées de l'esprit, le moi faiblit. Il n'y a pas de récit pour l'alimenter. Quand les mots ont disparu, que vous soyez à Vérone ou à Varanasi importe peu. Que ce soit le matin ou le soir, que vous soyez jeune ou vieux, homme ou femme, pauvre ou riche n'est pas, dans le silence, dans l'obscurité, dans le calme, si important. Tout comme les fantômes, les anges, les dieux, il s'avère que "le moi" est une idée que nous avons inventée, une histoire que nous nous racontons. Il a besoin du langage pour survivre. Les mots créent le sens, le sens le but, le but le récit. Mais ici, pendant un petit moment, il n'y a pas d'histoire, pas de rhétorique, pas de tromperie. Ici, il y a le silence et l'acceptation ; le plaisir d'un espace qui n'a pas besoin d'être imprégné de sens. Avec un sentiment aigu, de la chair, du souffle, du sang, la conscience autorise le "Je" à s'esquiver.

Si je peux donc relater les premières minutes, je ne peux pas raconter le reste. Il y a des intensifications. Il y a une sorte de liquéfaction, les cuisses filent dans les mollets, la tête dans la poitrine. Et il y a des résistances : pierres, obstacles, douleurs. L'esprit ne cesse d'y revenir. Une cheville. Une épaule. Peut-être bougeront-ils, peut-être non. Je suis tout à fait réveillé. J'entends Rita descendre à pas feutrés, le chien sur ses talons. J'entends un scooter qui peine à gravir la colline. Et je ne suis pas là. Je suis dans le courant.

Puis le réveil sonne et il faut que je bouge. Je suis debout, habillé, et dans quelques minutes à peine je mettrai Lucy dans la voiture. A sept heures dix nous filons à toute allure au pied de la colline, pour essayer d'avoir le feu vert à San Felice. Lucy se fait du souci pour un devoir, une éventuelle mauvaise note. Je répète le mantra des parents : Fais de ton mieux, après on verra.

Nous nous arrêtons dans une *pasticceria* pour prendre un cappuccino et un croissant. Sur la table les gros titres du journal m'apprennent qu'une bombe a tué cent quarante-sept personnes à Bagdad, que le gouverneur du Latium a démissionné après avoir été filmé nu en compagnie d'un prostitué et en présence de cocaïne, que l'AC Milan a marqué à la quatre-vingt-dixième minute et battu Chievo 2-1. Je paie en vitesse et roule encore un kilomètre et demi pour déposer Lucy à son arrêt de bus. Elle disparaît dans la foule.

En me garant devant mon bureau, j'ai conscience de tous ces petits gestes quotidiens qui font obstacle entre mon travail et moi. La clé bleue pour le portail. La clé jaune pour la porte d'entrée. L'escalier, la grosse clé pour l'appartement. Allumer l'électricité, allumer l'ordinateur, relever les stores. J'ai toujours mal supporté ces gestes fastidieux, cette routine stupide, qui me gênent. J'essaie de les accomplir lentement, avec une humeur égale. C'est aussi la vie, me dis-je. Maintenant et maintenant. Mais je n'y arrive pas, je suis tellement impatient de m'y mettre, d'écrire cette histoire, de l'avoir terminée, d'aller de l'avant.

REMERCIEMENTS

L'auteur est reconnaissant d'avoir reçu l'autorisation de reproduire les images suivantes.

p. 25 RTUP National Institute of Diabetes and Digestive and Kidneys Diseases, National Institute of Health.
p. 33 *Le Marchand d'eau de Séville.* Diego Rodríguez de Silva y Velázquez, galerie des Offices, Florence, Italie / The Bridgeman Art Library.
p. 46 Tableau d'une façade d'église avec pasteur. John Parks, www.johnparks.com.
p. 50 Schéma du corps. Shutterstock.
p. 52 Kayakiste. Isaac Levinson, www.isaackayak.com.
p. 57 Illustration pour courbe d'analyse d'urine. Lucia Parks.
p. 60 Détail du *Marchand d'eau de Séville.* Diego Rodríguez de Silva y Velázquez, galerie des Offices, Florence, Italie / The Bridgeman Art Library.
p. 89 Yamuna. Lian Chang.
p. 92 Gandhi. Kanu Gandhi / GandhiServe.
p. 97 Cystoscope. MedTec Applications, Inc., www.medtecapp.com.
p. 106 Masseur anal (ou de prostate) Anéros, www.highisland.com.
p. 124 Banc dans un parc. John Parks, www.johnparks.com.
p. 126 Couverture d'*Il bell'Antonio.* Mondadori et Reporters Associati, Rome.
p. 130 Robinet dans le ciel. www.funny-potato.com.
p. 147 Couverture de *A Headache in the Pelvis.* David Wise, PhD et Rodney U. Anderson, M. D., National Center for Pelvic Research, PO Box 54, Occidental, CA 95465, Etats-Unis.
p. 156 Lézard, Shutterstock.
p. 159 Feux de joie. Harriet Purkey.
p. 164 Vague. Shutterstock.
p. 168 Thé versé dans une tasse. Shutterstock.

p. 176 Ensemble de points déclencheurs. Lucia Parks.
p. 177 Massage anal. David Wise, PhD et Rodney U. Anderson, M. D.
p. 183 Eisack. Andy Turton, www.andyturton.com.
p. 193 L'auteur en kayak. Andy Turton.
p. 198 Scafell. Richard Adam, www.richardadam.pwp.blue-yonder.co.uk.
p. 210 Points de shiatsu sur les pieds. Bastari Alessandro & Sinerbiotica, www.sinerbiotica.eu.
p. 212 Planches de shiatsu. Shiatsu Society (GB), www.shiatsusociety.org.
p. 221 Clématite. Cathy Smith.
p. 222 Bâtiment de Maroggia. Edoardo Parisi, www.imcitalia.it.
p. 224 Coussins. Lanfranco Brisighelli.
p. 235 Vallée. Massimo Dei Cas, www.paesidivaltellina.it et www.webalice.it/massimodeicas.
p. 244 Autel védique du feu. Lucia Parks.
p. 248 En tailleur. Centre Zen de Los Angeles, www.zcla.org.
p. 252 Couvent de Sandetole, www.sandetole.it.
p. 264 Jardin. Couvent de Sandetole, www.sandetole.it.
p. 273 Détail du *Marchand d'eau de Séville*. Diego Rodríguez de Silva y Velázquez, galerie des Offices, Florence, Italie / The Bridgeman Art Library.
p. 276 Boulets de charbon. Shutterstock.
p. 285 Couverture de *La mente tranquilla*. IMC Italia, International Meditation Center Italia, via Borsieri, 14, Milan, www.imcitalia.it.
p. 286 Couloir du couvent de Sandetole, www.sandetole.it.
p. 293 Fenêtre obscure. Susan Hayek.
p. 298 Sculpture. Giles Penny, www.gilespenny.co.uk.
p. 308 Casseroles. Lucia Parks.
p. 314 Saint-Paul. Shutterstock.

TABLE

Note de l’auteur 11
Avant-propos 13

PREMIÈRE PARTIE
RTUP 21
Douleurs imbéciles 26
Le marchand d’eau 32
Individus contrariants et mécontents 39
A son image 48
Urodynamique 56
Déterritorialisation 62
La vie, ça te rappelle quelque chose ? 69
Une lutte dans l’esprit 79
Expériences de vérité 90
La cible difficile 95
6 820 000 résultats 100
Le Pilotón 110
Harley Street 118
Il bell’Antonio 125
Des vies de désespoir silencieux 132
Un chat à bord 139

DEUXIÈME PARTIE
Que toute chair fasse silence 147
Feux follets 154
Ineffable 160
Verbiage 169
Une passoire 181
Le syndrome de Scafell 191

Rêves de fleuves et d'océans 206
La clématite enchevêtrée 215
Le gong 222
Surprise-party 233
Anicca 240
Le discours du Booker Prize 247
Personnellement bien sûr je déplore tout 263
Coleman 275
Amour 289
Cathédrale 300

Postface 319

Remerciements 323

Ouvrage réalisé
par l'Atelier graphique Actes Sud.
Achevé d'imprimer
en décembre 2011
par Normandie Roto Impression s.a.s.
61250 Lonrai
pour le compte
des éditions Actes Sud
Le Méjan
Place Nina-Berberova
13200 Arles.

Dépôt légal
1re édition : janvier 2012

N° impr. : 114558

(Imprimé en France)